税法疑难问题实务处理与思维

魏剑鸿——著

法律出版社
LAW PRESS · CHINA
——北京——

图书在版编目（CIP）数据

税法疑难问题实务处理与思维 / 魏剑鸿著. -- 北京 : 法律出版社, 2025. -- ISBN 978 -7 -5197 -9924 -3

Ⅰ. D922.220.5

中国国家版本馆 CIP 数据核字第 2025QF4954 号

税法疑难问题实务处理与思维
SHUIFA YI'NAN WENTI SHIWU CHULI YU SIWEI

魏剑鸿 著

策划编辑 李 军
责任编辑 李 军
装帧设计 贾丹丹

出版发行 法律出版社
编辑统筹 法律应用出版分社
责任校对 王 丰 李景美
责任印制 刘晓伟
经　　销 新华书店

开本 710 毫米 × 1000 毫米 1/16
印张 15.5 **字数** 300 千
版本 2025 年 3 月第 1 版
印次 2025 年 3 月第 1 次印刷
印刷 保定市中画美凯印刷有限公司

地址:北京市丰台区莲花池西里 7 号(100073)
网址:www.lawpress.com.cn
投稿邮箱:info@lawpress.com.cn
举报盗版邮箱:jbwq@lawpress.com.cn

销售电话:010 - 83938349
客服电话:010 - 83938350
咨询电话:010 - 63939796

书号:ISBN 978 - 7 - 5197 - 9924 - 3
定价:72.00 元

凡购买本社图书,如有印装错误,我社负责退换。电话:010 - 83938349

自序

12年前某日，一个偶然的机缘，我听了一场税收实务讲座，方知税收学问别有洞天，由此走上税法专业律师的道路。一路上，遇到了形形色色的税法实务问题，也时时在心里产生一个疑问：是否有一种思维模式，能解析所遇到的各种税收实务问题呢？5年前某日，又一个偶然机缘，阅读奥卡姆剃刀原理时，我心里闪过一念，迸出一句话：税法思维的三个支撑点。这句话在心头萦绕许久，逐渐浸入思想深处，形成我的税法思维。

税法思维是为解决税收实务问题而根据税法特性所展开的一种法律思维。税法特性有三个，分别是依赖性、独立性和公法性。税法的三个特性构成税法思维的三个支撑点。在三个支撑点上的动态税收法律思维模式，是解决税法实务问题的一把奥卡姆剃刀，简洁而实用。

本书收录了我作为税务律师执业10多年来办理过和研究过的50多个税法案例。我曾经把一部分案例研究以专业文章的形式发表在一些报刊和微信公众号上，还有一部分写成的文章没有面世。在收入本书前，我对这部分文章进行了归整，在税法思维的统摄下，形成了七章。第一章是总论，阐释税法思维三个支撑点的含义。接下来三章针对三个有争议的实务问题进行专题讨论。第五章谈税务筹划，把税务筹划在广度上加以扩展。第六章谈实体争议与权利维护，分为三节，从三个侧面展示三个支撑点的税法思维模式在解析实务案例中的应用。第七章是程序权利维护，重点讨论纳税人程序权利行使中的几个重要问题，比如，陈述申辩权、期限利益、申请行政复议权、提起行政诉讼权等。

简洁是智慧的灵魂。本书所呈现给读者的是一种非常简洁的税法思维模式。在这种思维模式下，解析形态各异的税法案例，讨论非买卖性不动产过户、税负转嫁、虚开发票、权责发生制、红线外配建费用在土地增值税清算中扣除、纳税人的退税权保护等颇具争议的税收实务问题。倘若机缘巧合，本书的观点能被二三同人批评，便是我在税务律师之路上遇到的惊喜。是为序。

2024 年 7 月 4 日

目录

第一章

税法思维的三个支撑点

税法思维，是指为处理特定的税务事项，依据税法的特性而展开的一种法律思维。税法思维属于法律思维，具有法律思维的一般特征。同时，税法思维有其独特之处，是以税法特性为基础而展开的思维。关于税法的特性，不同专家的表述各有不同。笔者以为，税法的主要特性有三个：一是依赖性，二是独立性，三是公法性。税法的三个主要特性构成税法思维的三个支撑点。[①] 税务争议的处理、税务筹划方案的评估、税收违法性的判断等税务事项，都可以在这三个支撑点上进行考量。

支撑点之一：税法的依赖性

税法不是独立存在的，而是国家法律体系的一个组成部分。税法的运行依赖于民商法、劳动法等法律的运行，这是税法的依赖性。[②] 课税是对民事行为或民事行为的经济效果的课征，[③] 税法对经济行为性质的判断依赖于民商法、劳动法等法律的评价。换句话说，产权归属、利用、交易等先由民商法、劳动法等法律定性，再由税法在此定性的基础上作出评价。

笔者曾解答的一个税法咨询小案例，很好地诠释了税法的依赖性。M 公司为经营需要向银行贷款 500 万元，请求自然人甲以自有住房一套为 M 公司

① 毋庸置疑，税收法定是税法的最高价值，也是贯穿税法思维的一条红线。本书“三个支撑点”之说，是站在税收法定的最高点上俯瞰解决税收实务问题的思想方法。

② 参见李金艳教授 2019 年 4 月 26 日在广州举办讲座的观点。

③ 参见杨小强、叶金育：《合同的税法考量》，山东人民出版社 2007 年版，第 2 页。

贷款提供抵押担保。甲提供抵押担保后 M 公司无力清偿到期债务，被银行起诉。法院在淘宝司法拍卖网上对甲提供抵押担保的房产进行司法拍卖。甲参加竞买，以 230 万元竞得，签署《成交确认书》后全额支付拍卖价款，法院作出裁定，解除对抵押房产的查封并涂销抵押登记。甲听说竞得司法拍卖的房产要去税务机关交税，遂咨询律师，其是否要去税务局作纳税申报？

结论是不必申报纳税。分析过程如下：依照我国《民法典》物权编相关规定，住房拍卖前所有权人是甲，拍卖的结果是归甲所有，住房所有权没有变动；根据《民法典》规定，该司法拍卖活动，始终没有形成买卖合同关系。这场司法拍卖的实质是，甲以支付 230 万元为代价承担了其担保债务，涂销了其住房抵押登记。这是民商法对本次司法拍卖活动的定性。基于此，在税法上，不存在销售不动产，不存在房屋权属转移，而且甲损失了 230 万元，没有所得。因此，甲在司法拍卖中买回自己的住房，不属于增值税、契税、印花税和个人所得税的征税范围，没有发生纳税义务，不必缴纳任何税，也不必进行纳税申报。

从宏观上说，税法的依赖性表现在，不同国家的民商法体系不同，决定了不同国家的税法体系各异。从微观上说，税法的依赖性表现在，民商法等法律对经济行为性质的评价在一定程度上决定了是否征税、征什么税、征多少税。比如，一项经济行为在民商法上如果被定性为转让房地产，课征的税种可能会包括增值税、土地增值税以及所得税；如果被定性为股权转让，课征的税种可能只有所得税，而不包括增值税和土地增值税。又如，一项经济行为在民商法上如果被定性为商品房买卖合同关系，卖方缴纳的增值税税率一般是 9%，如果被定性为商品房代理销售合同关系，服务提供方缴纳增值税税率一般是 6%。

税法的依赖性是纳税人开展税务筹划的重要依据。纳税人为了节税，通过改变交易主体、交易路径、交易性质，获得民商法上的有利评价，从而使纳税义务不发生、较少发生或者延迟发生，以减轻其税收负担。

支撑点之二：税法的独立性

税法虽然依赖于民商法等法律的运行，但也有其独立的价值判断，对民商法等法律的评价结果并非照单全收，这是税法的独立性。民商法以契约自由为价值取向，以促进交易为主要目的；税法以税收法定为价值取向，以征集财政收入为主要目的。[①] 二者在价值取向和实现目的上存在天然冲突。为防止纳税人利用契约自由破坏税收法定，或者为了在某些特定情形下达到促进特定交易的目的，税法会保持其独立性进而否定或者漠视民商法等法律的评价结果。

德发案是税法体现其独立性的经典案例。[②] 德发公司委托拍卖行拍卖其房地产，拍卖成交后，按照拍卖结果向税务机关申报并缴纳营业税等税款。其后，税务机关发现，其拍卖物业的成交价款单价不及市场价格的一半。结合其他证据，税务机关认为计税依据明显偏低，作出补征营业税等税款的决定。最高人民法院提审该案后作出判决，对税务机关补征营业税等税款的决定未否定，并在判决书中指出，“保障国家税收的足额征收是税务机关的基本职责，税务机关对作为计税依据的交易价格采取严格的判断标准，符合税收征管法的目的。如果不考虑案件实际，一律要求税务机关必须以拍卖成交价格作为计税依据，这样既可能造成以当事人意思自治为名排除税务机关的核定权，还可能基于市场竞价不充分导致拍卖价格明显偏低，造成国家税收流失。因此，有效的拍卖行为并不能绝对地排除税务机关的应纳税额核定权，但税务机关行使核定权时仍应有严格限定”。最高人民法院以判决形式论述了税法的独立性。

税法的独立性还体现在为实现特定目的而罔顾民商法的评价，向纳税人利益倾斜。依照我国《公司法》规定，公司是企业法人，具有独立人格、独立财产并独立承担责任。[③] 为鼓励企业重组，《关于促进企业重组有关企业所得税处理问题的通知》（财税〔2014〕109 号）规定，对 100% 直接控制的居民企业之间，以及受同一或相同多家居民企业 100% 直接控制的居民企业之

---

① 参见杨小强、叶金育：《合同的税法考量》，山东人民出版社 2007 年版，第 64、108 页。

② 参见最高人民法院行政判决书，（2015）行提字第 13 号。

③ 参见李建伟：《公司法学》（第 4 版），中国人民大学出版社 2018 年版，第 6 页。

间按账面净值划转股权或资产，在满足一定的条件下，适用特殊性税务处理，交易双方均不确认股权或资产转让所得。这是税法以明文规定对民商法企业法人制度的突破，而这种突破是有利于纳税人的。

为纳税人税收利益而突破民商法制度，这种情形在税法上比较少见。而大多数情形下，税法的独立性主要是为反避税提供理论基础。在宏观层面确立实质课税法律原则，在实体法上制定反避税法律规范，在程序法上赋予税务机关税收核定权，等等，都是税法独立性的体现。

支撑点之三：税法的公法性

税法的独立性为税法否定民商法等法律对经济行为及其效果的评价提供了理论基础，那么，税法是否可以对民商法等法律评价的结果任意否定？显然不可以。这就涉及税法的公法性问题。税法的公法性，首先表现在税法在国家法律体系中属于行政法范畴。行政法的基本要义是对行政权的限制，要求行政机关在行使权力的过程中合法、合理，注重实质，保持一定的谦抑性，防止行政权力的不当扩张。

德发案中，税务机关以计税依据明显偏低为由对该笔交易进行纳税调整，作出补征营业税等税款并加收滞纳金的决定。最高人民法院在判决中没有否定补征营业税等税款的决定，但是，对于加收滞纳金的决定予以否定。判决指出，“根据依法行政的基本要求，没有法律、法规和规章的规定，行政机关不得作出影响行政相对人合法权益或者增加行政相对人义务的决定；当法律规定存在多种解释时，应当首先考虑选择适用有利于行政相对人的解释。有权核定并追缴税款与加收滞纳金属于两个不同问题”；“本案中德发公司在拍卖成交后依法缴纳了税款，不存在计算错误等失误，税务机关经过长期调查也未发现德发公司存在偷税、抗税、骗税情形，因此德发公司不存在缴纳滞纳金的法定情形”；“同时本案还应考虑德发公司基于对拍卖行为以及地方税务局完税凭证的信赖而形成的信赖利益保护问题”。这些论述实际上在对公权力的行使划定边界。

同样，在二十二冶案中，[①] 当事人二十二冶公司以虚开的巨额劳务发票作为支出凭证在企业所得税前作费用扣除，其以虚开发票套取的资金实际上用于发放职工工资。基于此，税务机关将二十二冶公司的行为定性为偷税。法院经审理后认为，将二十二冶公司的行为定性为偷税并不符合法律规定，判决撤销了税务机关的税务处理和处罚决定。笔者认为，税务机关处理该案时将发票违法行为定性为偷税，背离了实质课税原则，偏离了行政执法的合理性，存在行政权力不当扩张的问题，法院以判决形式对公权力不当行使进行了司法监督。

税法的公法性还表现在：税法是成文法，税法是强行法。成文法是指税法是有权的国家机关制定的，以成文形式颁布的，对于税种、课税基本要素与征管程序明确规定的法律。强行法是指就纳税人而言，税法多为义务性和禁止性规范，纳税人应当遵从税法，履行纳税义务，不得违反禁止性规定，比如，不能虚开发票、隐瞒收入、虚增成本、拒不申报等，否则将承担相应的法律责任。

本章结语

我国税法很复杂。目前开征十八个税种，有十七部实体法（包括行政法规），一部程序法（《税收征收管理法》）。在立法层面，税法相对简明。而在执法层面，税务机关的执法依据包括大量的税收规范性文件。这些税收规范性文件有数千甚至上万份。大量的税收规范性文件对指导税收征管具体工作发挥了非常重要的作用。但同时应当看到，部分规范性文件存在较多问题，比如，一些文件越权制定，文件与上位法抵触，文件违反基本法律原则，文件之间相互冲突，文件规定模糊，等等。[②] 税务机关以存在一定问题的税收规范性文件为执法依据，使税法在运行中显得非常复杂。

市场主体[③]的经营环境也很复杂，使经营风险、财务风险不断叠加。税

① 参见唐山市中级人民法院行政判决书，(2018) 冀02行终474号、475号。

② 参见刘天永：《国务院部署行政规范性文件合法性审查，全国7000余件税收规范性文件或面临集中性清理》，载知乎网2018年12月27日，https：//zhuanlan. zhihu. com/p/53448116。

③ 此处所称市场主体，可从广义上理解，包括参与市场经济行为的自然人、法人和其他组织。

收是企业经营的法定成本。市场主体在经营活动中应当遵从税法，依法纳税，同时应当关注税务筹划以减轻税收负担，从而在复杂的市场竞争环境中取得优势地位。面对复杂的税法，既要遵从税法，又要合理节税，税收风险伴随始终。牢牢把握税法思维的三个支撑点，依据税法的特性阐述税法思维，可以有效降低经营风险。就税收执法者而言，良好的税法思维是准确执行税法、有效降低执法风险的坚实基础。就税收从业者而言，建立稳固的税法思维模式，可以帮助当事人解析税收实务疑难问题，不断提高服务质量。

第二章

非买卖性不动产过户

本章讨论非买卖性不动产过户的税务处理。① 不动产过户，系不动产登记机构依法将登记在原权利人名下的不动产变更登记到其他主体名下。依照《民法典》的规定，变更登记后的主体享有不动产物权。② 不动产过户，有的基于买卖，也有的基于非买卖。所谓基于买卖，即符合《民法典》规定的买卖合同特征的民事行为，如房地产开发企业销售商品房，二手房转让等；③ 所谓基于非买卖，即不符合《民法典》规定的买卖合同特征的民事行为，如法定继承，夫妻离婚分割共有财产等。除法律另有规定外，基于买卖的不动产过户，可能涉及缴纳印花税、增值税及附加、土地增值税、所得税。基于非买卖的不动产过户，税法规定了某些情形下不缴税（或者免税），如遗产继承、夫妻离婚分割共有财产等。除税法有明确规定的非买卖情形外，实务中仍有许多税法没有明确规定的基于非买卖过户的情形。税法没有明确规定的不动产非买卖性过户的情形，是否征税、征何种税存在诸多争议。本章以

---

① 在实务中，有人使用“非交易性不动产过户”这一语词。由于“交易”一词过于宽泛，民法上难以找到严谨的定义，为表意清晰，本书使用“非买卖性不动产过户”这一语词。

② 参见《民法典》第二百零九条第一款，“不动产物权的设立、变更、转让和消灭，经依法登记，发生效力；未经登记，不发生效力，但是法律另有规定的除外”；第二百一十四条规定，“不动产物权的设立、变更、转让和消灭，依照法律规定应当登记的，自记载于不动产登记簿时发生效力”。

③ 符合《民法典》规定的买卖合同特征的民事行为，可以从《民法典》规定的买卖合同的定义中推导出来。《民法典》第五百九十五条规定，“买卖合同是出卖人转移标的物的所有权于买受人，买受人支付价款的合同”。由此推导出买卖合同的特征至少有三个：（1）两个或者两个以上人格相互独立的民事主体；（2）意思表示一致；（3）双务有偿，一方有支付价款义务，另一方有交付标的物并转移标的物所有权的义务。

笔者办理的五个案例为基础，遵循税法思维模式，阐释非买卖性不动产过户的税务处理问题。在税法思维的三个支撑点中，本章各个案例所凸显的是税法的依赖性，以民事法律制度为依据，对各种情形在民法上定性，然后进行税法评价，再得出结论。

1. 以酌情分得遗产方式承受房屋和土地权属问题

继承开始后，遗产转移方式有五种：法定继承、遗嘱继承、遗赠、遗赠扶养协议和酌情分得遗产。前四种在实务中比较常见，最后一种即酌情分得遗产可能较少遇到，与之相关的税务处理也多有争议。

【案情简述】原告梁某于 2019 年 × 月向法院起诉，请求法院判决由其一人继承死者陈某名下一套房产。法院经依法审理查明，陈某于 1913 年 × 月 × 日出生，于 1997 年 × 月 × 日死亡，其名下登记有一套房屋，该房屋对应土地所有权人是某经济联合社，土地性质为集体建设用地。陈某丈夫、父母先于其死亡，陈某没有子女或者兄弟姐妹。陈某与原告梁某是叔婆关系（陈某的丈夫与梁某的家公是堂兄弟关系）。陈某晚年丧失劳动能力后一直随梁某生活，由梁某提供一切生活所需，患病期间，由梁某或者由梁某雇人照料，直到去世。陈某死后的丧葬事务也是由梁某料理。依据上述事实，法院判决登记在陈某名下的该套房屋所有权及其集体用地使用权由梁某继承取得。梁某持法院生效判决办理不动产变更登记手续，不动产登记机构要求梁某先清税。梁某到税务机关，询问需要缴什么税。

一、梁某按照酌情分得遗产制度承受房屋和土地权属

酌情分得遗产制度规定在《民法典》第一千一百三十一条，“对继承人以外的依靠被继承人扶养的人，或者继承人以外的对被继承人扶养较多的人，可以分给适当的遗产”。这个制度在《继承法》（已失效）中也有规定。我国民法规定的法定继承人有六种：配偶，子女，父母，兄弟姐妹，祖父母、外祖父母，对公婆或者岳父母尽了主要赡养义务的丧偶儿媳或者丧偶女婿。可以酌情分得遗产的人是以上六种法定继承人以外的人。可以酌情分得遗产的人又分为两种：第一种是依靠被继承人扶养的人，第二种是对被继承人扶养较多的人。第二种情形下分得遗产，充分体现了法律对赡养老人、扶残济困等传统美德的肯定和鼓励。[①]

梁某与死者陈某存在较远的姻亲关系，不是陈某的法定继承人，在法律上对陈某没有扶养义务。在陈某晚年失去劳动能力后，梁某在经济上、生活上和精神上对其给予扶助，并在陈某死后料理其丧葬事宜。法院认定梁某是对被继承人陈某扶养较多的人，属于《民法典》第一千一百三十一条规定的可酌情分得遗产的人的第二种情况，遂判决由梁某继承陈某名下的房屋和土地权属。

《民法典》对酌情分得遗产制度的规定仅一个条文，没有明确酌情分得遗产方式的性质，也没有明确与其他方式承受遗产的顺位关系。由于民事立法仅有一个原则规定，酌情分得遗产制度在税法上也没有明确体现，相关税务处理在实务中易产生争议。

二、梁某要缴什么税

梁某依据酌情分得遗产制度承受房屋和土地权属，要缴什么税尚不明确，以下分税种分析税务处理问题。

（一）增值税

依照《增值税暂行条例》，在我国境内销售不动产应当缴纳增值税。“销售”属于双方民事法律行为，必须存在销售方和购买方两个民事主体。涉案房屋登记在陈某名下，陈某已经死亡，不是民事主体，不可能成为销售方。由于不存在销售方，梁某依据酌情分得遗产制度取得涉案房屋，不存在“销售”。同时不存在税法上的“视同销售”。死者陈某已经不是法律上的“单位或者个人”，所以不存在“单位或者个人向其他单位或者个人无偿转让无形资产或者不动产”的情形。[②] 可见，梁某取得涉案房屋不属于增值税征税范围，无须缴纳增值税。

实务中，也有人认为梁某应当缴纳增值税（及附加）。其理由是《营改

---

① 参见最高人民法院民法典贯彻实施工作领导小组主编：《中华人民共和国民法典婚姻家庭编继承编理解与适用》，人民法院出版社 2020 年版，第 548 页。

② 参见《关于全面推开营业税改征增值税试点的通知》（财税〔2016〕36 号，部分失效，以下简称《营改增试点》）附件一第十四条第二项。

增试点》规定，房屋产权所有人死亡，法定继承人、遗嘱继承人和受遗赠人依法取得房屋产权，免征增值税。[①] 梁某不是法定继承人、遗嘱继承人或受遗赠人，不属于免征增值税的范围，因此应当缴纳增值税。

这种观点是错误的。首先，此处所规定的“免征增值税”的情形实际上应当“不征增值税”，因为这几种情形下依法转移房屋土地权属不属于“销售”或者“视同销售”不动产。其次，以酌情分得遗产方式实现房屋权属转移，的确不属于该文规定的“免征增值税”范围，但不能据此得出应缴增值税的结论。最后，如前所述，以酌情分得遗产方式实现房屋权属转移，不存在“销售”或者“视同销售”不动产，不属于增值税征收范围。因此，对梁某不应征收增值税。

（二）个人所得税

《个人所得税法》规定了取得九项所得应当缴纳个人所得税。[②] 梁某依据酌情分得遗产制度取得涉案房产，不可能属于前述九项所得中的前八项，而最有可能属于第九项规定的“偶然所得”。按照相关解释，“偶然所得”是指个人得奖、中奖、中彩及其他偶然性质的所得。[③] 很显然，按酌情分得遗产方式取得房屋权属，不是“得奖、中奖、中彩”。那么是否属于“其他偶然性质的所得”？

按照税法规定，个人取得的所得，难以界定应纳税所得项目的，由国务院税务主管部门确定。[④] 财政部、国家税务总局《关于个人取得有关收入适用个人所得税应税所得项目的公告》（财政部、税务总局公告 2019 年第 74 号）列举了“个人为单位或他人提供担保”等数种方式获得的收入，按照“偶然所得”缴纳个人所得税，同时规定，房屋产权所有人死亡，依法取得房屋产权的法定继承人、遗嘱继承人或者受遗赠人，[⑤] 不征收个人所

① 参见《营改增试点》附件三第一条第三十六项。

② 《个人所得税法》第二条第一款规定：“下列各项个人所得，应当缴纳个人所得税：（一）工资、薪金所得；（二）劳务报酬所得；（三）稿酬所得；（四）特许权使用费所得；（五）经营所得；（六）利息、股息、红利所得；（七）财产租赁所得；（八）财产转让所得；（九）偶然所得。”

③ 参见《个人所得税法实施条例》第六条第一款第九项。

④ 参见《个人所得税法实施条例》第六条第二款。

⑤ 房屋产权所有人死亡，法定继承人、遗嘱继承人和受遗赠人依法取得房屋产权，这实际上包括了法定继承、遗嘱继承、遗赠、遗赠扶养协议四种方式下的房屋遗产转移。

得税。

该公告虽然没有明确规定按酌情分得遗产制度取得房屋产权不属于“其他偶然性质的所得”，但也没有把按酌情分得遗产制度取得房屋产权列入“其他偶然性质的所得”。除该公告外，也未发现财政部或者国家税务总局的规范性文件对“酌情分得遗产”是否征税作出明确规定。既然没有明确规定，就应当认为按酌情分得遗产制度取得房屋产权不属于“其他偶然性质的所得”。按照酌情分得遗产方式取得房屋权属的，不应对其征收个人所得税。

我们进一步延伸，按现行法律制度，可以推定“酌情分得遗产”不征收个人所得税。如前所述，遗产转移方式有五种，按税法规定，这五种方式中的四种，即法定继承、遗嘱继承、遗赠、遗赠扶养协议不缴纳个人所得税。酌情分得遗产是遗产转移方式中的一种，民法对该种方式承受遗产的顺位与其他四种的优劣并未规定。在此情形下，我们找不出“酌情分得遗产”缴纳个人所得税的合理解释。所以，“酌情分得遗产”应当不缴个人所得税。

（三）契税

《契税法》第六条第一款第五项规定，法定继承人通过继承承受土地、房屋权属，免征契税。而“酌情分得遗产”的不是法定继承人，按照酌情分得遗产方式承受房屋权属，不属于法定的免征契税的情形，是否应当缴纳契税？回答这个问题前，要先看一下《契税法》规定的征税范围。

《契税法》第一条规定了契税纳税人和征税对象，“在中华人民共和国境内转移土地、房屋权属，承受的单位和个人为契税的纳税人，应当依照本法规定缴纳契税”。什么是“转移土地、房屋权属”?《契税法》第二条对“转移”行为进行列举，明确了契税征税范围。该案梁某直接依法院判决取得房产，不属于该条第一款列举的“出让”“转让”“出售”“买卖”“赠与”“互换”，也不属于该条第三款列举的“作价投资（入股）”“偿还债务”“划转”“奖励”，即梁某取得房屋产权不属于《契税法》规定的征税范围，依法不征收契税。[①] 这里强调两点：其一，《契税法》第二条第三款中有“划转”的表述，梁某依法院判决以“酌情分得遗产”不是“划转”；其二，《契税法》第二条第三款列举情形后有“等”，“等”指代的范围应当由税法明确规定，否则不应当作出扩充解释。

（四）印花税

印花税比较特殊。《印花税法》在附表“印花税税目税率表”备注列示，“转让包括买卖（出售）、继承、赠与、互换、分割”，把继承方式引起的产权变更归入“产权转移书据”。法院以酌情分得遗产为由判决死者名下的房屋所有权以及集体土地使用权由梁某“继承取得”，依照《印花税法》规定，应当对其征收印花税。

能否这样认为，既然《印花税法》把继承方式引起的不动产产权变动归入“转让”，当确定其他税种征税范围时，也把继承方式引起的不动产产权变动归入“转让”？不能。首先，最直接的原因是《印花税法》不具有税法通则的作用，其相关规定不能普遍适用于其他税种。其次，各税种实体法对该税种的征税范围都有明确规定。再次，有的税种实体法明确规定继承方式引起的不动产产权变动不属于财产“转让”。比如前文提及的财政部、国家税务总局公告2019年第74号，明确规定“房屋产权所有人死亡，依法取得房屋产权的法定继承人、遗嘱继承人或者受遗赠人，不征收个人所得税”。最后，把继承方式引起的不动产产权变动归入“转让”，明显与民事法律规范相抵触。[②]

三、结语

案例中梁某依据酌情分得遗产制度经司法判决取得死者陈某名下的房屋、土地权属，不属于“销售”或者“视同销售”不动产，不属于“其他偶然性质的所得”，不属于《契税法》规定的“转移土地、房屋权属”，依法不征增

---

① 《契税法》第二条第一款规定，“本法所称转移土地、房屋权属，是指下列行为：（一）土地使用权出让；（二）土地使用权转让，包括出售、赠与、互换；（三）房屋买卖、赠与、互换”。该条第三款规定，“以作价投资（入股）、偿还债务、划转、奖励等方式转移土地、房屋权属的，应当依照本法规定征收契税”。

② “转让”，是在民事主体之间进行，并引起转让标的物所有权转移的行为。财产转让合同是双务、有偿合同，依照《民法典》第六百四十六条，适用买卖合同规定。在民法上，“转让”视同“买卖”。

值税、个人所得税、契税；属于《印花税法》的征税范围，应当依法征收印花税。

退一步讲，就算按酌情分得遗产方式取得房产、土地权属属于增值税、契税的法定征税范围，在立法层面（立法建议）也应当考虑免征增值税、契税。主要理由有三点：一是酌情分得遗产制度规定于《民法典》第六编“继承”之第二章“法定继承”，以酌情分得遗产方式取得遗产在顺序上并不劣后于法定继承，既然法定继承人在法定继承方式下可以免征契税，那么法定继承人以外的人在酌情分得遗产方式下也可以免征契税；二是酌情分得遗产制度是国家养老制度的有益补充，可以鼓励人们相互扶助，养老恤贫，弘扬社会正气；三是在我国现代家庭呈现“形态多样化、结构核心化、规模小型化”① 新特征的情形下，使特定主体能够通过继承以外的法定方式取得遗产，具有特别重要的意义。

2. 遗产分割涉及补偿价款的处理

在继承人为多人的情形下，继承人一般会对可继承的遗产进行分割。如果可继承的遗产是房屋、土地等不动产，单纯以实物分割方式，则往往难以取得公平合理的分割效果。为使可继承的不动产分割公平合理，继承人之间会通过收付折价补偿款的方式来弥补单纯实物分割存在的不足。对继承人分割可继承的不动产涉及的补偿款如何进行税务处理？

【案情简述】 张某1和张某2是两兄弟。2019年7月因继承事宜，张某1以张某2为被告，向法院提起民事诉讼。法院依法受理后，原被告达成调解协议，法院制作民事调解书。民事调解书记载：确认甲房及相应的土地权属和乙房及相应的土地权属均系王某民的遗产；确认张某1和张某2均系王某民的法定继承人；确认甲房及相应的土地权属由张某1继承，乙房及相应的土地权属由张某2继承，张某2向张某1补偿110,000元；各方协助对方

① 郭喜鸽：《对我国遗产酌情分与制度的反思与完善》，中国政法大学2015年硕士学位论文。

办理房产变更登记手续。为在不动产登记机构办理房产变更登记，张某1、张某2持法院的民事调解书于2019年11月到税务机关办理相关税务事宜。

我国税法就继承取得房屋、土地权属有较为明确的规定，有的税收实体法规定不征税，有的规定免税。假如张某1、张某2继承取得被继承人名下的房屋、土地权属不涉及补偿款，相关税务处理就比较简单，只需按相关税收实体法以及税收规范性文件处理即可。但问题是该案存在张某2向张某1支付补偿款110,000元的事实。对于这种情形，各税收实体法以及规范性文件没有明确规定。如何进行税务处理？笔者的观点是张某1、张某2无须就收付补偿款110,000元缴纳任何税款。

一、可继承不动产产权的变动过程

我国《民法典》规定，自然人权利能力始于出生，终于死亡。被继承人一旦死亡，其民事权利能力消灭，民事主体资格丧失，一切财产权利一并消灭，继承开始。继承开始，则由继承人承继被继承人名下的全部财产权利。①如果继承人只有一人，则该继承人单独继承取得被继承人生前的财产权利。如果遗产是房屋、土地等不动产，则继承人依法在不动产登记机构办理不动产变更手续，以此方式对不动产产权变动进行公示。

如果继承人是多人，全体继承人对被继承人生前的财产形成共同共有关系。② 一般情况下，共同共有的情形不会永久地保持下去，继承人会对遗产进行分割。这种分割是将共同共有的财产分割为单独所有的财产的过程。如果可继承的遗产是房屋、土地等不动产，继承人将遗产分割后，在不动产登记机构办理变更登记手续，各继承人以此方式对分得的不动产单独享有的产权予以公示。

继承人是多人且对遗产进行分割，从继承开始到完成变更登记，不动产

---

① 《民法典》第十三条规定，“自然人从出生时起到死亡时止，具有民事权利能力，依法享有民事权利，承担民事义务”；第二百三十条规定，“因继承取得物权的，自继承开始时发生效力”；第一千一百二十一条第一款规定，“继承从被继承人死亡时开始”。

② 参见崔建远：《中国民法典释评·物权编》（上卷），中国人民大学出版社2020年版，第449页；最高人民法院民法典贯彻实施工作领导小组主编：《中华人民共和国民法典物权编理解与适用》（上），人民法院出版社2020年版，第493页。

产权实际发生了两次变动。第一次，不动产产权由被继承人所有变更为全体继承人共同共有；第二次，不动产产权由全体继承人共同共有变更为各个继承人单独所有。第一次变动基于被继承人死亡的事实；第二次变动基于全体继承人对不动产的分割。

二、可继承不动产产权变动的税务处理

我国没有开征遗产税，在税收立法层面，遗产继承并没有纳入征税范围。① 继承开始后，如果只有一个继承人，则由该继承人单独取得被继承的不动产产权，从而将被继承人生前的不动产由被继承人名下变更登记到继承人名下，应当不征税。同样地，继承开始后，如果继承人是多人，则全体继承人对被继承的不动产产权形成共同共有，从而将不动产产权由被继承人名下按共同共有登记到全体继承人的名下，也应当不征税。

那么，全体遗产继承人在继承开始后将可继承的不动产分割，把分割后的不动产直接登记到各分得遗产的继承人名下，从而实现各继承人对分得遗产中的不动产单独所有，这种情况下是否征税？笔者查阅了各税收实体法关于不动产继承变更登记的规定，如表 2－1 所示。

表 2－1　各税收实体法关于不动产继承变更登记的规定

税种	税务处理	法条原文	法条来源
增值税	免征	一、下列项目免征增值税 …… （三十六）涉及家庭财产分割的个人无偿转让不动产、土地使用权。 家庭财产分割，包括下列情形：……房屋产权所有人死亡，法定继承人、遗嘱继承人或者受遗赠人依法取得房屋产权	《营改增试点》之附件三《营业税改征增值税试点过渡政策的规定》
土地增值税	不征	第二条　条例第二条所称的转让国有土地使用权、地上的建筑物及其附着物并取得收入，是指以出售或者其他方式有偿转让房地产的行为。不包括以继承、赠与方式无偿转让房地产的行为	财政部《关于印发〈中华人民共和国土地增值税暂行条例实施细则〉的通知》（1995 年 1 月 27 日，财法字〔1995〕6 号）

① 只有印花税例外。《印花税法》附表“印花税税目税率表”备注栏写有“转让包括买卖（出售）、继承、赠与、互换、分割”，从而把继承引起的产权变动的“书据”归入“产权转移书据”。基于印花税的特殊性，不纳入本书讨论范围。

续表

税种	税务处理	法条原文	法条来源
个人所得税	不征	二、……符合以下情形的，对当事双方不征收个人所得税：……（三）房屋产权所有人死亡，依法取得房屋产权的法定继承人、遗嘱继承人或者受遗赠人	财政部、国家税务总局《关于个人取得有关收入适用个人所得税应税所得项目的公告》（财政部、税务总局公告 2019 年第 74 号）
契税	免征	第六条　有下列情形之一的，免征契税：……（五）法定继承人通过继承承受土地、房屋权属	《契税法》

以契税为例，法条的表述是法定继承人通过继承承受土地、房屋权属的，免征契税。条文有两个关键词即“法定继承人”“通过继承”值得关注。两个关键词确定了免征契税的两个条件：条件一，承受土地、房屋权属的主体是“法定继承人”，由此排除法定继承人以外的其他主体；条件二，承受土地、房屋权属的方式是“通过继承”，由此排除通过买卖、赠与等继承以外的其他方式。把两个条件结合起来，即只要是“法定继承人”“通过继承”承受土地、房屋产权则免征契税。至于作为可继承遗产的土地、房屋权属是否进行前文所述的两次变动，在所不问。换句话说，在继承人为多人的情形下，把分割后的土地、房屋产权分别变更登记到各分得遗产的继承人名下，免征契税。由此推导出，作为遗产的土地、房屋权属第一次变动不征（或者免征）契税，第二次变动免征契税。① 除契税外，表 2－1 内其他法条所反映的不征或者免征的条件与《契税法》大致相同。②

三、继承的共有产权的分割方式及课税思路

依照《民法典》第三百零四条第一款和第一千一百五十六条，全体继承人对可继承的房屋、土地产权分割有三种方式：一是实物分割，二是折价补

① 由于本部分着重讨论遗产分割涉及补偿款情形下的税务处理问题，故对“不征税”与“免税”不作详解，也不加区分。

② 其他税种规定的不征或者免征在主体上比《契税法》略宽。《契税法》免征主体仅限于“法定继承人”，其他税种不征或者免征的主体除“法定继承人”外，还有“遗嘱继承人”和“受遗赠人”。

偿，三是变卖后分割所得价款。① 如果按第一种方式进行实物分割，假如继承人有两人，房产有两套，两继承人各分得一套，将两套房屋分别变更登记到各分得的继承人名下，完全符合表 2 - 1 内法条所宣示的不征或者免征条件。如果按第三种方式变卖后分割，即把房屋、土地权属通过转让方式，变更到继承人以外的主体名下，这种情形不符合表 2 - 1 内法条所宣示的不征或者免征税款的条件，应当依照各税种实体法规定，由转让方（全体继承人）缴纳增值税及附加、个人所得税等税款，由受让方缴纳契税。转让取得的税后款项由全体继承人分配时，不再缴纳任何税款。

前述第二种方式折价补偿，是指在实物分割的基础上，由分得实物的继承人对没有分得实物的继承人，或者由分得实物价值高的继承人对分得实物价值低的继承人，以支付相应款项方式予以补偿，使得遗产分割取得公平合理的效果。此种方式的税务处理，应当遵循以下思路。把折价补偿分解为两个层面：实物分割和收付补偿款。在第一个层面，对分得实物形态的房屋、土地权属的继承人不征或者免征税款。在第二个层面，补偿款的收付在继承人之间发生，从外部看，一收一付相互抵消，全体继承人所继承的依然是原本存在的不动产。我国不征遗产继承税，因此，对于收付折价补偿的款项不应当征税。

该案中，张某 1 和张某 2 是按第二种方式分割共同共有的甲房产和乙房产，该种情形下，将甲房产变更登记到张某 1 名下，将乙房产变更登记到张某 2 名下，以及张某 2 向张某 1 支付补偿款 110,000 元，对张某 1 和张某 2 不征税（或者免税）。

---

① 《民法典》第三百零四条第一款规定，“共有人可以协商确定分割方式。达不成协议，共有的不动产或者动产可以分割且不会因分割减损价值的，应当对实物予以分割；难以分割或者因分割会减损价值的，应当对折价或者拍卖、变卖取得的价款予以分割”；第一千一百五十六条规定，“遗产分割应当有利于生产和生活需要，不损害遗产的效用。不宜分割的遗产，可以采取折价、适当补偿或者共有等方法处理”。

3. 分割假离婚后共同购置的房产问题

依照法律缔结婚姻关系的男女，为达到某种目的到婚姻登记部门办理了离婚登记，而实际上双方仍以夫妻名义共同生活，是为假离婚。假离婚的形态各异，有办理离婚登记后一直以夫妻名义共同生活的，也有在某种目的达到后再到婚姻登记部门办理结婚登记的。假离婚弄假成真屡见不鲜。办了离婚手续，双方之间的关系没有法律保障，机缘巧合下就可能假戏真做。假离婚弄假成真后，双方共同购置的不动产分割时如何进行税务处理？

【案情简述】 甲男与乙女于2011年登记结婚，2013年生育一个男孩，2015年9月到民政部门协议离婚。离婚协议记载：二人自愿离婚，无须处理夫妻共同财产。办理离婚登记后二人仍以夫妻名义共同生活，并共同购买房产。2015年10月，乙女与房地产开发商A公司签订两份《商品房买卖合同》，购买同一小区、同一幢楼、户型相同、面积相同的两套住宅，一套在六层，房号是604，另一套在十层，房号是1004，支付首期款等款项后，房产登记在乙女名下。装修完工后，甲男和乙女居住在604房，甲男父母和两人生育的男孩居住在1004房。2019年6月，甲男向法院提起诉讼，请求判决：（1）确认604房和1004房为甲男和乙女共同共有；（2）分割共同共有的房产，1004房归甲男所有，604房归乙女所有。主要事实和理由：两套房产系两人“假离婚”后共同生活期间共同出资购置的，现双方无法继续共同生活，请法院对房产进行分割。法院于2020年1月作出终审判决：（1）确认两套房产为甲男和乙女共有财产；（2）因两套房产价值相差不大，604房归乙女所有，1004房归甲男所有。甲男办理1004房不动产变更登记手续，持法院判决书、离婚协议书、离婚证明到税务机关办理缴税证明。

1004房由乙女名下变更登记到甲男名下，如何进行税务处理，[①] 存在三种观点。第一种观点认为，此种情形不属于离婚析产，应按乙女将其名下的1004房转让给甲男，视同销售，征收增值税及附加、个人所得税、契税等；

① 《印花税法》附表“印花税税目税率表”备注栏写有“转让包括买卖（出售）、继承、赠与、互换、分割”，从而把继承引起的产权变动的“书据”归入“产权转移书据”。基于印花税的特殊性，不纳入本书讨论范围。

第二种观点认为，既然法院判决两套房产为两人共有，一套归甲男，另一套归乙女，可以把两套房产视为一个整体，比照税法有关离婚析产的规定不征（或者免征）税款；第三种观点认为，可以比照离婚析产不征（或者免征）增值税及附加、个人所得税，但毕竟是1004房产产权由乙女转移到甲男名下，应当征收契税。笔者基本赞同上述第二种观点，分述如下。

一、离婚析产相关税务处理

本案所涉两套房产分割，并非离婚析产。但是，上述三种观点均提及不能比照或者可以比照离婚析产，因此，对离婚析产相关规定的梳理，可能会对本案所涉税务处理提供思路。

离婚析产以离婚为前提，而离婚以结婚为前提。结婚系男女为将来永久共同生活所订立的契约，其因结婚而生的关系，称为婚姻。[①] 在我国，符合《民法典》规定的男女双方自愿在婚姻登记部门履行结婚登记手续，则形成法律认可的婚姻关系。依照《民法典》规定，婚姻关系存续期间所取得的财产，除非另有约定，属于夫妻双方共同所有。[②] 离婚，指已结婚的男女向将来消灭其夫妻关系。[③] 在我国，夫妻自愿达成协议并在婚姻登记部门办理离婚登记手续或者经法院判决离婚，则婚姻关系消灭。婚姻关系消灭，不仅夫妻之间的人身关系消灭，相关的财产关系也一并消灭，双方可能会对婚姻关系存续期间获得的共有财产进行分割。夫妻共有财产分割，是把双方共同所有的权属状态，变更为各方单独所有的权属状态。这种财产分割，又称离婚析产。现行税收实体法以及规范性文件，对涉及不动产权属变更的离婚析产的规定如表2－2所示。

---

① 参见王泽鉴：《民法概要》（第2版），北京大学出版社2011年版，第515页。

② 参见《民法典》第一千零六十二条、第一千零六十三条。

③ 参见王泽鉴：《民法概要》（第2版），北京大学出版社2011年版，第534页。

表 2 – 2　涉及不动产权属变更的离婚析产的规定

税种	税务处理	法条原文	法条来源
增值税	免税	一、下列项目免征增值税 …… （三十六）涉及家庭财产分割的个人无偿转让不动产、土地使用权。 家庭财产分割，包括下列情形：离婚财产分割……	《营改增试点》之附件三《营业税改征增值税试点过渡政策的规定》
土地增值税	不征	第二条　条例第二条所称的转让国有土地使用权、地上的建筑物及其附着物并取得收入，是指以出售或者其他方式有偿转让房地产的行为。不包括以继承、赠与方式无偿转让房地产的行为	财政部《关于印发〈中华人民共和国土地增值税暂行条例实施细则〉的通知》（1995 年 1 月 27 日，财法字〔1995〕6 号）
个人所得税	不征	四、关于个人转让离婚析产房屋的征税问题 （一）通过离婚析产的方式分割房屋产权是夫妻双方对共同共有财产的处置，个人因离婚办理房屋产权过户手续，不征收个人所得税。（二）个人转让离婚析产房屋所取得的收入，允许扣除其相应的财产原值和合理费用后，余额按照规定的税率缴纳个人所得税；其相应的财产原值，为房屋初次购置全部原值和相关税费之和乘以转让者占房屋所有权的比例。（三）个人转让离婚析产房屋所取得的收入，符合家庭生活自用五年以上唯一住房的，可以申请免征个人所得税，其购置时间按照《国家税务总局关于房地产税收政策执行中几个具体问题的通知》（国税发〔2005〕172 号）执行	国家税务总局《关于明确个人所得税若干政策执行问题的通知》（国税发〔2009〕121 号）
契税	免征	一、夫妻因离婚分割共同财产发生土地、房屋权属变更的，免征契税	财政部、国家税务总局《关于契税法实施后有关优惠政策衔接问题的公告》（财政部、税务总局公告 2021 年第29 号）

二、离婚析产相关税务处理规定的原理

表 2 – 2 中国家税务总局《关于明确个人所得税若干政策执行问题的通

知》（国税发〔2009〕121 号）第四条“关于个人转让离婚析产房屋的征税问题”，有三项内容。这三项可分为两个层次。第一项为第一层次，规定“通过离婚析产的方式分割房屋”“办理房屋产权过户手续”不征个人所得税。第二、三项为第二层次，规定“转让离婚析产房屋所取得的收入”征收个人所得税以及免征个人所得税的条件。第一层次阐述“通过离婚析产的方式分割房屋”“办理房屋产权过户手续”，该行为实质是“夫妻双方对共同共有财产的处置”，即房屋共同共有人对共有物进行分割，且各个共有人都没有取得收入，不属于《个人所得税法》规定的“财产转让所得”，从而不征收个人所得税。第二层次阐述“通过离婚析产方式分割房屋”“办理房屋产权过户手续”以后，行为人将通过离婚析产取得的房屋转让而取得收入，属于《个人所得税法》规定的“财产转让所得”，应当缴纳个人所得税以及如何计算个人所得税。

国家税务总局《关于明确个人所得税若干政策执行问题的通知》（国税发〔2009〕121 号）第四条把通过离婚析产办理房屋产权过户手续与转让离婚析产房屋两种行为明确区分开来，揭示了通过离婚析产办理房屋产权过户手续的实质以及不征税的原理。与此类似，国家税务总局《关于离婚后房屋权属变化是否征收契税的批复》（国税函〔1999〕391 号，已失效）规定，“根据我国婚姻法的规定，夫妻共有房屋属共同共有财产。因夫妻财产分割而将原共有房屋产权归属一方，是房产共有权的变动而不是现行契税政策规定征税的房屋产权转移行为。因此，对离婚后原共有房屋产权的归属人不征收契税”。虽然该文因后续发布的财政部、税务总局公告 2021 年第 29 号而废止，但是该文阐述了因离婚将夫妻共有房屋产权变更登记在其中一方名下，属于共同共有人对共有财产的分割行为，不属于《契税法》规定的房屋产权转移行为，不征收契税。总之，国家税务总局《关于明确个人所得税若干政策执行问题的通知》（国税发〔2009〕121 号）第四条和国家税务总局《关于离婚后房屋权属变化是否征收契税的批复》（国税函〔1999〕391 号），对于因离婚析产而对房屋产权进行过户登记的行为“不征税”的原理的阐述，既与民法相吻合，也与税法无冲突，无疑是正确的。[①]

相反，《营改增试点》之附件三《营业税改征增值税试点过渡政策的规定》第一条第三十六项以及财政部、税务总局公告 2021 年第 29 号第一条，将离婚析产引起的房屋、土地产权变动规定为“免税”，则非常值得商榷。以增值税为例，依照《增值税暂行条例》第一条的规定，在中华人民共和国境内销售不动产，属于增值税应税行为，应当依法缴纳增值税。离婚析产引起的产权变动，其性质是共同共有人对共有物进行分割，不是“销售”，不是“个人无偿转让不动产、土地使用权”，也没有被税法或者规范性文件明确规定为“视同销售”，不属于增值税征税范围。不属于增值税征税范围的，应当“不征”增值税，而不是“免征”增值税。同样的道理，离婚析产引起的产权变动应当“不征”契税，而不是“免征”契税。

综上，离婚析产引起的房屋、土地产权变动，应当不征增值税及附加、土地增值税、个人所得税和契税，其原理是，离婚析产引起的房屋、土地产权变动，是共同共有人对共有物进行分割，不是“销售”“转让”“转移”，不属于上述税种税收实体法列举的征税范围。

三、终止非婚同居关系以实物分割方式分割共有的房屋、土地的税务处理

男女双方不履行缔结婚姻的法律手续而持续地共同生活，且共同生活的各方均无法律上的配偶，这种共同生活关系被称为非婚姻共同生活体，也称非婚同居。案例中，甲男与乙女在婚姻登记部门登记离婚后，继续以夫妻名义共同生活，属于非婚同居的一种形式。

非婚同居期间取得的财产的归属，应当由非婚同居各方以协议方式约定。终止非婚同居关系，涉及共有财产分割，应由双方协议。协议不成而诉至法

---

① 《契税法》第二条规定，“本法所称转移土地、房屋权属，是指下列行为：（一）土地使用权出让；（二）土地使用权转让，包括出售、赠与、互换；（三）房屋买卖、赠与、互换。前款第二项土地使用权转让，不包括土地承包经营权和土地经营权的转移。以作价投资（入股）、偿还债务、划转、奖励等方式转移土地、房屋权属的，应当依照本法规定征收契税”。该条规定了契税征税范围，并没有把共有人分割共有的土地、房屋引起的权属变动列入。因此，国家税务总局《关于离婚后房屋权属变化是否征收契税的批复》所揭示的对因夫妻离婚而对房屋产权进行过户登记的行为“不征税”的原理与现行《契税法》规定不冲突。

院，法院在查明事实的基础上作出判决。[①] 依照我国民法规定，共有财产的分割方式一般有三种，一是实物分割，二是折价补偿，三是变价分割。本案例中，法院判决确认甲男和乙女非婚同居期间购置的两套房产为双方所共有，基于两套房产价值差别不大等因素，将604房判归乙女所有，1004房判归甲男所有，采用的是实物分割方式。[②]

甲男依法院的判决取得1004房屋所有权，而后持法院判决书到不动产登记机关把乙女名下的1004房变更登记到甲男名下，这种不动产产权变动的原因是对共有财产进行实物分割，不是乙女向甲男“销售”不动产，不是乙女向甲男“转让”房屋、土地权属（乙女没有取得任何收入），不是《契税法》规定的“转移”房屋、土地权属行为，因而不属于增值税、土地增值税、个人所得税以及契税的征税范围，应当“不征”增值税及附加、土地增值税、个人所得税和契税。另外，从各税种实体法立法看，并没有将以实物分割方式分割非婚同居期间取得的共有性质的不动产明确列入征税范围。这种情形下的“不征”税的原理，与夫妻离婚析产实际上是一致的。

改革开放以来，我国发生了翻天覆地的变化。经济条件的持续改善，人格独立意识的不断增强，推动着社会向着多元化发展，传统的婚姻家庭观念在悄无声息地改变，非婚同居本身不具有违法性，同时越来越受到社会包容。[③] 各税种实体法以及规范性文件分别对离婚析产引起的不动产变更登记明确规定了不征税（或者免税），这些规定不是基于鼓励离婚，而是基于共同财产分割不征税的原理、税收实体法的规定以及税收法定基本原则。同样的道理，因终止非婚同居关系而对共有财产进行分割所引起的不动产变更登记，对其不征税，不是基于对非婚同居的鼓励，而是基于共同财产分割不征税的原理、税收实体法的规定以及税收法定基本原则。

---

① 也有观点认为，《民法典》施行后，最高人民法院《关于人民法院审理未办结婚登记而以夫妻名义同居生活案件的若干意见》被废止，非婚同居不受法律保护，因终止非婚同居关系请求法院判决分割非婚同居期间取得的财产，该类纠纷法院应不予受理。

② 本部分重点讨论共有不动产进行实物分割涉及的税务处理问题，而不涉及折价补偿方式和变价分割。折价补偿和变价分割所涉及的税务处理问题，参见本章“遗产分割涉及补偿价款的处理”。

③ 参见最高人民法院民法典贯彻实施工作领导小组主编：《中华人民共和国民法典婚姻家庭编继承编理解与适用》，人民法院出版社2020年版，第52－53页。

4. 将个人独资企业名下的厂房变更登记到投资人名下的处理

【案情简述】张老板1998年投资办厂，设立了一家个人独资企业“××长发建材厂”（以下简称长发厂）。长发厂设立之初，租用他人厂房，生产销售建筑材料。2003年张老板个人出资282万元，购买一栋厂房。张老板把购买的厂房登记在长发厂名下，并把长发厂搬迁到新购厂房。2018年年末，张老板想注销长发厂。2019年年初，长发厂停业，清偿了全部债务，缴纳了经营过程中的全部税款。张老板打算把原来他个人出资购买的那栋厂房变更登记到他个人名下后，到市场监督管理部门（以下简称市监部门）办理注销长发厂的手续。厂房[①]从长发厂名下变更登记到张老板个人名下涉及税务处理问题，张老板到税务机关咨询。税务机关认为长发厂和张老板应按转让不动产缴纳相关税款，2003年购买原价是282万元，2019年市场估值1300万元，经初步测算，各种税款合计约500万元。张老板没想到要缴这么多税，遂向律师咨询。律师代表张老板向税务机关提出疑问。面对质疑，税务机关重新考虑后认为，可以根据现行政策规定免征契税；除契税外，其他税种没有不征或者免征的规定；考虑到个人独资企业的特殊情况，为降低执法风险，税务机关请示上级税务机关予以释明。

笔者认为，张老板将个人独资企业名下的厂房变更登记到其个人名下，不应当缴纳任何税款。

一、民商法定性

依照我国《民法典》第二条规定，民事主体有自然人、法人和非法人组织。个人独资企业属于非法人组织。《个人独资企业法》第二条规定，“本法所称个人独资企业，是指依照本法在中国境内设立，由一个自然人投资，财产为投资人个人所有，投资人以其个人财产对企业债务承担无限责任的经营实体”。《民法典》第二百零九条第一款规定，“不动产物权的设立、变更、转让和消灭，经依法登记，发生效力；未经登记，不发生效力，但是法律另有规定的除外”。依据特别法优于一般法的法律适用原则，不动产即使登记

① 此处所称厂房包括房屋所有权和相应的建设用地使用权。

在个人独资企业名下，其所有权仍归属于出资人。将登记在个人独资企业名下的不动产变更登记到投资人的名下，不发生物权变动的效力。

二、相关税收政策规定

把个人独资企业名下的不动产变更登记到投资人个人名下如何进行税务处理？除契税外，现行法律及政策没有明确的规定，可以检索到的相关税收政策规定如表2－3。

表2－3 个人独资企业名下的不动产变更登记到投资人个人名下的税务处理规定

税种	规范性文件原文	来源	适用性评价
土地增值税	一、关于个人以土地使用权投资成立个人独资企业涉税问题 （一）《中华人民共和国个人独资企业法》第二条规定：个人独资企业，是指依法在中国境内设立，由一个自然人投资，财产为投资人个人所有，投资人以其个人财产对企业债务承担无限责任的经营实体。由于个人独资企业的财产为投资人个人所有，因此，个人以其拥有的土地使用权投资成立（或转入）个人独资企业的行为，不属于土地增值税的应税行为，不征收土地增值税	海南省地方税务局《关于个人以土地使用权投资人股征免土地增值税和个人所得税问题的通知》（琼地税函〔2010〕304号）	1. 该规范性文件是原海南省地方税务局的一个规范性文件，其效力及于海南省，其他省未必参照适用； 2. 该条款是针对投资人以其个人拥有的土地使用权投资设立（或者转让）个人独资企业的行为，而没有涉及将个人独资企业名下房屋所有权及土地使用权变更登记到投资人名下的行为，虽然二者原理相同，但毕竟是两种不同的行为
个人所得税	一、……符合以下情形的房屋或其他财产，不论所有权人是否将财产无偿或有偿交付企业使用，其实质均为企业对个人进行了实物性质的分配，应依法计征个人所得税： （一）企业出资购买房屋及其他财产，将所有权登记为投资者个人、投资者家庭成员或企业其他人员的； …… 二、对个人独资企业、合伙企业的个人投资者或其家庭成员取得的上述所得，视为企业对个人投资者的利润分配，按照“个体工商户的生产、经营所得”项目计征个人所得税……	财政部、国家税务总局《关于企业为个人购买房屋或其他财产征收个人所得税问题的批复》（财税〔2008〕83号）	该规范性文件所规制的是个人独资企业、合伙企业出资购买房屋及其他财产，将所有权登记为投资者个人、投资者家庭成员或企业其他人员的行为，案例所述是投资人以自有资金购买厂房而登记在个人独资企业名下，后来把厂房变更登记到其个人名下的行为，两种行为存在明显差异。只要张老板有证据证明登记在个人独资企业名下的厂房是其个人出资购买而不是企业出资购买的，则该规范性文件不适用

续表

税种	规范性文件原文	来源	适用性评价
契税	经研究，现将自然人与其个人独资企业、一人有限责任公司之间土地、房屋权属无偿划转的契税问题明确如下： 根据《财政部、国家税务总局关于企业改制重组若干契税政策的通知》（财税〔2003〕184号）第七条规定，“企业改制重组过程中，同一投资主体内部所属企业之间土地、房屋权属的无偿划转，不征收契税”。自然人与其个人独资企业、一人有限责任公司之间土地、房屋权属的无偿划转属于同一投资主体内部土地、房屋权属的无偿划转，可比照上述规定不征收契税	财政部、国家税务总局《关于自然人与其个人独资企业或一人有限责任公司之间土地房屋权属划转有关契税问题的通知》（财税〔2008〕142号，已失效）	1. 该规范性文件于2016年8月18日被全文废止。题述案例发生在2018年年末至2019年年初，该规范性文件已不能适用。此处引述该文件的目的在于与后续政策比对，该规范性文件将自然人与其个人独资企业、一人有限责任公司之间土地、房屋权属的无偿划转规定为“不征收契税”，后续相关规范性文件的表述为“免征契税”。 2. 该规范性文件将同一自然人（投资人）与其设立的一人有限责任公司之间房屋权属的划转规定为“不征收契税”并不恰当，应为“免征契税”
	六、资产划转 …… 同一投资主体内部所属企业之间土地、房屋权属的划转，包括母公司与其全资子公司之间，同一公司所属全资子公司之间，同一自然人与其设立的个人独资企业、一人有限公司之间土地、房屋权属的划转，免征契税。 ……	财政部、国家税务总局《关于继续支持企业事业单位改制重组有关契税政策的通知》（财税〔2018〕17号，已失效）[1]	1. 与财税〔2008〕142号文件相比对，该规范性文件以及后续政策延续文件将“不征收契税”修订为“免征契税”。 2. 该规范性文件的时效期间为2018年1月1日起至2020年12月31日止，题述案例可以适用。但是，将同一自然人（投资人）与其设立的个人独资企业之间土地、房屋权属的划转规定为“免征契税”并不恰当，应为“不征收契税”

[1] 该规范性文件的时间效力为2018年1月1日到2020年12月31日，后续政策沿用的规范性文件是财政部、国家税务总局《关于继续执行企业、事业单位改制重组有关契税政策的公告》（财政部、税务总局公告2021年第17号）与财政部、国家税务总局《关于继续实施企业、事业单位改制重组有关契税政策的公告》（财政部、税务总局公告2023年第49号）。

三、税务处理

结合民商法定性，依照税收法律、行政法规规定，张老板将自己出资购买而登记在个人独资企业名下的厂房，变更登记到其个人名下，应当不征税。

1. 契税。《契税法》第一条规定，“在中华人民共和国境内转移土地、房屋权属，承受的单位和个人为契税的纳税人，应当依照本法规定缴纳契税”。土地、房屋权属转移，应为土地、房屋权属发生变动。题述案例所涉厂房变更登记，不发生土地、房屋权属的变动，不属于契税征税范围，应当不征契税。财税〔2018〕17 号文第六条的表述是不准确的，准确的表述应当为，“自然人与其设立的个人独资企业之间土地、房屋变更登记，不征收契税”。

2. 增值税。《增值税暂行条例》第一条规定，“在中华人民共和国境内销售货物或者加工、修理修配劳务（以下简称劳务），销售服务、无形资产、不动产以及进口货物的单位和个人，为增值税的纳税人，应当依照本条例缴纳增值税”。依照此规定，“销售”不动产，应当缴纳增值税。税法没有对“销售”作出明确定义，则“销售”的特征应当从其一般意思和民法规定去探究。一般意思的“销售”就是“卖”。“卖”的相对概念是“买”。“买卖”是一种合同行为，这种合同“是出卖人转移标的物的所有权于买受人，买受人支付价款”的合同。① 本案例中不动产变更登记，并不引起标的物所有权变动，任何一方均不向对方支付价款，因而不符合“买卖”特征，不是“销售”。另外，《增值税暂行条例》以及相关规范性文件没有把这种行为明确“视同销售”。因此，本案例中所涉不动产变更登记不属于增值税征税范围，应当不征增值税。

3. 土地增值税。琼地税函〔2010〕304 号文第一条第一款依照《个人独资企业法》的规定，认为“个人以其拥有的土地使用权投资成立（或转入）个人独资企业的行为，不属于土地增值税的应税行为，不征收土地增值税”。这种观点无疑是正确的。反过来，登记在个人独资企业名下的土地、房屋变更登记到投资者个人名下，也不属于土地增值税应税行为，不征收土地增值税。《土地增值税暂行条例》第二条规定，“转让国有土地使用权、地上的建筑物及其附着物（以下简称转让房地产）并取得收入的单位和个人，为土地增值税的纳税义务人（以下简称纳税人），应当依照本条例缴纳土地增值税”。《土地增值税暂行条例实施细则》第二条进一步把“转让”解释为

---

① 参见《民法典》第五百九十五条。

“以出售或者其他方式有偿转让”。因此，“转让”国有土地使用权、地上建筑物及其附着物，应为引起国有土地使用权、地上建筑物及其附着物权属变动的行为。题述案例不动产变更登记，不引起物权变动效力，不属于土地增值税征税范围，应当不征增值税。

4. 个人所得税。把个人独资企业名下的不动产变更登记到投资者个人名下，不发生物权变动的效力。因而，对于投资者来说，其财产没有发生增减，不属于接受无偿赠与而缴纳个人所得税的情形；对于个人独资企业来说，其并没有把不动产“转让”给其投资者，不产生“经营所得”，不缴纳个人所得税。但是，应当注意的是，登记在个人独资企业名下的不动产，其来源应当予以区分。对于以个人独资企业“经营所得”的资金购买的不动产并登记在个人独资企业名下，由于对个人独资企业“经营所得”须由投资者缴纳个人所得税，此种情形下，如果把个人独资企业名下的不动产变更登记到投资者名下，应当按照财税〔2008〕83 号第二条的规定以“经营所得”缴纳个人所得税。如果登记在个人独资企业名下的不动产，原本属于投资者个人，由投资者投入其设立的个人独资企业，或者投资者个人以其自有资金购买不动产直接登记在个人独资企业名下，则不发生个人所得税纳税义务。

5. 印花税。本部分案例不发生物权变动效力，未书立“产权转移书据”，不属于印花税征税范围，应当不征印花税。①

5. 共有人实物分割按份共有物的处理

【案情简述】 20×1 年 A 市 L、M、N 三家企业签订共建分配协议等相关文件，约定按比例共同投资、共同建造一栋商业写字楼，建成后按约定的投资比例分配给参与共建的企业自用。协议签订后，三家企业依据协议共同投

① 《印花税法》第一条第一款规定，“在中华人民共和国境内书立应税凭证、进行证券交易的单位和个人，为印花税的纳税人，应当依照本法规定缴纳印花税”；第二条规定，“本法所称应税凭证，是指本法所附《印花税税目税率表》列明的合同、产权转移书据和营业账簿”。该案发生时，适用《印花税暂行条例》。《印花税法》是对《印花税暂行条例》的平移。

资、共同受让项目建设用地。项目建设用地使用权证记载的权属人是L、M、N三家企业，权属状态是按份共有。取得项目建设用地后，三家企业共同向有建设资质的企业发包，进行项目工程建设。项目工程名称为W写字楼。W写字楼建成后，三家企业按事先确定的分配方式进行建筑物实物分配。分配完成后，三家企业要求将各自分得的建筑物登记到各自名下。A市不动产登记中心认为，三家企业将各自分得的建筑物登记到各自名下，涉及税务问题，按照"先税后证"原则，应由税务机关作出税务处理后，再办理不动产变更登记。三家企业向税务机关了解税收事宜。主管税务机关认为，该种情形应当纳税。经初步测算，预估缴纳增值税及附加、土地增值税、契税、印花税总额约为18,800万元（尚未包含企业所得税）。该税额远远超出三家企业预期。

笔者认为，L、M、N三家共建企业作为写字楼的按份共有人，以实物分割方式分割按份共有物，未发生增值税及附加、土地增值税、契税、印花税及企业所得税纳税义务，依法不应缴税，理由如下。

1. 三家共建企业是W写字楼的按份共有人。W写字楼是依据共建分配协议由三个共建主体共同出资建设的。根据《建设用地使用权出让合同》《W写字楼土地证》《建设工程规划许可证》记载，共建主体是L、M、N三家具有法人资格的企业，三家共建企业各自享有相应的权益份额。依照《民法典》第二百九十七条、第二百九十八条规定，[①] 不动产可以由两个以上的组织、个人共有；共有分为按份共有和共同共有；按份共有人对共有的不动产按照其份额享有所有权。据此，三家共建企业都属于法律规定的"组织"，都可以成为共有物的共有人。在共建分配协议的基础上，三家共建企业按份出资，共同受让W写字楼土地使用权、共同依法报建、共同发包建设W写字楼。《W写字楼土地证》登记的W写字楼土地使用权权属状态为三家共建企业按份共有。依照房地一体原则，结合《建设工程规划许可证》的记载，建成的W写字楼房产所有权以及对应的建设用地使用权属于三家共建企业按份共有。

2. 三家共建企业采用实物分割方式分割按份共有物。按份共有本质上具

① 本部分未明确法条之处，参见《民法典》第二编（物权）第八章（共有）第二百九十七条至第三百一十条。

有临时性。依照《民法典》第三百零三条规定，除另有约定外，按份共有人可以随时请求分割共有物。共有物分割是指共有人对共有物采取实物分割或价值分割等方式结束共有关系。共有物分割的法律意义在于：在分割之前，按份共有人的份额为抽象的份额，分割之后，共有人就分得的部分单独成立所有。[①] 依据共建分配协议，W 写字楼建成后由三家共建企业按其份额进行分割。在分割之前，W 写字楼上有 1 个所有权，三家共建企业按份额享有；分割之后，三家共建企业对于分得的部分单独成立所有权。依照《民法典》第三百零四条规定，共有物分割有三种方式，即实物分割、折价分割和变价分割。实物分割是共有物分割的首选方式，其优点在于不须经过变卖程序，不增加变卖费用。折价分割是指由共有人中的一人或数人取得共有物的所有权，并向其他共有人按照份额比例支付补偿款或者其他对价的分割方式。变价分割是指将共有物转为货币形式价金，共有人就价金按比例分割。[②]

3. 三家共建企业以实物分割方式分割共有物不存在买卖合同关系。W 写字楼建成后，三家共建企业按各自份额以事先确定方式进行实物分割。实物分割以全体按份共有人的实物分割协议为基础。实物分割协议不是买卖合同，协议各方之间以及与任何第三方之间均不存在买卖合同关系。《民法典》第五百九十五条规定，“买卖合同是出卖人转移标的物的所有权于买受人，买受人支付价款的合同”。按份共有人根据实物分割协议对建成后的 W 写字楼进行实物分割，在这个过程中，既不存在出卖人，也不存在买受人，也没有任何人支付价款，不具备买卖合同的基本特征，也不具备其他有偿合同或者互易合同[③]的基本特征。对 W 写字楼进行实物分割，不是买卖，也不是其他有偿合同或者互易合同。[④]

4. 三家共建企业纳税义务是否发生应当以其民事法律行为的性质为基础确定。依照税法依赖性原理，除法律另有规定外，税务处理应当以民事法律

---

① 参见最高人民法院民法典贯彻实施工作领导小组主编：《中华人民共和国民法典物权编理解与适用》（上册），人民法院出版社 2020 年版，第 506 页。

② 参见最高人民法院民法典贯彻实施工作领导小组主编：《中华人民共和国民法典物权编理解与适用》（上册），人民法院出版社 2020 年版，第 505 – 506 页。

③ 参见《民法典》第六百四十六条、第六百四十七条。

④ 参见最高人民法院民法典贯彻实施工作领导小组主编：《中华人民共和国民法典合同编理解与适用》，人民法院出版社 2020 年版，第 1125 – 1132 页。

行为的性质为基础。①

关于增值税。《增值税暂行条例》第一条规定，“在中华人民共和国境内销售货物或者加工、修理修配劳务（以下简称劳务），销售服务、无形资产、不动产以及进口货物的单位和个人，为增值税的纳税人，应当依照本条例缴纳增值税”。W 写字楼属于不动产，只有在发生“销售”行为时，才需要缴纳增值税。“销售”在民法上就是“买卖”。由于对 W 写字楼按份进行实物分割，不是“买卖”，因而在税法上不存在“销售”。换句话说，对 W 写字楼按份进行实物分割，三家共建企业没有发生增值税纳税义务。另外，法律、行政法规、规章以及规范性文件没有规定，共有人对按份共有物进行实物分割“视同销售”。因此，对 W 写字楼按份进行实物分割，三家共建企业均不发生增值税纳税义务，不缴纳增值税。

关于增值税附加。增值税附加的税费有城市维护建设税、教育费附加、地方教育附加等。增值税附加的纳税（费）义务以发生增值税纳税义务为前提。对 W 写字楼按份进行实物分割，三家共建企业没有发生增值税纳税义务，不缴纳增值税，自然就不缴纳属于增值税附加的城市维护建设税、教育费附加、地方教育附加等。

关于土地增值税。《土地增值税暂行条例》第二条规定，“转让国有土地使用权、地上的建筑物及其附着物（以下简称转让房地产）并取得收入的单位和个人，为土地增值税的纳税义务人（以下简称纳税人），应当依照本条例缴纳土地增值税”。《土地增值税暂行条例实施细则》第二条规定，“条例第二条所称的转让国有土地使用权、地上的建筑物及其附着物并取得收入，是指以出售或者其他方式有偿转让房地产的行为”。税法上的“转让”“出售”“其他有偿方式转让”即民法上的“买卖”。对 W 写字楼按份进行实物分割，不是“买卖”，即不属于税法上的“转让”“出售”“其他有偿方式转让”，任何一个共建主体也没有取得“收入”。三家共建企业不发生土地增值税纳税义务。

关于企业所得税。《企业所得税法》第一条第一款规定，“在中华人民共和国境内，企业和其他取得收入的组织（以下统称企业）为企业所得税的纳

---

① 参见杨小强、叶金育：《合同的税法考量》，山东人民出版社 2007 年版，第 2、4 页。

税人，依照本法的规定缴纳企业所得税”。第六条列举了依法缴纳企业所得税的九种收入，即（1）销售货物收入；（2）提供劳务收入；（3）转让财产收入；（4）股息、红利等权益性投资收益；（5）利息收入；（6）租金收入；（7）特许权使用费收入；（8）接受捐赠收入；（9）其他收入。其中第三项的“转让财产”即民法上的“买卖”。对W写字楼按份进行实物分割，不是“买卖”，不存在“转让财产”，也与第六条列举的其他八项收入没有关系。三家共建企业不发生企业所得税纳税义务。

关于印花税。《印花税法》第一条第一款规定，“在中华人民共和国境内书立应税凭证、进行证券交易的单位和个人，为印花税的纳税人，应当依照本法规定缴纳印花税”。该条所规定的“应税凭证”，该法附表中专门对其进行了列举。对W写字楼按份进行实物分割所依据的是实物分割协议。实物分割协议不是买卖合同，不是“转让协议”，不是该法附表中的“土地使用权、房屋等建筑物和构筑物所有权转让书据”，也与该法附表中列举的其他凭证没有关系。三家共建企业不发生印花税纳税义务。

关于契税。《契税法》第一条规定，“在中华人民共和国境内转移土地、房屋权属，承受的单位和个人为契税的纳税人，应当依照本法规定缴纳契税”；第二条规定，“本法所称转移土地、房屋权属，是指下列行为：（一）土地使用权出让；（二）土地使用权转让，包括出售、赠与、互换；（三）房屋买卖、赠与、互换”。如前所述，三家企业对W写字楼进行实物分割，是把三家共建企业按份享有的一个所有权变更为三家共建企业单独享有的三个所有权，不动产权属发生了变动。但是，这种变动方式不是“转让”“出售”“赠与”“互换”（民法上的“互易”），并没有包含在第二条列举的三种行为之中。三家共建企业不发生契税纳税义务。

综上，三家共建企业对按份共有物W写字楼按份进行实物分割，不发生增值税及附加、土地增值税、企业所得税、印花税以及契税纳税义务。

本章结语

非买卖性不动产过户，在实务中会有各种各样的情形。有的情形税法有明确规定，比如赠与、继承、离婚析产。有的情形税法没有明确规定，比如本章列示的五种。对于税法没有明确规定的不动产非买卖性过户，如共有财产分割等，之所以在实务中会产生诸多争议，原因有二。原因之一，是有人混淆了相关民事法律概念以及概念之间的关系。首先，买卖不是过户。其次，买卖、转让、销售，三者内涵与外延基本相同，只是使用的场景不同。最后，"如果买卖不动产则引起不动产过户"，这是一个充分条件的假言判断，而不是一个充分必要条件的假言判断。换个说法，"如果买卖不动产则引起不动产过户"，这个命题是成立的，但这个命题的逆命题"不动产过户都是买卖不动产引起的"并不成立。原因之二，是有人混淆了征税、不征税、免税等税法概念。从征税对象角度看，凡包含在税收实体法范围内的民事行为的属于征税对象，要征税；凡不包含在税收实体法范围内的民事行为则不属于征税对象，不征税；凡包含在税收实体法范围内的民事法律行为但税法明确规定免税的，属于免征税对象，是免税。上面两种原因掺杂在一起，再加上"国库主义"的影响，便生成一种奇怪现象：有人误认为，对于不动产过户，凡税法没有规定不征税或者免税的，便要征税。

本章通过五个案例阐述五种不同情形下的不动产非买卖性过户的税务处理。一般而言，对于非买卖性不动产过户，凡税收法律、法规以及规范性文件有明确规定的，应当按照规定处理；凡税收法律、法规以及规范性文件没有明确规定的，则不应征税。①

① 但是，这并不排除在某些特殊情形下，以税法的独立性为主导，视同销售。参见本书第六章"借名购房的房产产权转回购房人名下的处理"。

第三章

税负转嫁

任何一种商品，都有“换一下手”的必要。但这样“换一下手”，使商品以价值的资格互相对待，并实现为价值的，就是交换。[①] 交换，即为交易。交易伴随着税收。税收实体法对交易中的课税要素予以规定。民事主体在交易中，往往会通过合同约定，将税法规定一方的税收负担全部或者部分转由另一方承担，是为税负转嫁。合同设置的一方的税收负担全部由另一方承担的条款，也称包税条款。

如何评价税负转嫁合同条款的效力，是本章着重讨论的内容。税法是我国法律体系中一个独立的部门法，其最高原则为税收法定。民法的重要任务是保护交易，崇尚契约自由、意思自治。单从契约自由、意思自治的角度考虑，合同中的税负转嫁条款应当是有效的。但是，如果民法的契约自由、意思自治对税收法定原则造成破坏，则应当对税负转嫁条款的效力重新评价。在税法思维模式下，税负转嫁合同条款的效力评价凸显税法的独立性特征。

① 参见［德］马克思：《资本论》（第1册），郭大力、王亚南译，上海三联书店2011年版，第40页。

6. 网络司法拍卖公告中包税条款的核心问题[①]

不动产网络司法拍卖中的包税条款持续引发社会关注。税法专家、律师以及人民法院对网络司法拍卖包税条款的效力存在诸多争议。笔者认为，网络司法拍卖包税条款对税收法定原则造成破坏，因此对其效力应予否定性评价。

一、对包税条款的效力的疑问

网络司法拍卖包税条款，系法院在依法对不动产进行司法拍卖活动中，在拍卖公告、拍卖须知等文件中设置由买受方承担一切税负的条款。2016 年 8 月最高人民法院发布《关于人民法院网络司法拍卖若干问题的规定》（法释〔2016〕18 号，以下简称《网拍规定》）后，网络司法拍卖公告中设置的包税条款持续受到社会质疑，并由此引发大量民事诉讼。提起民事诉讼的原告一般是买受人，诉讼请求是确认拍卖公告中的包税条款无效。[②]

笔者团队于 2023 年 1 月在互联网上检索。[③] 在检索的 1072 则案例中选取 246 个样本案例，对该 246 个样本案例的裁判结果进行统计，95% 的裁判文书认为买受人需按包税条款承担税费。主要理由有“系真实意思表示”“买受人参与竞拍就应接受该条款约束”“该条款没有违反法律、行政法规的强制性”“不影响国家税款征收”。有部分裁判文书认为该条款未与《网拍规定》第三十条规定相冲突。同时，值得关注的是，74.4% 的裁判文书没有直接对包税条款的效力进行评价。也就是说，大部分裁判文书对网络司法拍卖

---

① 2023 年年初，笔者团队撰写了《网络司法拍卖包税条款引发的争议及对〈税法总则〉的立法启示》，将其作为广东省律师协会税务法律专业委员会 2022 年度观察报告提交给广东省律师协会。该报告由团队成员笔者本人、黄嘉莹、巫嘉欣、梁佩瑜共同完成。其中，报告的核心部分由笔者执笔完成。本部分系笔者对报告核心部分再作提炼、修订而形成。另外，如无特别指出，本部分所称的“网络司法拍卖”系“不动产网络司法拍卖”。

② 《网拍规定》第三十条规定：“因网络司法拍卖本身形成的税费，应当依照相关法律、行政法规的规定，由相应主体承担；没有规定或者规定不明的，人民法院可以根据法律原则和案件实际情况确定税费承担的相关主体、数额。”买受人以此为由提起诉讼，主张网络司法拍卖公告中设置的包税条款无效。

③ 检索的内容包含两个方面，一是在淘宝司法拍卖网上检索网络司法拍卖包税条款的设置情况，二是在中国裁判文书网上检索因网络司法拍卖包税条款引起的争议及处理情况。后者检索结果集中在本部分引言部分第二自然段表述，而前者检索的结果在引言部分第三自然段末尾一句提及。

包税条款的效力评价采取了回避的态度。

尽管法院绝大多数的裁判结果不利于买受人，但社会对网络司法拍卖包税条款的质疑并未就此平息。很显然，法院对此类问题的裁决没有起到定分止争的社会效果。2020 年 5 月对网络司法拍卖包税条款的质疑被人大代表提交十三届全国人大三次会议，并由国家税务总局作出答复。从答复内容上看，国家税务总局的意见与其之前发布的规范性文件的规定是一致的，也与《网拍规定》第三十条规定是一致的。答复从正面肯定了“买卖双方各自负担的建议”，反过来说，答复对网络司法拍卖包税条款持否定态度。[①] 国家税务总局答复公布后，各地法院陆续修改网络司法拍卖公告涉税条款，删除原包税条款的表述，改为“本次标的物买卖及过户产生的税费依照法律、行政法规的规定由相应的主体各自承担”。在实务操作上，许多法院采取由买受人垫付标的物交易过户所产生的税费，而后由法院从拍卖价款中优先支付给垫付人的方式。到目前为止，仍有部分法院在拍卖公告中设置包税条款，因包税条款引发的争议仍在持续。

二、核心问题：包税条款破坏税收法定原则

《网拍规定》第三十条、国家税务总局的答复以及各地法院对网络司法拍卖公告中包税条款的删除与修改，共同指向一个事实，即网络司法拍卖包税条款并不妥当。之所以不妥当，笔者认为主要是因为设置包税条款破坏了税收法定原则。

2015 年，《立法法》进行了第一次修正，第八条第六项明确规定，税种的设立、税率的确定和税收征收管理等税收基本制度只能制定法律。这标志

---

① 国家税务总局《对十三届全国人大三次会议第 8471 号建议的答复》(2020 年 9 月 2 日) 第一点规定：“您提出的拍卖不动产的税费按照规定由‘买卖双方各自负担’的建议，是一种较为合理的做法。根据税收征管法第四条规定，法律、行政法规规定负有纳税义务的单位和个人为纳税人。即单位或个人发生经济行为，按照法律、行政法规规定负有纳税义务，则该单位或个人属于法定的纳税人，应依法履行纳税义务。各税种单行法律及暂行条例也对不动产转让环节的各项税费和纳税主体作出了明确规定。”早在 2005 年 9 月 12 日国家税务总局发布的《关于人民法院强制执行被执行人财产有关税收问题的复函》(国税函〔2005〕869 号) 第四点就规定：“鉴于人民法院实际控制纳税人因强制执行活动而被拍卖、变卖财产的收入，根据《中华人民共和国税收征收管理法》第五条的规定，人民法院应当协助税务机关依法优先从该收入中征收税款。”

着我国正式初步确立了税收法定原则。[①] 2015 年修正的《税收征收管理法》第三条、第四条从税收征管层面对税收法定原则进行了表述。[②] 理论上，税法学界早就将税收法定的内容凝练为税收要素法定、税收要素明确和依法稽征三项要求。[③] 税收要素包括纳税人、征税对象、计税依据和税率是学界共识。[④] 税收要素法定是税收法定原则的重要组成部分。

网络司法拍卖公告中的包税条款，将出卖人依法应当缴纳的税款规定为由买受人承担，不符合“纳税人”税收要素法定要求。特别重要的是，司法拍卖公告中的包税条款会导致无法依照税收实体法规定确定计税依据，不符合“计税依据”税收要素法定要求。

包税条款明示或者内含的意思有：拍卖价款是不包含买卖双方一切税款的“净值”，在包税条款引发争议的诉讼中，受诉法院对包税条款也作如是解释。[⑤] 然而，“净值”之说在税法上根本不能成立。[⑥]

房地产转让，转让方涉及的税费一般有：增值税，增值税附加税费［城市维护建设税（以下简称城建税）、教育费附加、地方教育附加］，土地增值税，企业所得税或者个人所得税，印花税。每个税种实体法都规定了计税依据的确定方法。以土地增值税为例，《土地增值税暂行条例》第四条、第五

---

① 参见刘剑文主编：《税法学》（第 5 版），北京大学出版社 2017 年版，第 113 页。2023 年 3 月《立法法》进行了第二次修正，第一次修正后的第八条在第二次修正后调整为第十一条。

② 《税收征收管理法》第三条规定，“税收的开征、停征以及减税、免税、退税、补税，依照法律的规定执行；法律授权国务院规定的，依照国务院制定的行政法规的规定执行。任何机关、单位和个人不得违反法律、行政法规的规定，擅自作出税收开征、停征以及减税、免税、退税、补税和其他同税收法律、行政法规相抵触的决定”；第四条规定，“法律、行政法规规定负有纳税义务的单位和个人为纳税人”。

③ 参见侯卓：《税收法定主义的演进脉络、路径依赖与完整谱系》，载《法律科学（西北政法大学学报）》2023 年第 1 期。

④ 参见刘剑文：《税法典目标下税法总则的功能定位与体系安排》，载《法律科学（西北政法大学学报）》2023 年第 1 期。

⑤ 参见广东省高级人民法院执行裁定书，（2021）粤执复 298 号。该裁定书论理部分记载：“拍卖公告中关于‘成交价不包含转让时双方的一切税、费等’，表明执行法院在此次拍卖中实行的是净值拍卖，所得拍卖款在扣除执行费用后均用于清偿被执行人所欠债务。因此，复议申请人所提‘执行中产生的税款应由被执行人承担并从拍卖款中优先支付’的理由无疑将会损害本案债权人之利益，亦与拍卖公告所设条件不符，因此，亦不应予以支持。”

⑥ 最高人民法院在针对成都金创盟科技有限公司、成都爱华康复医院有限公司拍卖合同纠纷作出的（2022）最高法民再 59 号民事判决书中，对当事人双方均“认可案涉土地系净值拍卖”的事实予以确认，这种确认并不正确。

条、第六条规定了计税依据（增值额）的确定方法。该条例第四条规定："纳税人转让房地产所取得的收入减除本条例第六条规定扣除项目金额后的余额，为增值额。"该条例第五条规定："纳税人转让房地产所取得的收入，包括货币收入、实物收入和其他收入。"该条例第六条规定了可以扣除的五个项目，这五个项目不包括应当缴纳的土地增值税税款。由此可见，土地增值税计税依据（增值额）包含土地增值税税额。计税依据包含在收入中，所以《土地增值税暂行条例》规定的"收入"是包含土地增值税的收入。按照包税条款规定，拍卖价款不包含土地增值税，这就要求税务机关在确定土地增值税计税依据时首先应当把不含土地增值税的拍卖价款换算成《土地增值税暂行条例》规定的包含土地增值税的收入。如何换算？我们至今未查找到法律、法规、规章对换算方式作出规定。能否换算呢？依照《土地增值税暂行条例》第七条规定，土地增值税实行四级超率累进税率计算。假如能够换算，"四级超率累进税率"会使得换算异常复杂。

除土地增值税外，企业所得税、个人所得税、增值税附加税费（城建税、教育费附加、地方教育附加）、印花税，每个税种的计税依据都包括依照各个实体法计算的税款，这些税种的收入额都是包含各该税种税款的收入额。按照拍卖条款规定，拍卖价款不包含各种税款，那么，在确定各个税种的收入额时，应当把不包含各种税款的拍卖价款换算为包含各种税款的收入额。能否换算？仅土地增值税的换算就异常复杂，把七八个税种放在一起同时换算，很可能在数学上无解。如何换算？法律、行政法规以及规章没有规定各税种同时换算含税收入的方法并给出相应的数学公式。

所以，假定包税条款有效，所谓"净值拍卖"的观点成立，那就会导致无法依照税收实体法规定确定计税依据。换句话说，包税条款在确定计税依据方面与我国税收实体法[①]规定存在内在冲突。我们说包税条款破坏税收法定原则，主要是指它改变了税法规定的"纳税人"，并使"计税依据"无法依税收实体法予以确定。从税法视角下看包税条款，其因对我国税收征管秩序造成严重负面影响而无效。

由此，我们就不难理解为什么国家税务总局在《对十三届全国人大三次

---

① 主要是指计税依据之中包含税款的税种实体法。

会议第 8471 号建议的答复》中，对司法拍卖包税条款明确持否定态度；不难理解为什么最高人民法院执行局在《最高人民法院关于人民法院网络司法拍卖若干问题的规定理解与适用》否定包税条款效力；[①] 不难理解为什么应当不折不扣地执行《网拍规定》第三十条规定；不难理解为什么各级法院在近一两年中陆续把司法拍卖包税条款变更为"依法各自承担""买受人先行垫付""垫付后由法院从拍卖款中优先支付"。

三、实务处理：变通以核定或者径直方式确定计税价格

笔者团队于 2023 年 1 月在互联网上对各地税务机关对网络司法拍卖包税条款的观点进行检索，发现许多税务机关直接或者间接认为网络司法拍卖包税条款有效。[②] 既然包税条款会导致无法按税收实体法确定计税依据，那么，为什么一些地区的税务机关对包税条款的态度与国家税务总局不同，而直接或者间接认可包税条款的效力？其原因在于，很多地区的税务机关对于设置包税条款的交易并没有按照实体法规定确定计税依据，要么采取自行核定方式确定计税依据，要么径直以拍卖价款作为不含增值税的其他税种的收入确定计税依据。

采用自行核定方式确定计税依据，以科豪案[③]为例。因科豪公司未能履行生效判决确定的义务，在执行程序中，执行法院按网络司法拍卖程序拍卖其不动产。拍卖公告载明"……在办理过户手续过程中所涉及的一切相关的税、费和所需补交的相关税、费（包括但不限于增值税、土地增值税、契税、企业所得税、个人所得税、印花税、出让金、房产税、城镇土地使用税、税款滞纳金以及其他房产及土地交易中规定缴纳的各种费用）及有可能存在的水、电等欠费均由买受人承担"。2018 年 4 月惠森公司以 61,720,000 元成

---

① 参见最高人民法院执行局编：《最高人民法院关于人民法院网络司法拍卖若干问题的规定理解与适用》，中国法制出版社 2017 年版，第 398 页。

② 如湖南省税务局答复："拍卖公告中已载明有关税费承担的事项，参与竞买应当视为已同意该竞拍规则，根据合同法有关合同效力的规定，对所拍卖房屋涉及税费承担是合同各方协商一致的结果，未违反法律法规的强制性规定。"又如福建省税务局答复："税务机关根据税法规定确定纳税义务人，但不干预买卖双方对交易税费实际承担人的相关约定，实质上属于成交价格是否含交易环节相关税费的民事约定。"（来源：国家税务总局 12366 纳税服务平台，https：//12366. chinatax. gov. cn/nszx/onlinemessage/detail? id = a632ad52bdee4ec2bc16132373e24120，留言时间：2021 年 4 月 6 日）。

③ 参见广东省佛山市中级人民法院民事判决书，（2022）粤 06 民终 524 号。

功竞得。2018 年 5 月法院裁定受理科豪公司破产清算一案。2019 年科豪公司主管税务机关向破产管理人申报税收债权为 2018 年企业所得税 1,635,351.17 元以及相应的滞纳金。

2021 年 7 月，科豪公司主管税务机关出具《关于科豪木工公司核定企业所得税额说明》，载明“2018 年企业所得税 1,635,351.17 元的计算过程为：2018 年度取得拍卖厂房收入 65,414,046.61 元，由于该笔收入 61,720,000 元是由买受方代该企业支付相关税费的，所以要换算为企业所得税计税收入，根据公式：计税价格 = 合同金额 ×（1 + 相应的印花税率）/［1 − 相应的增值税税率 ×（城建税率 + 教育附加税率 + 地方教育费附加税率）− 土增核定率］换算拍卖厂房收入为：61,720,000 ×（1 + 0.0005）/［1 − 0.05 ×（0.07 + 0.03 + 0.02）− 0.05］= 65,414,046.61 元；合并该企业 2018 年度已申报的收入 0 元，确认 2018 年该企业收入总额为 65,414,046.61 元，2018 年度企业所得税核定应纳税额为：65,414,046.61 × 10% × 25% = 1,635,351.17 元”。

2021 年科豪公司依据不动产网络司法拍卖公告载明的包税条款和上述主管税务机关《关于科豪木工公司核定企业所得税额说明》，向法院提起诉讼，请求判决不动产买受人惠森公司向其支付企业所得税 1,635,351.17 元。经审理，法院支持了科豪公司的诉讼请求。

该案中，税务机关对科豪公司 2018 年度企业所得税计税依据的确定，并没有依照《企业所得税法》第二章的规定，而是采取多重核定的方法。核定计税价格，核定计税依据，其中还包括核定土地增值税计税收入额、核定土地增值税征收率。核定计税价格使用的公式是：计税价格 = 合同金额 ×（1 + 相应的印花税率）/［1 − 相应的增值税税率 ×（城建税率 + 教育附加税率 + 地方教育费附加税率）− 土增核定率］。首先，使用这个公式核定计税价格并没有任何法律依据；其次，这个公式本身也漏洞百出，无疑是错误的，最明显的错误是计税价格没有把企业所得税税额包含进去。依照《企业所得税法》规定，企业所得税税额包含于企业所得税应纳税所得额，也包含于收入总额。[①] 上述公式

① 《企业所得税法》第五条规定，“企业每一纳税年度的收入总额，减除不征税收入、免税收入、各项扣除以及允许弥补的以前年度亏损后的余额，为应纳税所得额”；第十条规定，“在计算应纳税所得额时，下列支出不得扣除：……企业所得税税款……”；第二十二条规定，“企业的应纳税所得额乘以适用税率，减除依照本法关于税收优惠的规定减免和抵免的税额后的余额，为应纳税额”。

计算的计税价格明显没有把企业所得税税额包含在内。可见，税务机关使用了既没有法律依据又明显错误的公式核定计税价格，进而核定计税依据（以核定的计税价格 65,414,046.61 ×10%），其做法与《企业所得税法》的规定格格不入。

还有一部分地区的税务机关，在包税条款的网络司法拍卖中，径直以拍卖价款作为不含增值税的其他税种的应税收入额确定计税依据。笔者在办理税务案件中常遇到下述类似案例：法院执行裁定某公司以最高价 165,500,000 元竞得某地块及地上建筑物，税务机关将该成交价作为不含增值税的销售价款，计算增值税及附加；同时径直将该价款作为土地增值税、个人所得税（或者企业所得税）、契税的应税收入额，计算确定土地增值税、个人所得税（或者企业所得税）、契税的计税依据，进而计算出各税种的应缴税额，全部由买受人缴纳。很明显，这种做法是把土地增值税、个人所得税（或者企业所得税）、契税作为价外税处理，明显与《土地增值税法》（征求意见稿）、《个人所得税法》、《企业所得税法》、《契税法》关于计税依据确定的规定是相违背的。

为什么税务机关不依照各税种实体法的规定确定计税依据？这是因为如果认定包税条款有效，税务机关根本无法依照各税种实体法的规定确定拍卖标的物的应税收入额和计税依据。①

四、立法启示：税法总则中明确计税依据法定

税收要素主要包括纳税人、征税对象、计税依据和税率。计税依据也称税基，是指税法规定的据以计算各税种应征税款的依据或者标准。征税对象是税法规定的征税的目的物，通过规定征税对象，解决对什么征税这一问题。征税对象与计税依据的关系是：征税对象是指征税的目的物，计税依据则是在目的物已经确定的前提下，对目的物据以计算税款的依据或者标准；征税对象是从质的方面对征税所作的规定，而计税依据则是从量的方面对征税所作的规定，是征税对象量的表现。②

---

① 该案例还涉及一个重要问题，即企业所得税是否具有转嫁性问题。由于本书重点阐述计税依据确定问题，所以对企业所得税税种转嫁的合法性问题暂不讨论。

② 参见全国税务师职业资格考试教材编写组编：《税法》（Ⅰ），中国税务出版社 2022 年版，第 22 – 23 页。

比如，企业所得税是对企业和其他取得收入的组织的生产经营所得和其他所得征税，计税依据是应纳税所得额。我国《企业所得税法》第二章规定了应纳税所得额的确定。其中，第五条从总体上规定了应纳税所得额的计算方法，即“企业每一纳税年度的收入总额，减去不征税收入、免税收入、各项扣除以及允许弥补的以前年度亏损后的余额”。每个税种实体法[①]对计税依据都有规定。既然各税种实体法对计税依据都有明确规定，那么，在税收征收实务中，除了有法律明确规定的除外情形，都应当依照法律规定确定计税依据。而实际情况是逃避对计税依据依法确定的情形比比皆是。司法拍卖中包税条款的设置以及引起的争议，与税务机关在执法过程中未严格按照各税种实体法规定确定计税依据有一定相关性。

为什么税务机关使用了既没有合法来源又缺乏法律依据且明显错误的公式核定应纳税所得额，而没有受到法律的规制？这种情形与我国现阶段税收立法现状不无关联。在立法层面，2015 年修正的《立法法》第八条第六项规定，“税种的设立、税率的确定和税收征收管理等税收基本制度”只能制定法律。这是《立法法》关于税收法定原则的表述。该条规定了税种法定、税率法定、征管制度法定，并没有将计税依据列入法定范围。由于计税依据没有明文列入法定范围，因此在税法实施过程中税率不动但计税依据被调整的情况日趋频繁。[②] 在执法层面，各级税务机关绕开实体法规定，使用各种没有法律依据的核定方式对计税依据进行核定。各级税务机关绕开实体法规定确定计税依据，表面上使得征管工作“依法、正常”进行，也给司法机关、律师造成了包税条款不影响国家税收征管秩序的错觉，从而使其误认为包税条款合法有效。

2020 年公布的《民法典》，标志着我国进入法典化时期，“税法典”编纂将提上日程。按照“两步走”的路径，“税法典”编纂前将完成“税法总则”的立法工作。“税法总则”将表明税法的价值、提炼税法原则和通行的规则，对各税种实体法和税收程序法、税收征收管理法起到统领作用。为此，

---

① 此处实体法，包括目前国务院授权制定的行政法规以及上升为法律的各税种实体法。

② 参见熊伟：《税法总则立法中的纳税人主义及其制度体现》，载《法律科学（西北政法大学学报）》2023 年第 1 期。

笔者认为，在“税法总则”立法中，要把税收法定原则明文写入税法基本原则，以细化《立法法》关于税收法定原则的规定，对税收法定原则的概念进行提炼，明确税收要素法定，即纳税人、征税对象、计税依据和税率法定。将计税依据纳入法定原则的要素范围，① 以规制在税法实施过程中随意调整税基、滥用税收核定权的行为。税务机关如果严格按照税收实体法规定确定计税依据，在征管实务中就会自觉抵制司法拍卖中的包税条款，并使税收法定原则真正成为强行法规则，进而倒逼民商事主体在民商事活动中遵循税收法定原则来确立交易关系。

7. 认定网络司法拍卖包税条款合法有效存在的问题

不动产网络司法拍卖包税条款引发的许多争议，大多以民事诉讼方式呈现。如前文所述，在此类案件审理中，大多数法院对包税条款的效力认定采取回避态度，而以“系真实意思表示”“买受人参与竞拍就应接受该条款约束”“该条款没有违反法律、行政法规的强制性”“不影响国家税款征收”为由，判决由买受人按包税条款的约定履行义务。也有部分法院直接认定包税条款合法有效，这样的认定，会存在哪些问题？笔者以自然人甲与F市S区千叶花园房地产有限公司（以下简称千叶花园公司）房屋买卖合同纠纷案（以下简称千叶花园案）为例，予以分析。②

【案情简述】2019年1月14日，甲通过北京市东城区人民法院司法拍卖网络平台，以最高价968,000元竞得位于广东省F市S区的4座302号、402号房产，付清房款后，在税务机关缴纳了应由买受人承担的印花税和契税，办理了房产过户登记手续；后房产原所有人千叶花园公司诉至法院，请求判决甲承担房产过户中应由出卖人缴纳的增值税、土地增值税、城市维护建设税、教育费附加、地方教育附加及印花税。千叶花园公司提起诉讼的依据，

① 参见施正文：《税法总则立法的基本问题探讨——兼论〈税法典〉编纂》，载《税务研究》2021年第2期。

② 参见广东省佛山市中级人民法院民事判决书，(2021) 粤06民终9230号。

是《拍卖公告》载明的“标的物过户登记手续所涉及一切税、费由买受人负担”。甲认为，该条款无效。法院经审理认为，法律并未禁止纳税主体与合同相对人或第三人约定由合同相对人或者第三人缴纳税款，该条款合法有效。据此判决，买受人甲承担案涉房产过户应由出卖人千叶花园公司缴纳的增值税、土地增值税、城市维护建设税、教育费附加、地方教育附加、印花税。

上述案例中，法院认定网络司法拍卖包税条款合法有效，并据此作出判决，至少存在以下四个方面的问题。

第一，背离税收实务处理常规。二审期间，上诉人甲提交了一份新证据《关于回复S区人民法院调查取证函的情况》（以下简称《回复情况》）。《回复情况》备注3载明，“按照商业惯例，拍卖价款为含税价”[①]。这份《回复情况》是税务机关出具给案件受理法院的。所谓“按商业惯例，拍卖价款为含税价”，实际上就是税收实务处理常规，即在税收实务中，商品拍卖成交价默认为含税价。含税，即含增值税。按此常规，甲支付的拍卖价款968,000（即496,000+472,000）元含有增值税，增值税额为968,000/1.05×0.05=46,095.24元。[②] 拍卖价款已支付到拍卖法院指定的银行账户，则税务机关应当向法院收取拍卖价款所包含的增值税46,095.24元。如果再向甲收取，相当于甲多交了一次增值税。所以，在甲已经支付含税价之后，法院仍判决其代千叶花园公司向税务机关缴纳增值税，明显背离税收实务处理常规。

第二，不符合税收实体法规范。《土地增值税暂行条例》第三条规定，“土地增值税按照纳税人转让房地产所取得的增值额和本条例第七条规定的税率计算征收”。《土地增值税暂行条例实施细则》第十条列举了土地增值税计算公式，简单表述为：土地增值税税额=增值额×税率-扣除项目金额×速算扣除率。从上述规定和公式可知，土地增值税的计税依据是增值额，土地增值税税额包含于增值额。《土地增值税暂行条例》第四条规定，“纳税人

---

① 参见广东省佛山市中级人民法院民事判决书，（2021）粤06民终9230号。拍卖成交价相当于商品零售价，税务常规处理方式是按含税价，销售额=拍卖成交价/（1+税率）。

② 参见《营改增试点》附件一《营业税改征增值税试点实施办法》第十八条、第二十三条，附《销售服务、无形资产、不动产注释》第三条，附件2《营业税改征增值税试点有关事项的规定》第一条第八项第二目；此处假定拍卖房产为千叶花园公司2016年4月30日前自建房屋且按简易征税，下同。

转让房地产所取得的收入减除本条例第六条规定扣除项目金额后的余额，为增值额”。用公式表达就是：增值额 = 收入额 - 扣除项目金额。从上述公式可知，增值额包含于收入额。既然土地增值税税额包含于增值额，增值额包含于收入额，那么，土地增值税税额也包含于收入额。千叶花园案的土地增值税收入额可以分两种情形确定。一种情形是按税收实务处理常规，拍卖成交价 968,000 元包含增值税，则收入额 = 968,000 - 46,095.24 = 921,904.76 元。另一种情形是不按税收实务处理常规，拍卖成交价 968,000 元不包含增值税，则收入额是 968,000 元。在这两种情形下，收入额要么是 921,904.76 元，要么是 968,000 元。[①] 如前所述，由于土地增值税税额包含于收入额，因此，上述两种情形下，无论收入额是 921,904.76 元还是 968,000 元，收入额均包含土地增值税税额。甲已经将拍卖价款 968,000 元支付到拍卖法院指定的银行账户，该拍卖价款包含收入额或者等于收入额，土地增值税包含于其中。在此情形下，拍卖法院应当从拍卖价款中将包含于其中的土地增值税税额缴付税务机关。因此，法院判决甲向税务机关缴纳土地增值税，不符合《土地增值税暂行条例》规定。

第三，无法和税收实体法规范相协调。有观点认为，根据《拍卖公告》中税负转嫁条款约定，拍卖法院收取的拍卖成交价 968,000 元是不包含增值税及附加、土地增值税等一切税款的净收益。这种观点是否成立？前文已经论及，净收益之说不成立。因此，所谓拍卖成交价是不包含增值税及附加、土地增值税等一切税款的净收益的观点，仅仅是在私法领域下的臆想，根本无法同现行土地增值税法律规范相协调。

第四，违背司法解释规定。《网拍规定》第三十条规定，“因网络司法拍卖本身形成的税费，应当依照相关法律、行政法规的规定，由相应主体承担；没有规定或者规定不明的，人民法院可以根据法律原则和案件实际情况确定税费承担的相关主体、数额”。该条旨在规范网络司法拍卖承担税费的主体。纳税主体是税收要素之一。税收法定原则要求税收要素法定，其中包括纳税

---

① 参见财政部、国家税务总局《关于营改增后契税 房产税 土地增值税 个人所得税计税依据问题的通知》（财税〔2016〕43 号）第三条；国家税务总局《关于营改增后土地增值税若干征管规定的公告》（国家税务总局公告 2016 年第 70 号）第一条。

主体法定。最高人民法院作出的该条司法解释，严格遵循了税收法定原则。司法解释是最高人民法院依法制定的，其效力等同于法律。各级法院本应规范遵守法律，却在《拍卖公告》中设置包税条款，把司法解释弃置一边而另起炉灶，与法院作为司法机关的地位似不相称。

综上，纯粹站在私法领域的角度看，包税条款属于意思自治范畴，当事人意思表示真实且不违反法律、行政法规禁止性规定，似乎合法有效。但是如果我们转换一下视角，从税收实务和税法规范的角度看，包税条款与现行税法存在内在冲突，表现在背离税收实务处理常规、不符合税收实体法规范、无法和税收实体法规范相协调、违背司法解释规定。从根本上看，是对税收法定原则的破坏。

8. 包税条款下的税款追征问题

前文讨论了网络司法拍卖（不动产）包税条款效力问题。实务中，面对这样的包税条款，买受人为完成拍卖不动产过户登记，一般会代出卖人缴纳增值税及附加、土地增值税（甚至所得税）等税款。税务机关也会按照自己确定的方式征收由买受人代缴的税款。税务机关在征税后，由于种种原因认为少征了税款，能否根据包税条款要求买受人补缴税款？

【案情简述】2021 年 3 月，M 公司参加某法院在淘宝司法拍卖网上举办的拍卖活动，拍卖标的是自然人甲名下的一幅国有建设用地使用权及地上建筑物（以下简称拍卖标的）。M 公司以 183,938,200 元竞得，根据拍卖公告中的包税条款到 A 税务分局缴纳了税款（包括代甲缴纳的增值税及附加、土地增值税、个人所得税以及 M 公司应当缴纳的契税），办理了拍卖标的不动产过户登记手续。2023 年 9 月，A 税务分局向甲发出税务事项通知书，通知上述交易事项因所涉土地增值税采用核定征收率的计算方式有误而被撤销，要求甲自行到 A 税务分局更正申报。2023 年 11 月，A 税务分局再向甲发出税务事项通知书：以拍卖成交价 183,938,200 元为转让收入，扣除成本项目（基准地价评估价、地上建筑物重置成本价、相关税金等）共计 29,328,840.22

元，增值额为154,609,359.78元，土地增值税适用税率60%，应缴纳的土地增值税为：154,609,359.78×60% -29,328,840.22×35% =82,500,521.79元；甲已实际缴纳增值税11,036,292元（原以6%核定征收率核定的税款），应补缴71,464,229.79元，请于收到本通知之日起15日内携带有关资料到A税务分局缴纳入库。向甲送达上述税务事项通知书后，因甲无力缴纳任何款项，A税务分局约谈M公司负责人，要求M公司根据网络司法拍卖包税条款代甲缴纳甲应补缴的土地增值税71,464,229.79元，否则将采取相关措施，包括但不限于行政措施、提起代位权之诉等。因补缴的土地增值税金额巨大，远远超出预期，M公司不愿代缴，并寻求救济。

A税务分局约谈M公司负责人，提出如M公司拒绝按照包税条款代甲补缴土地增值税，其将采取相关行政措施、提起代位权之诉等，实际上是向M公司追征税款。这种做法并不合法，分析如下。

1. 关于网络司法拍卖条款效力问题。如前文论述，网络司法拍卖包税条款因破坏税收法定原则而无效。如果A税务分局认可该包税条款无效，则买受人M公司没有代甲缴纳土地增值税的义务，A税务分局不能根据包税条款向M公司提出代甲补缴土地增值税的要求。如果A税务机关认为该包税条款有效，则其默认拍卖价款是不包括任何税款的“净值”。依照《土地增值税暂行条例》规定，计算土地增值税确定的收入额包含土地增值税。既然拍卖成交价183,938,200元是不含任何税款的“净值”，则应当将不含任何税款的“净值”换算成包含土地增值税税额的收入额。A税务分局于2023年11月送达给甲的税务事项通知书，并没有将拍卖成交价183,938,200元作为“净值”换算成包含土地增值税税额的收入额。因而，该税务事项通知书的土地增值税税额计算不符合《土地增值税暂行条例》规定。综上，A税务分局无论是认可包税条款无效还是认为包税条款有效，其向M公司追征税款的行为都是错误的。

2. 关于纳税人信赖利益保护问题。纳税人的信赖利益，是“纳税人基于对原有税收法律法规、税收征管行为等正当、合理的信赖，而规划或实施了某些涉税经济行为，由此形成的预期应得的经济利益”[①]。

由于网络司法拍卖包税条款是由法院在拍卖公告中设置的，竞买人如果接受包税条款而参加竞买，则成为全部交易税费的实际承担者，纳税人的信赖利益也应当及于竞买人。拍卖成交后，买受人基于包税条款的约定到税务机关缴纳买卖双方的全部税款，则应当保护其作为实际税负人的信赖利益。信赖利益产生的前提是纳税人（或者实际税负人，下同）的信赖是正当的、合理的。上述案例中，A税务分局以核定征收方式计征土地增值税符合《税收征收管理法》规定及其惯常做法，[②] 没有违反法律法规，征纳双方也都没有实施欺诈、胁迫等行为。对M公司而言，其信赖是正当的、合理的。纳税人信赖利益保护原则强调的是税收立法、税收征管应当建立稳定的法律秩序，不得随意变更法律法规或者在先征管行为，防止纳税人的利益遭受贬损。[③] 上述案例中，A税务分局在作出计征土地增值税11,036,292元的行政行为且税款征收入库的两年后，又撤销此行政行为，采用另外一套方式计算征收土地增值税税额82,500,521.79元，并向M公司追征前后两次计算的差额71,464,229.79元，损害了纳税人的信赖利益，严重违反纳税人信赖保护原则。

3. 关于纳税义务人的确定问题。税收法定原则的基本要求是税法要素法定。纳税义务人是最重要的税法要素之一。只有成为税法上的纳税义务人，才有依照税法申报纳税的义务。税务机关追征税款的相对方只能是纳税义务人（或者某些情形下税法规定的缴纳义务人）。依照《土地增值税暂行条例》第二条规定，土地增值税的纳税义务人是“转让国有土地使用权、地上的建

---

① 张富强、许健聪：《税收宏观调控中纳税人信赖利益之保护》，载《法学杂志》2016年第9期。

② 《税收征收管理法》第三十五条第一款规定，“纳税人有下列情形之一的，税务机关有权核定其应纳税额：（一）依照法律、行政法规的规定可以不设置帐簿的；（二）依照法律、行政法规的规定应当设置帐簿但未设置的；（三）擅自销毁帐簿或者拒不提供纳税资料的；（四）虽设置帐簿，但帐目混乱或者成本资料、收入凭证、费用凭证残缺不全，难以查帐的；（五）发生纳税义务，未按照规定的期限办理纳税申报，经税务机关责令限期申报，逾期仍不申报的；（六）纳税人申报的计税依据明显偏低，又无正当理由的”；第二款规定，“税务机关核定应纳税额的具体程序和方法由国务院税务主管部门规定”。

③ 参见张富强、许健聪：《税收宏观调控中纳税人信赖利益之保护》，载《法学杂志》2016年第9期。

筑物及其附着物（以下简称转让房地产）并取得收入的单位和个人”。上述案例中，法院拍卖的是甲名下的建设用地使用权和地上建筑物，甲是纳税人。M 公司是买受人，不是土地增值税的纳税义务人。假定应当补征土地增值税，也应当向甲追征，而无权向 M 公司追征。

4. 关于提起代位权之诉问题。首先，税务机关在税收征管中无权提起代位权之诉。代位权是民事法律制度赋予债权人向债务人的债务人主张权利的一项民事权利。① 税务机关是国家行政机关，税收征收管理权是行政法赋予税务机关的法定职权。税务机关有关税款征收管理职权的行使受《税收征收管理法》等行政法调整。《税收征收管理法》没有授权税务机关作为民事主体行使代位权。“法无明文授权不可为”，因而，税务机关以代位权之诉行使税收征收管理权没有任何法律依据。实务中，部分税务机关提起代位权之诉得到了法院支持，也有法院以税务机关提起的代位权之诉不属于人民法院受理的民事诉讼范围而裁定驳回起诉。② 其次，税务机关提起代位权之诉的依据是无效的。税务机关提起代位权之诉的主要依据是网络司法拍卖中的包税条款和 2023 年 11 月送达的税务事项通知书。如前所述，网络司法拍卖（不动产）包税条款是无效的。退一步说，假定该包税条款有效，A 税务分局 2023 年 11 月送达的税务事项通知书中，确定土地增值税计征方式不符合《土地增值税暂行条例》的规定，也是无效的。最后，税务机关缺少行使代位权的条件。代位权行使的条件之一是“债务人怠于行使其到期债权”。网络司法拍卖包税条款是在法院举行的拍卖活动中由法院设置的，并非拍卖标的的所有人甲对 M 公司的意思表示，包税条款对甲并不发生效力，因而，甲并不能依据包税条款对 M 公司享有债权。甲根本不享有对 M 公司的到期债权，而且不属于“债务人怠于行使其到期债权”。

综上，包税条款下，A 税务分局向买受方 M 公司追征税款，无论是以约谈方式、其他行政措施方式还是以提起代位权之诉方式，既违背税收法定原则，又损害纳税人及实际税负人的信赖利益，也没有《税收征收管理法》的

---

① 《民法典》第五百三十五条第一款规定，“因债务人怠于行使其债权或者与该债权有关的从权利，影响债权人的到期债权实现的，债权人可以向人民法院请求以自己的名义代位行使债务人对相对人的权利，但是该权利专属于债务人自身的除外”。

② 参见广东省佛山市顺德区人民法院民事裁定书，（2019）粤 0606 民初 8862 号。

授权，属于超越法定职权的行为。

9. 法院对民事合同中税负转嫁条款效力的认定

不动产网络司法拍卖设置的包税条款，因对税收法定原则造成破坏而无效。那么，对于一般民事合同所设置的税负转嫁条款，法院如何认定其效力？以下结合三个法院案例进行讨论。

【案情简述】2018 年 1 月 29 日，广东展慈食品有限公司（以下简称展慈公司）原股东自然人乙召集原股东甲等七人和自然人丙举行股东会议，议定由甲等七人将持有的展慈公司 70% 股权转让给丙。同日，丙将转让价款 140 万元支付给甲等七人。同年 4 月 30 日，在工商部门办理股权变更登记手续，签订的股权转让合同约定每个原股东股权转让价款均为 1 元，并约定“股权转让有关费用由丙承担”。完成股权变更登记手续后，税务机关通知丙清理股权转让相关税费，丙代转让方甲等七人缴纳了印花税 676 元、个人所得税 418,356.92 元。丙向广东省揭阳市揭东区人民法院提起民事诉讼，请求甲等七人向其支付代缴的印花税和个人所得税。一审法院判决支持丙的诉讼请求，甲等七人不服提起上诉，二审法院判决维持一审判决。①

该案中，税负转嫁条款是股权转让合同中约定的“股权转让有关费用由丙承担”。一审法院认为该税负转嫁条款无效。理由是个人所得税属于不可转嫁税种，不能由受让方承担；约定个人所得税由受让方承担，实质是降低交易额，规避纳税义务的行为，因违反“实质课税原则”而无效，属于私法权利滥用的无效行为。

分析一审法院认定无效的理由。

第一，个人所得税是否属于不可转嫁税种。一审法院推论的起点是个人所得税属于不可转嫁税种。从理论上讲，所得税（包括企业所得税和个人所得税）属于直接税，不具有转嫁性。但是在实务中，国家税务总局并没有一

① 参见广东省揭阳市中级人民法院民事判决书，（2021）粤 52 民终 453 号。

概认为个人所得税不可转嫁。最明显的例子，是在其规范性文件中，存在关于企业或者个人为纳税义务人承担税款或者雇主为雇员全年一次性奖金承担税款的规定。[①] 这些文件中，国家税务总局并没有认为税法规定应由企业员工（雇员）缴纳的个人所得税转嫁给企业承担违反了法律禁止性规定而无效，反而规定了把不含个人所得税款的所得换算成含有个人所得税款的所得，然后计算应当缴纳的个人所得税的方式，并附有相关的计算公式。因此，个人所得税属于不可转嫁的税种，只是在理论上的表述，实务中也并非如此。一审法院推论的起点并不十分可靠。

第二，约定个人所得税由受让方承担是否实际降低了交易额。我国《个人所得税法》等相关法律规定，财产转让所得以转让财产的收入额减除财产原值和合理费用后的余额，为应纳税所得额；个人转让股权属于财产转让，适用财产转让相关规定缴纳个人所得税；股权转让收入是指转让方因股权转让而获得的现金、实物、有价证券和其他形式的经济利益。[②] 股权转让收入，对于受让人来说是股权受让所支付的对价。所以，股权转让收入就应当是股权转让合同双方的交易额。如果双方约定除这个交易额外，由受让方承担转让方应当缴纳的个人所得税，相当于转让方在交易额之外又取得了“其他形式的经济利益”,[③] 这部分“其他形式的经济利益”应当计入转让方的收入以及受让方的支出，也属于交易额的一部分。因此，税法上确认的交易额是股权转让合同约定交易额加上受让方承担的应当由转让方缴纳的个人所得税。从这个意义上说，如果个人所得税由受让方承担，则合同约定的交易额低于税法规定的交易额。

第三，约定个人所得税由受让方承担是否属于规避纳税义务，违反“实质课税”原则。规避纳税义务和违反“实质课税”原则是两个问题，应当分

---

① 参见《征收个人所得税若干问题的规定》（国税发〔1994〕089 号）第十四条；国家税务总局《关于雇主为雇员承担全年一次性奖金部分税款有关个人所得税计算方法问题的公告》（国家税务总局公告 2011 年第 28 号）。

② 参见《个人所得税法》第六条第一款第五项；《个人所得税法实施条例》第六条第一款第八项；国家税务总局《关于发布〈股权转让所得个人所得税管理办法（试行）〉的公告》（国家税务总局公告 2014 年第 67 号，以下简称 67 号公告）第七条。

③ 参见国家税务总局《关于雇主为雇员承担全年一次性奖金部分税款有关个人所得税计算方法问题的公告》（国家税务总局公告 2011 年第 28 号）第一条。

开来谈。先谈是否属于规避纳税义务。规避纳税义务，是指纳税人通过表面合法的形式达到少缴、不缴或者迟延缴纳税款的目的，在主观上是故意而为之。① 合同当事人设置税负转嫁条款的目的就是转嫁税负，可能并不是为了少缴、不缴或者迟延缴纳税款。所以，约定个人所得税由受让人承担并不都属于规避纳税义务。再谈是否属于违反"实质课税"原则。"实质课税"原则，是指一项交易的外观形式和经济实质不一致时，应当按照经济实质纳税；税务机关遇到名实不符的交易时，按经济实质处理。"实质课税"原则主要涉及税务机关在税收征管中适用处理方法的问题，而不涉及纳税人是否违反该原则的问题。所以，约定个人所得税由受让方承担与违反"实质课税"原则无关。

综合以上三点可知，一审法院认定案涉税负转嫁条款无效的理由并不充分。值得一提的是，上述第二点理由，约定个人所得税由受让方承担，的确会导致合同约定的交易金额低于税法规定的交易金额，但这种情形也未必一概导致税负转嫁条款无效。因为，在这种情形下，税务机关在有依据的情况下可以对交易额或者所得额进行调增，从而使确定的计税依据符合税收实体法规定。

二审判决并没有沿用一审涉案税负转嫁条款无效的观点。二审法院认为，股权转让合同虽然约定本次股权转让有关费用由受让方承担，但没有明确包括税款，该约定不能免除甲等七人作为纳税人缴纳税款的法定义务，故甲等七人主张股权转让所产生的个人所得税由转让双方通过合同约定实际承担主体并不违反法律强制性规定的上诉理由不能成立。基于此，二审法院判决驳回上诉，维持一审判决。显然，二审法院以"约定不明"为由，绕开对税负转嫁条款效力的认定，维持一审判决，取得由税法规定的纳税人承担纳税义务的司法效果。

在展慈公司案中，二审法院绕开对税负转嫁条款效力的认定。同样，在

① 参见朱青编著：《企业税务筹划：原理与方法》（第 2 版），中国人民大学出版社 2019 年版，第 1 - 2 页。

佳家豪公司案中,[①] 对税负转嫁条款效力的认定，最高人民法院也持回避态度。

【案情简述】 自然人丁、深圳市佳家豪投资发展有限公司（以下简称佳家豪公司）因合作开发合同发生纠纷，（2009）中国贸仲裁深裁字第103号裁决书裁决佳家豪公司应支付丁6500万元税后项目收益，裁决同时指出，该笔6500万元的纳税事宜属于税务机关确定和处置的范围。该裁决书生效后双方签订了《执行和解协议》，约定在佳家豪公司付清全部款项后，丁将其以自然人戊名义持有的股权转让给佳家豪公司，并签订《股权转让合同》。对此，佳家豪公司向丁出具《保证函》，表明丁退出公司，股权全部转让给佳家豪公司，且因股权转让事宜所产生的一切税费等款项均由佳家豪公司承担。佳家豪公司已就该股权转让行为依约支付了相应的税款。此后，C省税务机关向丁追缴案涉6500万元相应的个人所得税税款。丁提起诉讼，请求法院判决该项目收益款6500万元相应的个人所得税税款由佳家豪公司承担。最高人民法院作出（2021）最高法民申4455号裁定，认为根据案涉合同及其履行情况，尚不足以认定双方就案涉个人所得税达成由佳家豪公司负担的合意，因此驳回丁再审申请。

佳家豪案中的税负转嫁条款表现在两处：一是仲裁裁决书记载“佳家豪公司应支付丁6500万元税后项目收益”，二是佳家豪公司向丁出具的《保证函》记载“因股权转让事宜所产生的一切税费等款项均由佳家豪公司承担”。

“6500万元税后项目收益”相应的个人所得税由谁承担？佳家豪案始终围绕这个核心问题而展开。因此，我们分析此案，理应从“6500万元税后项目收益”的性质入手。

1. 如何评价该“6500万元税后项目收益”的性质？项目收益，顾名思义是来源于项目的收益。该案中，丁与佳家豪公司依据双方的合作开发合同设立项目公司，以项目公司名义合作开发房地产。因此，该案中的项目收益就是作为股东的丁和佳家豪公司从项目公司获得的收益。我国《公司法》第

---

① 本书简称佳家豪案，详见最高人民法院民事裁定书，（2021）最高法民申4455号。该裁定书关于案件事实的记载比较粗略，能够检索的其他资料较少，因此本书仅根据该裁定书反映的信息进行分析判断。

四条规定股东对公司享有资产收益、参与重大决策和选择管理者等权利。项目收益，是股东依法基于对公司的资产收益权而获得的或者可能获得的收益。如果项目公司向股东丁支付项目收益，则应当是项目公司基于股东对公司享有的资产收益权而进行利润分配。该案中，项目收益支付的主体不是项目公司，而是项目公司的另一个股东佳家豪公司。因此，股东丁收取的“6500 万元税后项目收益”不是项目公司对其分配的利润。除非另有安排，公司某个股东没有向其他股东支付项目收益的义务。该案中，项目公司股东佳家豪公司向另一股东丁支付“6500 万元税后项目收益”，是基于丁退出项目公司的安排。丁退出项目公司，就意味着将其持有的项目公司股权全部让渡给佳家豪公司。因此，佳家豪公司向丁支付“6500 万元税后项目收益”，实质上是丁向其转让股权对价的一部分。

2. 最高人民法院如何认定“6500 万元税后项目收益”的性质？既然佳家豪公司向丁支付的6500 万元项目收益款属于股权转让对价的一部分，那么丁收取的6500 万元项目收益款所产生的税费，就是因股权转让产生的税费。假如案涉税负转嫁条款有效，则丁收取的6500 万元项目收益款产生的个人所得税等税费应当由佳家豪公司承担；反之，假如案涉税负转嫁条款无效，则个人所得税等税款应由丁自行承担。那么，最高人民法院是如何处理的呢？最高人民法院认为，根据案涉合同及其履行情况，尚不足以认定双方就案涉个人所得税达成由佳家豪公司负担的合意，裁定驳回丁再审申请。可见，最高人民法院“省略”了对丁收取的“6500 万元税后项目收益”性质的认定，直接“跳跃”到结论：尚不足以认定双方就案涉个人所得税达成由佳家豪公司负担的合意。“6500 万元税后项目收益”的性质如此之重要，按理说最高人民法院不可能不作认定。而事实上，最高人民法院偏偏就“省略”。为什么要“省略”？因为通过“省略”直接“跳跃”到结论，可以避开对案涉税负转嫁条款效力的认定。

3. 最高人民法院为什么要回避对税负转嫁条款效力的认定？首先，如果认定税负转嫁条款有效，则明显不符合纳税主体法定的原则，且有与国家税务总局《对十三届全国人大三次会议第 8471 号建议的答复》精神相冲突的嫌疑。但是，如果作出无效认定，法律依据尚显不足。其次，如果认定税负转嫁条款无效，可能会给法院自身造成巨大压力。各级法院在民事案件的执行程序中，涉及司法拍卖的《拍卖公告》等资料中大量存在税负转嫁条款。如果最高人民法院认定《拍卖公告》等资料中的税负转嫁条款无效，可能引发已经按照税负转嫁条款承担税款的买受人向法院追索其已承担的税款的问题。最后，如果认定税负转嫁条款无效，还涉及与税务机关协调的问题。在税收执法实务中，税务机关对于合同中是否存在转嫁条款在所不问，无论是合同的哪一方甚至合同之外的第三人，只要按其确定的税额缴纳税款即可。如果最高人民法院认为税负转嫁条款无效，那么，税务机关在税收征管实务中，很可能要对合同中是否存在税负转嫁条款进行审查，进而作出相应的税务处理，这会对税务机关的税收执法实务造成一定的影响。总之，认定税负转嫁条款是否有效，无论是这个问题本身还是处理这个问题所涉及的利益，都相当复杂。无论认定税负转嫁条款有效还是无效，司法的社会效果都存在很大的不确定性。个案中，回避对税负转嫁条款效力的认定，是一种更为明智的策略。

4. 回避对税负转嫁条款效力认定产生了什么样的实际效果？最高人民法院回避对税负转嫁条款效力的认定，客观上造成税负转嫁条款虚置，对合同当事人不产生约束力的法律后果。也就是说，法院通过回避的方式达到了间接否定其效力的效果。不难看出，无论是展慈公司案的二审法院，还是佳家豪案的最高人民法院，其裁判背后的基础是税收法定原则，即由税法规定的纳税人承担税款。①

前述展慈公司案中，二审判决认为，股权转让合同约定本次股权转让有关费用由受让方承担，但没有明确包含税款，故该约定不能免除转让方甲等七人作为纳税人缴纳个人所得税的法定义务。笔者在网上检索后发现在其他民事案件判决书中，也有法院认为合同中约定的“费用”包含“税款”。

【案情简述】 2009 年 2 月 7 日，展鸿公司与可可美公司签订房地产绝卖契约，约定展鸿公司将其名下一栋房产以 850 万元出卖给可可美公司，房产

---

① 2022 年 12 月，原中国法学会财税法学研究会等专业机构公布了其评选出来的“2022 年度影响力税务司法审判案例”，其中第一个案例是导致最高人民法院作出（2022）最高法民再 59 号民事判决书的“成都金创盟公司与爱华康复医院拍卖合同纠纷案”。细心留意一下就可以发现，在这个案件中，最高人民法院同样回避了对案涉税负转嫁条款效力的认定，只是回避的方式与收到的效果和佳家豪案有所不同。

过户改名的一切费用概由可可美公司承担。可可美公司支付购房款792万元，并代展鸿公司向税务机关缴纳展鸿公司历年未缴税款，包括建筑营业税、印花税、水利建设专项资金、城镇土地使用税、房产税等合计121,335元；又以展鸿公司名义缴纳本次交易销售不动产营业税、城建税、教育费附加、地方教育附加、水利建设专项资金、印花税、土地增值税等合计1,114,919.85元。展鸿公司起诉请求法院判决可可美公司支付其未付的购房款58万元，而可可美公司反诉请求法院判决展鸿公司支付其代展鸿公司缴纳的税款共计1,236,254.85元。展鸿公司认为，双方签订的房地产绝卖契约约定“过户改名的一切费用概由可可美公司承担”，其中的“一切费用”包括税款，所以该1,236,254.85元税款应当由可可美公司承担。可可美公司认为，“一切费用”不包括税款，代缴的1,236,254.85元税款应当由展鸿公司退还给可可美公司。法院认为，过户的一切费用应包括原被告须缴纳的税款，将税和费表述为一切费用，符合书写习惯和交易习惯。判决：因变更房地产权登记所产生的税款1,114,919.85元应由可可美公司承担；可可美公司代展鸿公司缴纳的历年未缴税款121,335元，应当由展鸿公司承担。①

对于可可美公司案，有以下三点值得关注。

1. 确系约定不明。“过户所需一切费用均由买受人承担”属于约定不明条款。《企业所得税法》第八条规定，“企业实际发生的与取得收入有关的、合理的支出，包括成本、费用、税金、损失和其他支出，准予在计算应纳税所得额时扣除”。该条将“费用”“税金”并列，作为企业所得税税前扣除项目，而且《企业所得税法实施条例》第三十条、第三十一条中对“费用”“税金”分别作出解释。可见，如果援引《企业所得税法》第八条的规定，“费用”和“税金”不存在包含关系。但是，在民事活动中，确有当事人把房地产合同约定的“一切费用”理解为包括“税款”。这也是该案例中法院的观点。由此可见，“一切费用”是否包含“税款”，约定不明，存在争议。

2. 法院判决没有确认税负转嫁条款无效。法院认为“将税和费统一表述为一切费用，符合书写习惯和交易习惯”，进而判决受让方可可美公司应当

---

① 本书将该案简称可可美公司案，参见浙江省浦江县人民法院民事判决书，(2014) 金浦民初字第777号。

承担因变更房地产权登记所产生的税款1,114,919.85元，实际上是径直确认了合同中税负转嫁条款的效力。对此，笔者并不认同。该案的基础民事法律关系是房地产买卖合同，转让方应当缴纳营业税、城建税、教育费附加、地方教育附加、水利建设专项资金、印花税、土地增值税和企业所得税。税负转嫁条款含有交易价款850万元不包括上述税费之义。如果交易价款850万元不包含上述税费，应当将交易价款还原成包含营业税、城建税、教育费附加、地方教育附加、水利建设专项资金、印花税、土地增值税和企业所得税的交易价款，进而确定各税种的计税依据，并计算出应当缴纳的各税种税款。笔者在本书中阐明，现行税法规范下，无法把不含税费的交易价款还原成包含税费的交易价款，计税依据无法依法确定。不动产交易中的包税条款因对税收法定原则造成破坏而归于无效。

3. 法院对税负转嫁条款效力认定的判决思路发生变化。该案判决时间是2015年1月，对于合同中的税负转嫁条款，当时法院的一般判决思路是：税负转嫁条款是合同当事人真实意思表示，没有违反法律、行政法规强制性规定，合法有效。自2016年以来，网络司法拍卖包税条款的效力逐渐引起社会普遍关注，尤其是2020年9月2日，国家税务总局发布《对十三届全国人大三次会议第8471号建议的答复》以来，法院对于民事合同中设置的税负转嫁条款效力认定持谨慎态度。前文所提及的展慈公司案，二审判决时间为2021年7月；佳嘉豪案，最高人民法院作出裁定的时间也是2021年7月。该两案均以约定不明为由，回避对税负转嫁条款效力的认定，从而使该条款实质上无效。

合同中约定“过户所需一切费用均由买受人承担”，其中的“费用”是否包括税款，在展慈公司案和可可美公司案中，法院作出截然不同的解释。前者认为“费用”不包含税款，后者认为“费用”包含税款。表面上看似乎属于同案不同判，而实质上是法院对于税负转嫁条款效力认定的裁判思路发生了变化。

本章结语

有些税种具有天然的转嫁性，比如增值税。增值税是价外税，理论上，增值税虽然在商品生产和流通环节征收，但最终的税负人是商品消费者。增值税的征管方式也是按这个思路设计的。有些税种天然地不具有转嫁性，比如企业所得税、土地增值税、个人所得税，主要原因是这些税种是价内税，税款包含于交易价款之中。假如通过合同约定方式转嫁，则计税依据的确定比较复杂。尤其是当一个交易涉及多税种时，通过合同约定税负转嫁时计税依据的确定更为复杂。比如，在不动产网络司法拍卖中，一个交易常常涉及增值税、城建税、教育费附加、地方教育附加、土地增值税、个人所得税（或者企业所得税）、契税等。通过拍卖公告设定税负转嫁（包税条款），破坏税收法定原则（不能依照各税种实体法确定计税依据），这样的条款应当被认定为无效。反过来，也并不能说，所有的交易在合同中都不能设定税负转嫁条款，不能一概认为所有的税负转嫁条款都无效。比如，国家税务总局曾就雇主为雇员承担个人所得税如何确定计税依据问题专门发布过规范性文件。对于税收法定原则没有造成破坏的税负转嫁条款（可以依照各税种实体法确定计税依据），应当认定为有效。在具体条款设置上，应当用语规范、表意准确，以免在发生纠纷后，被法院回避认定，而变成实质无效的条款。同时，也应当关注到，在司法实践中，法院对于民事合同约定的税负转嫁条款效力认定的裁判思路已经发生重大变化，从一般认定有效变为回避认定其效力。

第四章

虚开发票

本章所述发票，系《发票管理办法》中所定义的发票，该办法第三条第一款规定，“本办法所称发票，是指在购销商品、提供或者接受服务以及从事其他经营活动中，开具、收取的收付款凭证”。而实际上，发票的本质不是民事活动款项收付的凭证，而是税收征管工具。因此，在讨论针对发票的税收违法行为和犯罪行为时，便远离了税法的依赖性、独立性，主要集中在税法的公法性。尽管发票对民事活动有重要影响，但对发票违法行为的规制是公法的任务，因此不再过多考虑税法的依赖性和独立性。

10. 如何认定虚开发票

发票是税收征管的工具。对税务机关而言，管好了发票，税收征管工作就会取得良好的效果。对纳税人而言，依法开具、索取、使用发票，便是其遵从税法的具体表现。实务中，针对发票的违法行为，主要是虚开发票。规制发票违法行为，首先应对虚开发票作出认定。关于如何认定虚开发票，从下列一则咨询案例谈起。

【案情简述】 自然人甲一年前与另外两个自然人乙、丙合伙做生意。三人各出资350万元，资金全部存入甲的银行账户。受疫情影响，生意不佳，丙失去信心，要求撤回投资。三位合伙人经协商达成以下意向：同意丙撤回原投入资金，但因甲的银行账户金额不足以退回丙投入的资金350万元，甲将其名下的一套房产（住宅）作价350万元抵偿给丙，丙原投入的350万元归甲所有。甲和丙到行政服务中心不动产登记中心窗口按二手房转让方式签订合同，并按存量房转让方式（价款350万元）缴纳相关税费，丙取得房产证。完成以上手续后，甲听人说，这单交易没有丙向甲支付房款的银行流水，因此会被税务机关甚至公安经济犯罪侦查（以下简称经侦）部门追查，心中惊恐，夜不能寐，遂向笔者咨询。

笔者给甲的答复是：如无其他违法事由，该次交易本身不会引发税务机关和公安经侦部门追查。分析如下。

该案例中，甲用一套房产抵偿了丙的撤资款，实质上包含了两个交易，一是甲转让房产给丙，二是丙从合伙体撤资。

在房产转让中，交易主体是甲和丙，标的物是甲名下的房产，对价是350万元。甲的义务是交付房产并转移房产所有权给丙，丙的义务是向甲支付价款350万元。在税法上，甲按照销售不动产缴纳增值税及附加，按财产转让所得缴纳个人所得税，按书立产权转移书据缴纳印花税。丙按承受房产权属缴纳契税，按书立产权转移书据缴纳印花税。由税务机关代甲开具金额350万元的购房发票给丙。实务中，房地产交易实行先税后证，完成交易以缴纳相应税款为前提。房产所有权转移到丙名下，丙取得房产证，证明甲和丙均依照税法规定履行了纳税义务。

在撤资中，交易的主体是甲（代表合伙体，下同）和丙，交易的标的物是投资份额，对价是350万元。甲的义务是向丙支付350万元的款项，丙的义务是不再向甲主张与投资相关的任何权利。甲、乙、丙三人是按我国《民法典》有关合伙合同规定而组成的合伙体，没有履行商事登记手续，不属于合伙企业。税法上，关于从非商事主体的合伙体中撤资的税务处理尚无明确规定。[①] 退一步讲，如推定丙要缴纳个人所得税，前提是其有所得。该案例

---

① 《个人所得税法实施条例》（2018年修订）第六条第一款第八项规定，“财产转让所得，是指个人转让有价证券、股权、合伙企业中的财产份额、不动产、机器设备、车船以及其他财产取得的所得”。此处规定的“合伙企业”，依照《民法典》第一百零二条、第一百零三条第一款以及《合伙企业法》第九条第一款的规定，应当是在市监部门经依法登记的商事主体。反之，没有在市监部门登记的个人合伙体不能称为合伙企业。本书所称的个人合伙体，是指依照《民法典》第三编第二十七章的规定，两个以上的合伙人通过订立合伙合同方式形成的契约型合伙关系。

中，丙投入的资金和撤资收取的资金相等，没有所得，不发生个人所得税纳税义务。[①]

由此可见，对于该案例包含的两个交易，各方当事人均依照税法规定完成了纳税义务。至于在房产转让中，丙没有将350万元的价款汇入甲的银行账户，这是因为，丙应当向甲支付的购房价款和甲应当向丙支付的撤资款抵销了。这种情况既符合我国《民法典》关于债务抵销的规定，[②] 也符合商业常规。换句话说，该案例中甲和丙互负债务相互抵销，因此没有银行流水是正常的，有了资金流动反倒不正常。

税收违法行为引发税务机关和经侦部门追查的，一般是偷逃税和虚开发票。如前所述，该案例中所包含的两笔交易，甲和丙都不存在偷逃税行为。在房产转让交易中，税务机关代甲开具的销售不动产发票，反映了实际发生交易的真实情况，不属于虚开发票。

甲之所以心惊，是因为受到某些“三流合一”说法的误导，即所谓“三流”不“合一”会被认定为虚开发票，甚至可能会被追究刑事责任。除“三流合一”的说法外，也有人认为要证明没有虚开发票，必须“四流合一”甚至“五流合一”等。“三流合一”，是指货物流、资金流、发票流这三流一致[③]；“四流合一”，是指合同流、货物流、资金流、发票流一致[④]；“五流合一”，是指物流、资金流、信息流、商（合同）流、增值（发票）流一致[⑤]。

其实，上述表述都不规范。首先，没有法律依据。不论是几流合一，其表述从未见诸税收法律、行政法规、部门规章，甚至财政部、国家税务总局

---

① 甲以其个人所有的房产抵偿丙撤资收回的资金，丙完成撤资后，合伙体内会产生甲和乙两合伙人之间权利义务的重新分配问题。因本部分重点探讨以房产抵偿撤资款的税务处理，为行文简易，对合伙体在丙完成撤资后所产生的甲和乙之间的权利义务关系重新分配问题不作讨论。

② 《民法典》第五百六十八条第一款规定，“当事人互负债务，该债务的标的物种类、品质相同的，任何一方可以将自己的债务与对方的到期债务抵销；但是，根据债务性质、按照当事人的约定或者依照法律规定不得抵销的除外”；第五百六十九条规定，“当事人互负债务，标的物种类、品质不相同的，经协商一致，也可以抵销”。

③ 参见丰和集团：《三流一致指什么意思？三流合一是哪三流?》，载搜狐网2020年11月30日，https：//www. sohu. com/a/435306404_ 100142164。

④ 参见《四流合一具体指什么？四流合一的税法规定是什么?》，载丰和会邦网2021年3月9日，http：//www. fhycs. com/zhengce/4117. html。

⑤ 参见梁华成：《五流合一具体指什么》，载百度知道网2022年4月26日，https：//zhidao. baidu. com/question/1247839280413973219. html。

的规范性文件也没有过这样的表述。其次，随意性较强。在法律上，每一个概念都应当是严谨的，具有特定的内涵和外延。无论是几流合一，其表述都是一些人随意创设的，内涵和外延都是模糊的。最后，匪夷所思。比如，“四流合一”中的“合同流”，把“合同”和“流”连接在一起，过于牵强。合同是民事主体之间设立、变更、终止民事法律关系的协议[①]，是交易的载体和工具。合同的形式有书面形式、口头形式和其他形式。无论是哪一种形式的合同，都不可能从买方流向卖方或者从卖方流向买方。

那么，如何认定虚开发票？虚开发票，是一个法律概念。概念明确是正确思维的首要条件。没有明确的概念，就不会有恰当的判断，也就不会有合乎逻辑的推理和论证。[②] 概念明确，是指概念的内涵和外延要明确。虚开发票作为一个法律概念，要明确其内涵和外延，应当依照《发票管理办法》进行认定。

《发票管理办法》第二十一条第一款规定，“开具发票应当按照规定的时限、顺序、栏目，全部联次一次性如实开具，开具纸质发票应当加盖发票专用章”；第二款规定，“任何单位和个人不得有下列虚开发票行为：（一）为他人、为自己开具与实际经营业务情况不符的发票；（二）让他人为自己开具与实际经营业务情况不符的发票；（三）介绍他人开具与实际经营业务情况不符的发票”。上述法条为明确虚开发票概念的内涵和外延提供了法律依据。

法条第一款中的核心词“如实开具”，是从正面讲，即应当开具与实际经营业务情况相符的发票；第二款中的核心词“开具与实际经营业务情况不符”，是从反面讲，即不得开具与实际经营业务情况不符的发票。由此表明虚开发票的内涵是“开具的发票与实际经营业务情况不符”。所谓“开具的发票与实际经营业务情况不符”，是指开具的发票记载的信息与交易的真实信息不符。交易信息，就是交易合同反映的相关信息，主要包括：交易主体、交易客体、交易价款、履行期限、履行地点，等等。如果开具的发票与真实的交易合同所反映的信息不一致，则为虚开发票。举例而言，甲公司把生产

---

① 参见《民法典》第四百六十四条第一款。

② 参见金岳霖主编：《形式逻辑》，人民出版社 1979 年版，第 24 页。

的货物卖给乙公司，却把发票开给丙公司，这便是发票记载的交易主体的信息与实际交易主体的信息不符，符合虚开发票的内涵；甲公司向乙公司销售成品燃油，开给乙公司的发票是销售沥青，这便是发票记载的交易客体与实际交易客体不符，符合虚开发票的内涵。法条第二款列举的虚开发票的三种情形，即虚开发票的外延。虚开发票的范围包括为他人虚开发票；为自己虚开发票；让他人为自己虚开发票；介绍他人虚开发票。因此，所谓虚开发票，是指开具的发票所记载的信息与真实的交易信息不符的行为，包括为他人、为自己、让他人为自己、介绍他人虚开发票。

前述咨询案例中的甲将其名下的房产以 350 万元的价款销售给丙，由税务机关代开的发票所记载的信息与真实的交易信息是吻合的，不属于虚开发票。交易价款的支付方式不影响交易的真实性，也不影响所开具发票的真实性。

11. 如何区分以虚开发票为支出凭证作税前扣除和偷税

虚开发票和偷税都是税收违法行为，但两者不是一回事。偷税是以虚假、隐瞒等手段少缴或者不缴税款的行为。[①] 虚开发票往往是偷税的手段行为，而偷税往往是虚开发票的目的行为。但虚开发票的目的不都是偷税，而偷税的手段不都是虚开发票。在某些情形下，以虚开发票为支出凭证作企业所得税税前扣除可能就不是偷税。

【案情简述】2008 年至 2013 年，二十二冶公司为规避内部管理规定、保障员工如期足额领取工资、维护公司正常运营，从承德中泰劳务派遣公司等四家公司取得金额 1.45 亿元的发票，套取资金为员工发放工资，以虚开的发票作为费用支出凭证在企业所得税前扣除。唐山市税务局稽查局经过调查，认定二十二冶公司构成偷税，决定追缴企业所得税 3742.52 万元，并处罚款

① 《税收征收管理法》第六十三条第一款规定："纳税人伪造、变造、隐匿、擅自销毁帐簿、记帐凭证，或者在帐簿上多列支出或者不列、少列收入，或者经税务机关通知申报而拒不申报或者进行虚假的纳税申报，不缴或者少缴应纳税款的，是偷税。"

1871.26 万元。二十二冶公司不服，向河北省税务局申请行政复议。河北省税务局于 2017 年 9 月作出复议决定，维持唐山市税务局处理和处罚决定。二十二冶公司向法院提起行政诉讼，2018 年 9 月，唐山市中级人民法院作出终审判决，认为税务机关认定二十二冶公司偷税的理据不足，撤销其行政处理决定、行政处罚决定和复议决定。[①] 法院作出判决的主要理由是《企业所得税法》第八条规定，“企业实际发生的与取得收入有关的、合理的支出，包括成本、费用、税金、损失和其他支出，准予在计算应纳税所得额时扣除”。依照《企业所得税法实施条例》第二十七条规定，二十二冶公司发放给员工的 1.45 亿元，符合生产经营常规，是取得收入相关的合理支出，可以在企业所得税前扣除。二十二冶公司以虚开发票金额 1.45 亿元作税前扣除，没有造成国家税款损失，不属于《税收征收管理法》第六十三条第一款规定的偷税行为，因此不构成偷税。

笔者赞同法院的判决结果和理由，下面从税法和行政法中的三个法律原则角度谈谈对该判决的看法，同时也是从三个角度提出区分以虚开发票为支出凭证作税前扣除和偷税的思路。

1. 实质课税原则。所谓实质课税原则，是指交易的外观法律形式与经济实质不符时，税务机关应当按照经济实质而不是法律外观课税。实质课税原则是税法的基本原则之一。很多人在解释这条原则时，认为该原则是税务机关反避税的工具。笔者认为，这种理解稍显狭隘，应当作中性理解：这条原则既是税务机关维护国家税收利益的工具，也是纳税人维护自身税收利益的依据。就该案而言，交易的外观形式是劳务派遣公司向二十二冶公司提供劳务并开具发票，二十二冶公司支付劳务费；交易的经济实质是员工为二十二冶公司付出劳动，二十二冶公司在企业自主范围内为员工支付工资。外观表现的法律形式是劳务派遣关系，而经济实质是劳动合同关系。外观法律形式与经济实质不一致，应当考虑按照经济实质课税。既然经济实质是劳动法律关系下的工资支付，支付的工资应当准予作企业所得税税前扣除。

2. 法律优位原则。法律优位原则是税法适用原则之一，是指税收法律的

---

① 本书称该案为二十二冶案，详见河北省唐山市中级人民法院行政判决书，（2018）冀 02 行终 474 号。为行文方便，笔者对案情予以简化。

效力高于税收行政法规的效力，税收行政法规的效力高于税收部门规章的效力。再延伸一下，税收部门规章的效力高于税收规范性文件的效力。当下位法的规定与上位法不一致时，应当优先适用上位法。唐山市税务局稽查局认为二十二冶公司以虚开发票套取资金支付给员工的1.45亿元不属于税法规定的“合理范畴”，并不是没有依据。其依据是国家税务总局《关于企业工资薪金及职工福利费扣除问题的通知》（国税函〔2009〕3号）第一条。[①]《企业所得税法实施条例》第三十四条规定，“企业发生的合理的工资薪金支出，准予扣除。前款所称工资薪金，是指企业每一纳税年度支付给在本企业任职或者受雇的员工的所有现金形式或者非现金形式的劳动报酬，包括基本工资、奖金、津贴、补贴、年终加薪、加班工资，以及与员工任职或者受雇有关的其他支出”。严格按照国税函〔2009〕3号文件第一条执行，1.45亿元的支出可能不属于“合理”的工资薪金。但是，国税函〔2009〕3号文件是税收规范性文件，《企业所得税法》是法律，《企业所得税法实施条例》是行政法规。法院在判决书中并没有评价二十二冶公司支付的1.45亿元是不是国税函〔2009〕3号文件规定的“合理工资”，而是直接依据《企业所得税法》及《企业所得税法实施条例》，认定其属于“合理工资”，可以税前扣除，这体现了法律优位这一重要的税法适用原则。

3. 行政比例原则。二十二冶公司虽然取得虚开发票的行为违法，但是，以虚开发票为支出凭证作税前扣除，并没有使应缴税款减少，税务机关却作出追缴税款3742.52万元的决定；并没有偷税，税务机关却作出罚款1871.26万元的处罚。这样的处理和处罚决定违反了行政比例原则。行政比例原则是行政法的重要原则，是指行政主体实施行政行为应兼顾行政目标的实现和相对人的权益保护，如果行政目标的实现可能对相对人的权益造成不利影响，则这种不利影响应被限制在尽可能小的范围和限度之内，二者有适当的比例。

---

① 国家税务总局《关于企业工资薪金及职工福利费扣除问题的通知》（国税函〔2009〕3号）规定：“一、关于合理工资薪金问题《实施条例》第三十四条所称的‘合理工资薪金’，是指企业按照股东大会、董事会、薪酬委员会或相关管理机构制订的工资薪金制度规定实际发放给员工的工资薪金。税务机关在对工资薪金进行合理性确认时，可按以下原则掌握：（一）企业制订了较为规范的员工工资薪金制度；（二）企业所制订的工资薪金制度符合行业及地区水平；（三）企业在一定时期所发放的工资薪金是相对固定的，工资薪金的调整是有序进行的；（四）企业对实际发放的工资薪金，已依法履行了代扣代缴个人所得税义务；（五）有关工资薪金的安排，不以减少或逃避税款为目的。”

该案税务机关行政权行使的后果明显超出其保护的法益。二十二冶公司没有和承德中泰劳务派遣公司等四家公司发生劳务派遣法律关系，而让四家公司开具发票，按照《发票管理办法》（2010 年修订）第二十二条的规定，属于虚开发票。《发票管理办法》（2010 年修订）第三十七条第一款规定："虚开金额在 1 万元以下的，可以并处 5 万元以下的罚款；虚开金额超过 1 万元的，并处 5 万元以上 50 万元以下的罚款；构成犯罪的，依法追究刑事责任。"如果照此处理，可能更加符合该案实际。

二十二冶案为我们提供了区分以虚开发票为支出凭证作税前扣除和偷税两种不同违法行为的思路，同时也应当关注，虽然从法院判决书中难以了解与该案有关的全部事实，但依然可以初步推断，二十二冶公司取得的虚开发票，很可能是提供劳务的增值税普通发票。以劳务发票为费用支出凭证入账，虽然没有导致企业所得税损失，但是，支出额没有直接计入本公司员工的工资额，可能导致企业应代扣代缴的个人所得税流失。即使没有造成个人所得税的流失，由于发票记载的信息与实际交易脱节，也会给税收征管秩序造成一定程度的混乱。虚开发票是税收违法行为，可能被行政处罚，情节严重可能入罪，[①] 对虚开发票应当保持足够警惕。

12. 虚开增值税专用发票入罪标准的认定

虚开增值税专用发票罪设立以来，有关该罪的入罪标准，在刑法学界时有论争，司法实践中不同法院对同类案件的处理方式时常各异，税务机关执法人员对司法机关的某些观点也不尽认同。由此，在某些相对复杂的案件中，罪与非罪的边界模糊不清，对涉嫌该罪的被告人实施辩护时，辩护律师无论

① 参见《刑法》（2017 年修正）第二百零五条之一第一款，"虚开本法第二百零五条规定以外的其他发票，情节严重的，处二年以下有期徒刑、拘役或者管制，并处罚金；情节特别严重的，处二年以上七年以下有期徒刑，并处罚金"；第二款，"单位犯前款罪的，对单位判处罚金，并对其直接负责的主管人员和其他直接责任人员，依照前款的规定处罚"。《刑法》2017 年修正前，没有关于虚开发票罪的规定，二十二冶案虚开发票的期间是 2008 年到 2013 年，虽然其虚开发票的数量和金额巨大，但不会被刑事追诉。《刑法》2017 年修正后，类似的案件很可能会依法被刑事追诉。

是选择有罪辩护还是无罪辩护方案，往往都要面临巨大风险。以下通过笔者办理的一起外贸公司因代理进口业务而涉嫌该罪的案件，简要阐述虚开增值税专用发票的性质、虚开增值税专用发票的危害性、入罪标准存在的分歧、辩护方案的设计以及法院判决结果，并在此基础上提出立法方面的建议。

【案情简述】 自然人甲注册个体工商户 X 木材经营部，自 T 国进口橡胶木方（以下简称木方），并将进口的木方在国内销售，以实现其经济利益。为完成该木方贸易，2014 年 1 月，甲和从事外贸业务的 M 公司签订《委托代理进口协议》，约定 M 公司为甲提供木方进口代理及相关服务，甲支付费用。

业务模式是：甲在 T 国联系供应商并购买木方，在国内寻找客户并向客户销售进口的木方；M 公司将甲以及甲的国内客户支付的人民币转化为外汇并按照甲的指示支付给其 T 国供应商，T 国供应商将木方集装箱发运后由 M 公司代办清关手续、代缴货物进口增值税及码头费等其他费用，将清关后的木方集装箱从码头用拖车拖运至甲的 X 木材经营部仓库完成交付或者按照甲的指示直接交付给其国内客户；同时，甲在国内销售木方，M 公司按照甲的指示，代甲与其客户签订销售合同、给其客户开具增值税专用发票；甲支付 M 公司的总费用为每集装箱约 17,000 元，该费用包括由甲公司代缴的货物进口增值税约 13,500 元、码头费及拖车费等约 3200 元，M 公司提供代理服务的实际费用约 300 元（17,000 - 13,500 - 3200），M 公司每两个月与甲对账结算一次。2014 年至 2016 年，M 公司每年代理甲从 T 国 18 个供应商进口的木方约 2000 柜，代甲向其国内 221 个客户开增值税专用发票价税合计约 20,000 万元（见图 4 - 1）。

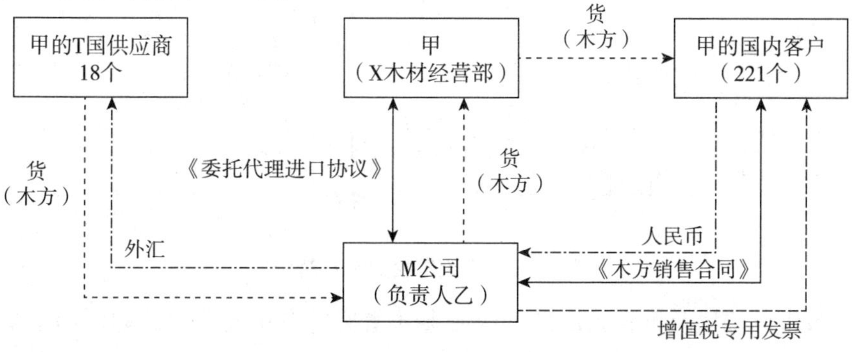

图 4 - 1　代理进口木方业务流程

2017年10月，F市经侦支队破获一起重大骗取出口退税案件。自然人丙为骗取出口退税设立Y外贸公司（以下简称Y公司）和Z家具公司（以下简称Z公司），两家公司均为空壳公司，采取“买单”“配票”“买汇”方式，2013年至2016年共骗取出口退税4000多万元。侦查发现，2016年年初至11月，M公司在没有实际货物销售的情况下，向Z公司（甲的国内221个客户之一）虚开增值税税额450万元的增值税专用发票，Z公司从包括M公司在内的国内数十家公司取得虚开的增值税专用发票，在没有实际货物销售的情况下向Y公司虚开增值税专用发票，Y公司将从Z公司取得的增值税专用发票用于骗取出口退税。公安机关以涉嫌虚开增值税专用发票罪对M公司直接负责的主管人员乙刑事拘留，侦查终结移送检察机关，检察机关审查后以M公司等涉嫌犯虚开增值税专用发票罪向法院提起公诉。

笔者作为乙的辩护人参加诉讼。经调查得知，M公司在代理木方进口业务中按照甲的指示向Z公司代开增值税专用发票，甲并没有将木方销售给Z公司，而是收取5%的卖票费后，将资金从其账户回流到丙的银行账户。对于甲卖票给Z公司以及资金回流的情况，包括乙在内的M公司所有人员均不知情（见图4-2）。

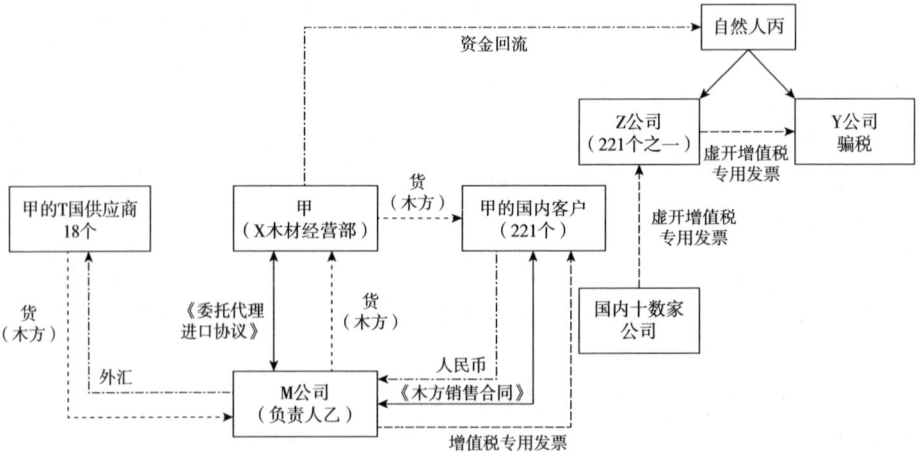

图4-2 重大骗税案案件解析

被告单位以及被告人乙是否构成虚开增值税专用发票罪，如何确定辩护方案等问题摆在笔者面前。鉴于该案所涉交易的复杂性，确定辩护方案前，需要对增值税专用发票的相关问题以及虚开增值税专用发票的入罪标准进行探讨。

一、从发票的实质看虚开行为的危害性

（一）发票不是收付款凭证

《发票管理办法》第三条第一款规定，“本办法所称发票，是指在购销商品、提供或者接受服务以及从事其他经营活动中，开具、收取的收付款凭证”。但在实际商业活动中，发票作为收付款凭证的功能并不显著。一方面，发票不是应收应付凭证。[①] 应收应付凭证是交易双方订立的合同以及对账单等，因为合同是当事人之间权利义务的载体，对账单等相关资料是对合同权利义务的结算证明。另一方面，发票也不是款项已收已付的凭证。先开发票后付款几乎成为市场交易的正常流程。一般而言，证明款项已付的最有力证据首先是银行流水单，其次是收款方出具给付款方的收据；而收款方开具的发票仅仅具有辅助证明作用。[②]

（二）发票是国家税收征管的重要工具

市场主体进行商品交易的基础是主体制度、物权制度、债权制度等民商事法律制度。完成任何一项交易并不需要发票制度作为支撑，交易一方向另一方开具发票只是基于行政法规的强制性规定。[③] 从外观看，绝大部分发票在税务机关发票管理系统开具，受系统监管，加盖税务机关监制章。从实质看，就增值税专用发票而言，销售方开具的发票记载销项税额，购买方收到的发票记载进项税额，而当期增值税应纳税额等于当期销项税额减去当期进项税额。基于行政法规的规定，发票将几乎所有市场交易主体联结起来，在商品竞价、流转过程中由交易双方相互制约，从而形成反映真实交易的发票链条，保障国家增值税款及时足额入库。同时，销售方销售商品开具的发票，

---

① 参见赵清海、魏民、魏景峰主编：《增值税专用发票虚开的判定与预防》（第 2 版），中国经济出版社 2019 年版，第 259－260 页。

② 这里不排除在某些情境下发票具有款项已收已付的直接证明作用。

③ 《发票管理办法》（2019 年修订）第十九条规定，“销售商品、提供服务以及从事其他经营活动的单位和个人，对外发生经营业务收取款项，收款方应当向付款方开具发票；特殊情况下，由付款方向收款方开具发票”；第二十条规定，“所有单位和从事生产、经营活动的个人在购买商品、接受服务以及从事其他经营活动支付款项，应当向收款方取得发票。取得发票时，不得要求变更品名和金额”。

反映全部或部分销售收入；购买方购进商品收取的发票，记载全部或部分成本费用。企业所得税应纳税所得额等于收入减去允许税法扣减的成本费用等，应纳税所得额乘以税率即为企业所得税应纳所得税额。所以，发票既是国家对增值税的征管工具，也是国家对企业所得税的征管工具。此外，发票还是消费税、土地增值税、个人所得税、房地产税的征管工具。这里不再一一赘述。

（三）发票是多方利益的联结点

对国家而言，每张发票都关联着国家增值税税收收入的增减，也可能同时关联着国家消费税、企业所得税、个人所得税、土地增值税、房地产税等税收收入的增减。对市场主体而言，开具发票，可能意味着包括增值税在内多税种纳税义务的增加；取得发票，可能意味着包括增值税在内多税种纳税义务的减少。同时，发票是会计核算的法定原始凭证。开具发票可能体现商品销售收入的增加；取得发票，可能体现固定资产、非货币性流动资产的增加。依据发票及其他合法凭证记录的会计账簿、编制的财务报表，可以产生一定的公信力，促成投融资、业务合作及其他交易。所以，每张发票都与国家的税收收入直接关联，与相关市场主体的税收义务直接关联，也可能与其他市场主体乃至公众的信赖利益间接关联。

（四）虚开发票的危害性

1. 虚开发票破坏了税收征管秩序。《发票管理办法》（2019 年修订）第二十二条规定，虚开发票是指为他人、为自己、让他人为自己、介绍他人开具与实际经营业务情况不符的发票。最高人民法院《关于适用〈全国人民代表大会常务委员会关于惩治虚开、伪造和非法出售增值税专用发票犯罪的决定〉的若干问题的解释》（法发〔1996〕30 号，以下简称《增值税犯罪解释》）第一条，将虚开增值税专用发票分为三种情形：①没有货物购销或者没有提供或接受应税劳务而为他人、为自己、让他人为自己、介绍他人开具增值税专用发票；②有货物购销或者提供或接受了应税劳务但为他人、为自己、让他人为自己、介绍他人开具数量或者金额不实的增值税专用发票；③进行了实际经营活动，但让他人为自己代开增值税专用发票。《增值税犯罪解释》所列举的三种情形，均属于开具“与实际经营业务情况不符的发票”。开具与实际经营业务情况不符的发票，所体现的不是商品流转过程中交易双方竞价的真实结果，使得国家以票管税的机制在不同程度上遭受破坏。[①]

2. 虚开发票可能并不导致税款损失。司法实践中的确出现过这样的情形，行为人虚开发票的目的不是非法谋取税收利益，客观上也没有导致国家任何税款损失，比如对开、环开增值税专用发票。凡是虚开发票，皆属违法行为。若无利益驱动，没人碰触红线。如前所述，发票是多种利益的关联点，每张发票可能附着多种利益。行为人虚开发票，可能为了虚增固定资产，“彰显”企业实力，增加商业合作机会，如2001年福建省高级人民法院请示的泉州市松苑绵涤实业有限公司等虚开增值税专用发票案；可能为了虚增业绩，达到股票上市、骗取贷款等目的，如广东华立集团投资有限公司等虚开增值税专用发票案[②]。

3. 虚开发票可能导致国家税款损失。在多数情形下，虚开发票是为了谋取非法的税收利益，骗取或者偷逃税款，从而导致国家税款损失。导致国家税款损失可以分为两种情形。其一，导致国家增值税税款损失并导致企业所得税、个人所得税、土地增值税、消费税等税款损失。比如，行为人取得虚开的增值税专用发票用于抵扣进项税额或者骗取出口退税，同时将取得的增值税专用发票作为企业所得税、个人所得税税前扣除凭证，或者作为土地增值税计算增值额的扣减凭证。其二，不导致国家增值税税款损失，但导致企业所得税、个人所得税、消费税等税款损失。行为人取得虚开发票不是用于抵扣进项税额或者骗取出口退税，而是作为企业所得税、个人所得税税前扣除凭证或者土地增值税计算增值额的扣减凭证，从而逃避缴纳企业所得税、个人所得税、土地增值税，或者通过变换购销货物的品名来逃避或者帮助逃避缴纳消费税等[③]。

二、虚开增值税专用发票罪的入罪标准

（一）刑法学界观点

刑法学界对虚开增值税专用发票罪的入罪标准的探讨，经历了从行为犯说到危险犯说、目的犯说，再到实害犯说的演变。目前，该罪到底是危险犯、

---

① 该案案发时间和审判时间在2020年之前，适用2020年之前的法律、行政法规和司法解释。

② 参见广东省佛山市中级人民法院刑事判决书，(2017) 粤06刑初32、33号。

③ 例如陈某1、徐某、陈某2虚开增值税专用发票、用于骗取出口退税、抵扣税款发票罪案，参见浙江省高级人民法院刑事判决书，(2018) 浙刑终361号。

目的犯还是实害犯，仍然各执一词。

1. 行为犯说。虚开增值税专用发票入罪最早源于 1995 年全国人大常务委员会《关于惩治虚开、伪造和非法出售增值税专用发票犯罪的决定》，该决定后吸纳于 1997 年《刑法》第二百零五条。按照该条第一款描述的罪状，从文义解释角度，该罪可以理解为行为犯，即只要行为人实施“为他人虚开、为自己虚开、让他人为自己虚开、介绍他人虚开”四种行为之一且虚开数额达到入刑标准，就应定罪处罚。该罪设立之初，刑法学界对此并未提出明确不同的观点。然而入罪以来，随着社会经济发展、征管手段提升以及虚开增值税专用发票形态的多样性，行为犯说不断受到质疑。

2. 危险犯说。有学者认为，虚开增值税专用发票罪属于抽象危险犯，司法机关应以一般的经济运行方式为依据，判断虚开、代开增值税专用发票的行为是否具有骗取国家税款的危险（造成国家税款损失的危险）；如果虚开、代开增值税专用发票的行为不具有骗取国家税款的危险，则不宜认定为本罪。[①] 也有学者认为，虚开增值税专用发票罪在犯罪构造上属于实质预备犯，即在分则中设置专门的构成要件对特定类型的预备行为进行规制，将“预备行为正犯化（实行化）”；实质预备犯之所以被刑法所归责，是因为虚开行为真正创设了理应被刑法所归责的抽象危险，如果行为人（包括行为人与他人组成的共同体）一直有效支配危险流程，相关危险不会外溢，其行为可能具有行政不法，但刑法不应归责。[②]

3. 目的犯说。有学者认为，立法机关设立虚开增值税专用发票罪，并不是为了惩治妨害增值税专用发票管理的行为，而是为了惩治利用虚开的增值税专用发票骗取国家税款的行为。因此，当现实生活中出现不以骗取国家税款的虚开增值税专用发票行为的时候，对虚开行为按照本罪定罪处罚显然是不符合立法意图的。《刑法》第二百零五条规定的构成要件行为是虚开增值税专用发票，然而，如果不对构成要件增加以骗取国家税款为目的的限制，则会不当扩张本罪的惩治范围，因而需要对《刑法》第二百零五条进行目的性限缩，即以骗取国家税款为目的的虚开增值税专用发票行为才是本罪的构

---

① 参见张明楷：《刑法学》（第 4 版），法律出版社 2011 年版，第 726 页。

② 参见马春晓：《虚开增值税专用发票罪的抽象危险判断》，载《政治与法律》2019 年第 6 期。

成要件行为，本罪属于目的犯。目的犯是指行为人不仅应当实施一定的行为，而且还必须具有一定的目的才能成立的犯罪。这里的目的，不是犯罪直接故意中的目的，而属于主观构成要件要素。[①]

4. 实害犯说。有学者对之前提出的抽象危险犯说进行修改，提出实害犯说："由于法条没有规定实害结果，所以本书旧版认为本罪是抽象危险犯（刑法理论也大多持此观点），司法人员甚至认为本罪是行为犯，即只要行为人虚开增值税专用发票就构成本罪。现在看来，认为本罪是实害犯而不是危险犯才有利于本罪的认定。"[②] 实害犯的结论是用反推方法得出的，是基于原法条第二款规定的"有前款行为骗取国家税款，数额特别巨大，情节特别严重，给国家利益造成特别重大损失的，处无期徒刑或者死刑，并处没收财产"反推出来的。

（二）司法观点

1. 通说：非行为犯

最高人民法院研究室认为，"虚开增值税发票罪的法定刑为无期徒刑，系严重犯罪，如将其理解为行为犯，只要虚开增值税专用发票，侵犯增值税发票管理秩序的，即构成犯罪并要判处重刑，也不符合罪刑责相适应原则"[③]。

最高人民法院批复或者复核的典型案例，均否定虚开增值税专用发票罪属于行为犯。如2001年福建省高级人民法院请示的泉州市松苑棉涤实业有限公司等虚开增值税专用发票案，被告单位不以抵扣税款为目的，而是为了显示公司实力以达到与外商谈判中处于有利地位的目的而虚开增值税专用发票，不构成犯罪。[④] 2001年，最高人民法院作出答复湖北省高级人民法院请示的《关于湖北汽车商场虚开增值税专用发票一案的批复》（刑他字〔2001〕第36号）指出，经向全国人大常委会法制工作委员会和国家税务总局等相关部门征求意见，并召集部分刑法专家进行论证，最高人民法院审判委员会形成

---

① 参见陈兴良：《虚开增值税专用发票罪：性质与界定》，载《政法论坛》2021年第4期。

② 参见张明楷：《刑法学》（第6版），法律出版社2021年版，第1059页。

③ 参见最高人民法院研究室《〈关于如何认定以"挂靠"有关公司名义实施经营活动并让有关公司为自己虚开增值税专用发票行为的性质〉征求意见的复函》（法研〔2015〕58号）。

④ 参见法研〔2015〕58号文。

一致意见，该案被告单位和被告人虽然实施了虚开增值税专用发票行为，但主观上不具有偷骗税款的目的，客观上亦未实际造成国家税收损失，其行为不符合《刑法》规定的虚开增值税专用发票罪的犯罪构成，不构成犯罪。下文将辨析的张某强虚开增值税专用发票案中，最高人民法院同样否定该罪属于行为犯。

在地方各级人民法院的判决中，均体现该罪非行为犯的司法观点。如佛山市人民检察院在佛检刑诉〔2014〕150 号起诉书中指控广东华立投资集团有限公司（以下简称华立集团）等被告单位在没有实际货物交易的情况下，互开并接受增值税专用发票价税合计 1,972,220,089.03 元，犯虚开增值税专用发票罪。佛山市中级人民法院在（2017）粤 06 刑初 32、33 号刑事判决书中认定，涉案开票总额 1,972,220,089.03 元已申报纳税，未造成偷税情况；且涉案的增值税专用发票是华立集团及下属公司为了向银行办理融资，各公司之间互相开具的，是在封闭的圈子里流转，因此不会造成涉案发票被他人利用于偷税，不会造成国家税收流失的危险。因此该案的被告单位和被告人主观上不具有骗取国家税款的目的，客观上未造成国家税款损失，其行为不构成虚开增值税专用发票罪。①

2. 分歧：非行为犯之外尚无定论

虽然非行为犯已经是通说，但是，司法实践中仍然存在诸多分歧。比如，既然是非行为犯，那么究竟是结果犯还是危险犯，尚未有统一观点。又如，虚开增值税专用发票入罪，是单单导致国家增值税款损失还是包括增值税款、所得税款、消费税款在内的所有税款损失的行为，即使是最高人民法院，其公布的典型案例与相关文件的表述也不一致。在法研〔2015〕58 号文中表述为“如行为人进行了实际的经营活动，主观上并无骗取抵扣税款的故意，客观上也未造成国家增值税款损失的，不宜认定为刑法第二百零五条规定的‘虚开增值税专用发票’”，显然，此处特定为“未造成国家增值税款损失”。但在 2018 年 12 月 4 日发布的典型案例“张某强虚开增值税专用发票案件”（以下简称张某强案）中表述为“被告人……不具有骗取国家税款的目的，未造成国家税款损失，其行为不构成虚开增值税专用发票罪”。可以看出，

---

① 参见广东省佛山市中级人民法院刑事判决书，（2017）粤 06 刑初 32、33 号。

此处泛指“未造成国家税款损失”。近年来，石化行业出现的“变票虚开”，即开具的金额与实际交易相符，而品名与实际交易不相符，不但没有导致国家增值税款损失，甚至多缴增值税款，但是以此方式偷逃或者帮助偷逃巨额消费税款。对此，有的法院认为不导致国家增值税款损失，不构成虚开增值税专用发票罪；① 有的法院认为，《刑法》规定和司法解释均没有明确要求构成虚开增值税专用发票罪要以偷逃增值税为前提，通过虚开增值税专用发票最终帮助第三方偷逃消费税，构成虚开增值税专用发票罪。② 与此同时，也有检察机关人员认为，行为人虚开增值税专用发票、“变票”的行为，最终都是达到逃避缴纳消费税目的的手段，则不宜认定构成虚开增值税专用发票罪。③ 再如，对于代开增值税专用发票入罪与出罪，许多省高级人民法院并不认同最高人民法院的司法观点。

3. 辨析：张某强案之“代开增值税专用发票”与“未造成国家税款损失”

（1）基本案情

2004 年，被告人张某强与他人合伙成立个体企业某龙骨厂，张某强负责生产经营活动。因某龙骨厂系小规模纳税人，无法为购货单位开具增值税专用发票，张某强遂以他人开办的鑫源公司名义对外签订销售合同。2006 年至 2007 年，张某强先后与六家公司签订轻钢龙骨销售合同，购货单位均将货款汇入鑫源公司账户，鑫源公司为上述六家公司开具增值税专用发票共计 53 张，价税合计 4,457,701.36 元，税额 647,700.18 元。基于以上事实，某州市人民检察院指控被告人张某强犯虚开增值税专用发票罪。

（2）裁决结果

某州市人民法院一审认定被告人张某强构成虚开增值税专用发票罪，在法定刑以下判处张某强有期徒刑三年，缓刑五年，并处罚金五万元。张某强

---

① 例如东营市某某石油化工有限公司、巴某某虚开增值税专用发票、用于骗取出口退税、抵扣税款发票案，详见安徽省长丰县人民法院刑事判决书，（2017）皖 0121 刑初 326 号。

② 例如陈某 1、徐某、陈某 2 虚开增值税专用发票、用于骗取出口退税、抵扣税款发票罪案，详见浙江省高级人民法院刑事判决书，（2018）浙刑终 361 号。

③ 参见赵景川：《以“变票”方式虚开增值税专用发票行为的司法认定》，载《中国检察官》2021 年第 10 期。

在法定期限内没有上诉，检察院未抗诉。某州市人民法院依法逐级报请最高人民法院核准。

最高人民法院经复核认为，被告人张某强以其他单位名义对外签订合同，由该单位收取货款、开具增值税专用发票，不具有骗取国家税款的目的，未造成国家税款损失，其行为不构成虚开增值税专用发票罪。最高人民法院裁定不予核准，将该案发回重审。某州市人民法院重审后，依法宣告张某强无罪。①

（3）辨析

该案中，起初张某强因请鑫源公司代开增值税专用发票而被追究刑事责任。张某强被认定为虚开的53张增值税专用发票均有对应的实际货物销售，见图4－3。

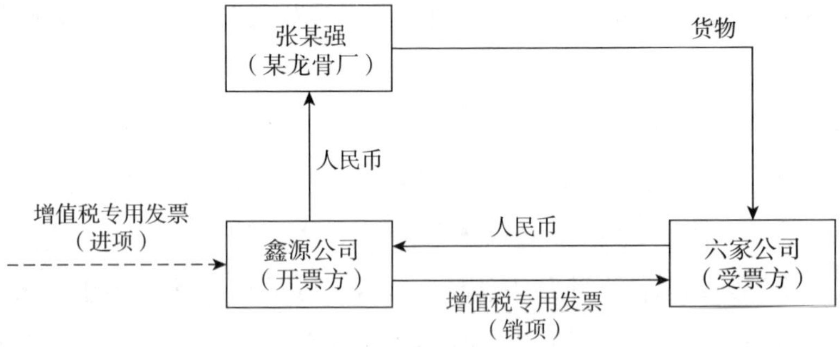

图4－3　张某强案业务流程

在该代开模式下，鑫源公司为张某强提供代签合同、代收货款、代开发票服务。作为增值税一般纳税人，鑫源公司代开发票的前提是其必须有与代开发票相匹配的进项税额发票。然而，案例中没有交代进项税额发票的来源。如果假定鑫源公司没有与之匹配的进项税额，其开票付出的税收代价测算如下：增值税＝4,457,701.36/（1＋17%）×17%＝647,700.20元；企业所得税＝4,457,701.36/（1＋17%）×25%＝952,500.29元；个人所得税＝4,457,701.36/（1＋17%）×（1－25%）×20%＝571,500.17元；合计＝647,700.20＋952,500.29＋571,500.17＝2,171,700.66元。以上税款尚且不

① 参见最高人民法院刑事裁定书，（2016）最高法刑核51732773号。

含城建税以及其他附加、印花税。如此高昂的税收代价，鑫源公司不可能自行承担，需要转嫁给张某强；张某强也不可能承担，因为税收成本占到销售总价款（价税合计金额）的48.72%（2,171,700.66/4,457,701.36），这大概率是赔本的生意。代开模式下，一般情形下是代开公司收数个百分点的代开费（通常不超过10个百分点）。代开发票的鑫源公司仅收数个百分点的开票费何以能够代开税收成本极高的增值税专用发票？对此，以下分三种情况来讨论。

其一，张某强作为被代开方提供了真实、足额的购买原材料等进项税额增值税专用发票。此种情况相当于张某强“挂靠”鑫源公司进行实际经营，鑫源公司因代开增值税进销项相匹配，不至于承担如前所述的税收代价，向张某强收取数个百分点的开票费，可能不会导致国家税款流失。即便如此，也难以排除存在国家税款损失的可能。因为，通常情况下数个百分点的开票费，可能难以涵盖鑫源公司因代开所产生的增值税及附加、企业所得税、代股东缴纳的个人所得税等税款以及挂靠经营的管理费用。

其二，鑫源公司从其他方取得虚开的增值税专用发票作进项税额抵扣、冲减成本费用。此种情况下，虽然鑫源公司从其他方取得虚开的增值税专用发票是为了代张某强开具增值税专用发票，但是，其将取得虚开的增值税专用发票作为进项税额抵扣、冲减成本费用的行为，按照相关规定，应按偷（逃）税处理。① 换句话说，此种情况导致国家增值税、所得税等税款流失。

其三，鑫源公司利用自身的“富余票”为张某强代开增值税专用发票。“富余票”产生的主要原因是作为增值税一般纳税人的企业，在商品销售过程中，因其商品进入终端消费或其他原因，部分购买者不需要发票，其也没有开具发票，从而产生“富余”的发票。由于税务监控等原因，企业对产生“富余票”的销售额难以避免纳税申报，因此将“富余票”在收取一定的开票费后开具给没有发生购销活动的企业。如果单看鑫源公司的行为而不考虑张某强的货物销售，鑫源公司将“富余票”开具给没有与其发生销售业务的六家公司，属于典型的“无货虚开”。如果将张某强销售货物给六家公司的

---

① 参见国家税务总局《关于纳税人取得虚开的增值税专用发票处理问题的通知》（国税发〔1997〕134号）。

行为考虑进来，那么鑫源公司以“富余票”代开增值税专用发票是违反税法规定的行为，即在票货分离的情形下采用嫁接方式，依法应当开具的没有开具，不应开具的非法开具。通过相应的测算可知①，此种情形很可能导致国家增值税、所得税等税款损失。

税收是经营活动的法定成本。发票是国家税收征管的主要工具，也是税收利益以及其他各种利益的联结点。张某强虽然实际向六家公司销售了货物，但其让鑫源公司为其代开增值税专用发票，违反了发票管理规定，破坏了税收管理秩序，且很可能导致国家税款流失。因此，该典型案例所表述的“被告人张某强以其他单位名义对外签订销售合同，由该单位收取货款、开具增值税专用发票，不具有骗取国家税款的目的，未造成国家税款损失”，是经不起推敲的。

同理，法研〔2015〕58 号文的下列观点在税法上也很难经得起考量，即“行为人利用他人名义从事经营活动，并以他人名义开具增值税专用发票的，即便行为人与该他人之间不存在挂靠关系，但如行为人进行了实际经营活动，主观上并无骗取抵扣税款的故意，客观上也未造成国家增值税款损失的，不宜认定为刑法第二百零五条规定的‘虚开增值税专用发票’”。因为，有实际经营活动的代开与“客观上也未造成国家增值税款损失”很可能就是相互冲突的。

通过以上论述可以看出，到目前为止，无论是刑法学界的理论还是司法实务界的认定，对于虚开增值税专用发票罪的入罪标准的界定都是比较模糊的。

三、辩护方案

笔者接受委托担任题述案件被告人乙的辩护人后，在通过阅卷，调查并研究虚开增值税发票罪立法状况、学界论争以及司法实务处理情况的基础上，提出无罪辩护的设想。经与被告人乙、被告单位 M 公司及其辩护人反复讨论并取得一致意见后，笔者选定无罪辩护方案。选定无罪辩护方案，主要基于以下三点考虑。

---

① 囿于篇幅所限，测算过程不再详述。

（一）M 公司没有骗取国家税款的目的

对于行为人主观目的，要从其客观行为以及行为的后果作相应考察。

1. 遵从行业习惯。M 公司为自然人甲（注册 X 木材经营部）提供的与代理进口货物相关服务，是外贸进口行业通用的商业模式，属于行业习惯。M 公司提供的服务包括代甲向 T 国货物供应商付汇结汇，代甲向海关缴纳进口货物增值税，代甲向其国内客户收取货款，代甲与其国内客户签署木方销售合同，并代甲向其国内客户开具增值税专用发票。M 公司代甲向其国内客户开具的增值税专用发票的货物品名、数量、金额与代甲进口的货物品名、数量、金额相互匹配，并在税务机关的核准范围之内。在此商业模式之下代开增值税专用发票，并不符合税收法规相关规定。但要将其归入虚开增值税专用发票罪，则未必妥当。

2. 没有非法获利。M 公司按照行业习惯为甲提供代理进口相关服务，代理进口 1 个橡胶木方集装箱，由甲在国内销售的不含税价格约 85,000 元，价税合计（销售价格）约 100,000 元。M 公司每集装箱收取的代理费约为 300 元，约占销售价格的 3‰。代理进口的每一个橡胶木方集装箱都按该标准收费。M 公司没有针对甲的不同客户而采取不同的收费方案，也没有因为是否向甲的客户代开增值税专用发票而对收取的费用有所区别。按此标准所收取的费用与同行业基本持平，利润微薄。这显然与常见的虚开增值税专用发票犯罪案件具有本质区别。常见的虚开增值税专用发票案件中，为他人开票通常收取销售价格 5% 以上的开票费用。M 公司收取的是提供整个代理进口业务相关服务的代理费用，这个费用仅占销售价格的 3‰。每集装箱收取的 300 元代理费，包含了 M 公司的全部人工以及管理费用的成本。也就是说，M 公司按照正常的商业模式遵从甲的指示为 Z 公司开具增值税专用发票没有取得任何额外利益。同时，乙作为 M 公司的员工，在办理业务过程中取得的是 M 公司支付的工资，也没有获得额外利益。

3. 没有资金回流。虚开增值税专用发票犯罪案件中，开票公司没有实际货物销售而为他人开具增值税专用发票，为了掩盖非法行为，通常要“做流水”，即受票方将拟虚开的增值税价税合计金额通过公司银行账户汇至开票公司银行账户，以虚构支付货款的事实；开票公司收到款项的当天或两三天内，由开票公司的实际控制人或者其他密切关联人员的私人银行账户，汇回至受票公司指定的银行账户。回流款一般等于受票公司汇入款扣除开票费后的金额。也有回流款等于受票公司汇入款而开票费由受票公司以其他个人银行账户另行支付的情形。存在资金回流，可以初步判断开票方明知受票方意欲以虚开的增值税专用发票作为进项税额抵扣、骗取出口退税或者偷逃企业所得税等税款。资金回流是认定虚开增值税专用发票罪的重要证据。M公司在代理甲从事进口相关业务中，按照正常的业务流程代甲向其国内销售的客户开具增值税专用发票，没有资金回流。

（二）国家税款被骗的责任应归属于甲

题述案件是F市经侦支队破获Y公司实际控制人丙骗取巨额出口退税案件时，根据增值税专用发票来源追溯查办的，国家税款损失的事实是客观存在的。Y公司骗取出口退税所使用的增值税专用发票是同受丙控制的Z公司提供的。Z公司之所以能向Y公司虚开增值税发票，是因为从M公司取得虚开的增值税专用发票。但是，M公司是在受甲蒙蔽的情形下向Z公司开具增值税专用发票。甲收到M公司代理进口的木方后，并没有将木方实际销售给Z公司，而是向M公司提供Z公司开票资料并指示M公司向Z公司开具增值税专用发票。甲在M公司收到Z公司汇入的款项后，扣取5%的开票费，通过其个人的银行账户将款项回流到丙的个人银行账户。M公司仅仅是按照正常的业务流程接受甲的指示向Z公司开具增值税专用发票，对于甲没有将橡胶木方实际销售给Z公司以及由其个人银行账户回流款项并不知情。换句话说，甲借M公司之手完成了虚开增值税专用发票行为，造成国家税款损失的责任应当归属于甲。

（三）一审开庭前有利的社会背景

该案在2019年第一季度一审开庭。2018年下半年以来，整个社会保护民营企业家的呼声较高，国家领导人就保护民营企业家、创造良好营商环境发表重要讲话。2018年12月4日最高人民法院发布《人民法院充分发挥审判职能作用保护产权和企业家合法权益典型案例（第二批）》，张某强案居其首位。如前所述，张某强案中，鑫源公司代开增值税专用发票“未造成国家税款损失”很难经得起推敲，最高人民法院公布此案的目的是实际强调行为人主观上“不具有骗取国家税款的目的”以及“疑罪从无”的司法理念。

一审法院最终没有采纳笔者的辩护意见。法院认为，M公司长期从事外贸代理业务，其主管人员乙应当知道该业务模式下向Z公司开具增值税专用发票，可能存在导致国家税款被骗的危险，而放任这种危险的发生，其行为构成虚开增值税专用发票罪；同时认为，在整个犯罪链条中，M公司只是起到辅助作用，系从犯。对被告单位M公司判处罚金，对被告人乙判处有期徒刑四年。笔者代理上诉后，二审法院以事实不清、证据不足为由发回重审。重审后乙被判三年有期徒刑，缓期三年执行。

四、启示与建议

虚开增值税专用发票入罪标准众说纷纭，背后的原因究竟是什么？笔者认为，设立该罪并施以重罚已不合时宜。该罪在1995年通过人大常委会决定形式设立，是在我国增值税全面改革时期，国家对发票管理的方式落后、虚开违法行为查处难度较大、虚开犯罪猖獗且对国家税款造成巨大损失的背景下，以重罪重罚方式达到有效阻却犯罪、保障国家税收之目的①。无论是人大决定还是1997年《刑法》第二百零五条的文义，抑或最高人民法院的最初观点，该罪确定无疑属于行为犯。之所以出现刑法学专家将其重新解释为“危险犯”“目的犯”“实害犯”以及司法观点不断变化的现象，是因为随着社会经济以及互联网技术的发展、发票管理能力和税收征管手段的不断提升以及虚开目的出现多样化的发展态势，如果笼统地将虚开作为行为犯实施重罚，既背离设立该罪以保障国家税收为目的，又不符合罪刑责相统一的刑法基本原则。凡此，是在法律条文未变的情形下，刑法学家试图通过在学理上的重新解释，司法机关通过司法观点的变化，将一部分虚开行为作出罪处理。然而，刑法学界著名学者观点存在分歧，法院司法观点不尽统一，每个学者的重新解释难以互洽，法院司法观点的表述也相互矛盾。究其根本原因，是设立该罪并施以重罚已不合时宜。

笔者的建议是通过立法程序废止《刑法》第二百零五条“虚开增值税专用发票、用于骗取出口退税、抵扣税款发票罪”，将该罪纳入《刑法》第二百零五条之一“虚开发票罪”、第二百零一条“逃税罪”、第二百零四条“骗

① 全国人大常委会《关于惩治虚开、伪造和非法出售增值税专用发票犯罪的决定》对决定目的的表述为“为了惩治虚开、伪造和非法出售增值税专用发票和其他发票进行偷税、骗税等犯罪活动，保障国家税收，特做如下决定”。

取出口退税罪”。理由如下。

1. 维护国家税收管理秩序。发票是国家税收征管的工具，维系着国家税收征管秩序。同时，发票是各种利益的联结点。虚开发票（包括增值税专用发票和其他发票，下同）破坏税收管理秩序，可能导致国家税收利益损失，也可能导致公众利益以及其他利益损失。无论是否导致相关利益损失，无论行为人是否有骗取国家税款或者牟取其他利益的目的，虚开发票均属破坏税收征管工具和税收管理秩序的行为。如果虚开发票数量和金额达到一定程度，均应按虚开发票罪定罪处罚，是否具有骗取国家税款、偷逃税款以及牟取其他利益的主观目的在所不论，是否具有导致国家税款损失以及其他利益损失的危险在所不论。换句话说，将虚开发票罪确定为行为犯，对于维护税收管理秩序将起到强有力的保护作用。

2. 保障国家税收利益。虚开增值税专用发票对国家税收利益的侵害主要表现在两方面，其一为逃税，其二为骗取出口退税。对于前者，行为人可能通过进项税额抵扣，逃避缴纳增值税、城建税等；通过虚增成本费用，逃避缴纳所得税、土地增值税；通过变票等手段，逃避缴纳消费税。对于后者，行为人通过虚增进项税额、假报出口达到骗取出口退税的目的。虚开增值税专用发票是手段，逃税和骗取出口退税是目的。对于目的行为刑法已经予以规制，分设第二百零一条逃税罪和第二百零四条骗取出口退税罪。在当今发票管理和征管手段大幅提升的情况下，设置逃税罪和骗取出口退税罪足以达到保障国家税收利益的目的，对作为手段行为的虚开增值税专用发票课以重罪实无必要。

3. 平衡罪刑责关系。《刑法》第二百零五条之一设置的虚开发票罪所保护的法益是国家税收征管秩序，将虚开增值税发票的行为纳入其中，刑罚分两档，“情节严重的，处二年以下有期徒刑、管制或者拘役，并处罚金；情节特别严重的，处二年以上七年以下有期徒刑，并处罚金”。《刑法》第二百零一条设置逃税罪，其保护的法益是国家各个税种的税收按时足额入库的税收利益。将利用虚开的增值税专用发票抵扣增值税进项税额以逃避缴纳增值税，虚增成本费用进行税前扣除以逃避缴纳企业所得税或者个人所得税、土地增值税，变换品名以逃避缴纳消费税等，统一纳入该第二百零一条的逃税罪，刑罚分两档，第一档为“三年以下有期徒刑或者拘役，并处罚金”，第二档为“三年以上七年以下有期徒刑，并处罚金”，且有在一定条件下“补税且接受行政处罚免刑”的刑事政策。《刑法》第二百零四条设置骗取出口退税罪，其保护的法益是国家征收入库的税款不被非法骗取。将以虚开的增值税发票虚构进项税额达到骗取出口退税的行为统一纳入该第二百零四条的骗取出口退税罪，刑罚设三档：“数额较大的，处五年以下有期徒刑或者拘役”“数额巨大或者有其他严重情节的，处五年以上十年以下有期徒刑”“数额特别巨大或者有其他特别严重情节的，处十年以上有期徒刑或者无期徒刑”；每档刑罚均设有“处骗取税款一倍以上五倍以下罚金”，无期徒刑处没收财产。取消虚开增值税专用发票罪，将虚开增值税专用发票行为按照不同情形分别纳入虚开发票罪、逃税罪、骗取出口退税罪进行刑法评价，罪行由轻到重，实现罪刑责平衡。

将虚开增值税专用发票按照情形分别纳入虚开发票罪、逃税罪和骗取出口退税罪，将涉及虚开发票罪与逃税罪、骗取出口退税罪竞合的问题，在立法过程中利用立法技术来解决，此处不再论及。

13. 虚开增值税专用发票罪量刑因素问题

虚开增值税专用发票罪，是涉税刑事犯罪中高发的一个罪。研究以该罪为案由的刑事判决可以发现，不同时期的判决思路、量刑方式存在较大差别。这种情形并不奇怪，因为社会在发展，环境在变化，刑事司法政策在作相应调整。但奇怪的是，无论是刑法学专家理论还是司法观点，对本罪的犯罪构成都有一个“漂移”的过程。刑法学专家从行为犯说“漂移”到危险犯说，或者目的犯说，或者实害犯说。司法观点从行为犯说“漂移”到非行为犯说。这种情况前文已论及。还有一个比较奇怪的现象，就是同一时期相同的法律条文之下，实际判决思路、量刑方式也有较大差别。比如，对具有实际经营的偶然涉及虚开的企业与设立空壳公司专门从事虚开的单位，判决思路、量刑方式存在显著差别；即便在同一虚开增值税专用发票案件中，对介绍虚开的主体与虚开发票的单位、接受虚开发票的受票单位的判决思路、量刑方式也存在显著差别。产生上述现象的根本原因，很大程度在于发票脱离了民事活动“款项收付”的凭证功能，承担了重要的税收征管功能，并因此使得其本身附着了多方利益。刑法在设置虚开增值税专用发票罪名时，没有把针对发票本身的违法行为（行为犯）和因发票本身的违法行为引发的后果偷逃税和骗取出口退税行为（目的犯或者实害犯）予以区分。而且，在刑罚轻重的设置上不均衡。面对这种情况，辩护律师在代理此类案件时，应当充分考虑各种因素，在作有罪辩护时尽量提出罪轻的各种材料和理由。

【案情简述】M 公司是一家依法登记成立的有限责任公司，经营家具制造和销售，从业人员 38 人，年销售额约 5000 万元，是增值税一般纳税人。M 公司有一位股东，是自然人甲。甲也是 M 公司的实际控制人，甲的亲属乙是 M 公司员工，协助甲处理 M 公司财务事宜。2017 年，公安机关在侦办一起特大骗取出口退税案时，发现 M 公司存在向骗取出口退税的 P 公司虚开增值税专用发票嫌疑的案件线索。侦查立案后，对甲和乙采取强制措施，羁押于某看守所。侦查终结后移送检察机关起诉。公诉机关指控的犯罪事实有：20×3 年 11 月至 20×6 年 7 月，乙在甲的授意下，在没有实际货物交易的情况下，由 M 公司向 P 公司虚开增值税专用发票 68 份，金额 5,800,214 元，税额 986,036.38 元，价税合计 6,786,250.38 元；具体操作程序是每次开票前，P 公司将资金汇入 M 公司对公银行账户，M 公司收到款项后，由乙扣取 6% 的开票费后，将剩余款项转入甲私人账户，再由甲私人账户汇回 P 公司实际控制人丙的私人银行账户。

一、量刑因素考量及主动上缴违法所得建议

笔者接受委托，担任乙的辩护人。通过阅卷、会见当事人，深入了解案情后，笔者发现公诉机关指控的事实有充分的证据支持。笔者向当事人释明，依照 2018 年 8 月 22 日最高人民法院发布的《关于虚开增值税专用发票定罪量刑标准有关问题的通知》（法〔2018〕226 号，以下简称《定罪量刑通知》），单从虚开税款金额看，已经远远超过五万元，在自由刑方面，很可能被判处有期徒刑。[①] 当事人希望能够判处三年以下有期徒刑，并缓刑。为依法维护当事人合法权益，提出最佳辩护方案，笔者对本案所涉及的量刑因素

---

① 该案审理时间是 2018 年 9 月，最高人民法院刚刚发布《定罪量刑通知》。

进行考量。虚开增值税专用发票犯罪属于涉税犯罪，除在一般犯罪辩护时考虑的量刑因素（情节）如自首、立功、自愿认罪、坦白、主从犯等之外，还应当特别考虑的因素有虚开税额、抵扣金额、骗取出口退税金额、补税金额、上缴非法所得金额、是否正常经营等。

（一）虚开税额

虚开税额是虚开增值税专用发票罪量刑的首要因素。依照《定罪量刑通知》规定，构成该罪处刑档次为三档。虚开税额5万元以上50万元以下，处第一档刑罚；虚开税额50万元以上250万元以下为数额较大，处第二档刑罚；虚开税额250万元以上为数额巨大，处第三档刑罚。该案虚开税额为986,036.38元，即使没有其他因素影响，也应处第二档刑罚，即3年以上10年以下有期徒刑。如果处最低刑3年有期徒刑，当事人具有适用缓刑的机会。

（二）抵扣金额和骗取出口退税金额

当事人为增值税专用发票的开具方，不可能自行抵扣税款或者骗取出口退税。侦查机关没有对受票方是否抵扣税款或者骗税作出认定，起诉书也没有关于此事实的指控。但是，据辩护人了解，该案由特大骗取出口退税案牵出，虚开的增值税专用发票很可能被用于骗取出口退税。

（三）补税金额和上缴非法所得

当事人属于开票方，不是受票方，不可能自行抵扣税款，而且开出的增值税专用发票已按法律规定计算缴纳了增值税，所以不存在补税的可能性。在虚开增值税专用发票案件中，开票方虚开的目的是向受票方收取“买票费”①。该案中，当事人按价税合计的票面金额的6%向受票方收取“买票费”，金额是407,175.02元。该款项属于开票方非法所得，依法应予收缴。如果当事人主动上缴，可以作为自愿认罪、悔罪的重要情节，法院很可能考虑第二档刑罚最低刑期，并考虑适用缓刑。

（四）正常经营

当事人是否正常经营是虚开增值税专用发票案量刑的重要因素。在现实中，有很多不法分子专门成立公司，以开具增值税专用发票为主要活动，攫

① “买票费”即前文所述开票费。“买票费”“开票费”是虚开增值税专用发票的开票方和受票方对受票方向开票方支付费用的通俗称谓。

取非法利益，开票之后不去税务机关申报缴纳增值税，开具到一定数额，一逃了之。这种情形被称为“暴力虚开”，属于赤裸裸的犯罪活动，是刑法制裁的主要对象。但是，对于正常经营的企业，由于增值税税制缺陷等各种原因，在经营过程中会形成一些“富余票”，为使进销项相匹配或贪图小利，向受票企业虚开增值税专用发票。这种情形下，司法机关会从维护企业经营、促进经济发展的角度，在一定程度上保持刑法的谦抑性，在量刑时考虑从轻。

（五）坦白和主从犯

坦白和主从犯是《刑法》规定的法定从轻或者减轻的情节。当事人到案后如实供述犯罪事实，属于坦白，依法可以从轻处罚。而甲是M公司的投资人、实际控制人，授意乙具体进行虚开增值税专用发票的操作事宜。可提出主从犯的辩护意见，建议检察院在起诉时将乙认定为从犯，尽量使法院在审判阶段依法减轻处罚，在第二档次刑罚之下即第一档次处刑。

（六）补税

办案过程中，当事人多次询问辩护人这样一个问题：听很多人说，这样的案子要罚税（向税务机关补税），我们要不要罚税？笔者解答：不需要。因为被告单位已按规定计算缴纳了增值税，不存在少缴或者不缴税款的情形。

在考量以上因素基础上，笔者建议当事人主动向法院上缴非法所得407,175.02元。检察院将本案起诉到法院，收到法院通知的次日，辩护人代表当事人向法院提出上缴非法所得的申请，法院提供了缴款账号，当事人收到缴款账号后，立即缴款。完成以上工作后，辩护人制定了有罪辩护方案，并回答当事人关于量刑的咨询。

二、判决结果及理由

法院经依法开庭审理，判决被告单位M公司犯虚开增值税专用发票罪，判处罚金15万元；被告人甲犯虚开增值税专用发票罪，判处有期徒刑3年，缓刑4年，并处罚金5万元；被告人乙犯虚开增值税专用发票罪，判处有期徒刑2年，缓刑3年；被告单位M公司已退缴非法所得407,175.02元（法院保管），由法院予以没收、上缴国库。法院认为，被告单位M公司为他人虚开增值税专用发票，虚开的税款数额较大，被告人甲是直接负责的主管人员，被告人乙是直接责任人员，二者行为已构成虚开增值税专用发票罪。公诉机关所指控的罪名成立。在共同犯罪中，被告人甲起主要作用，是主犯，应当按照其所参与的全部犯罪处罚；被告人乙起次要作用，是从犯，依法减轻处罚。被告单位、二被告人归案后能如实供述自己的罪行，并主动退缴非法所得，依法从轻处罚并对甲、乙适用缓刑。法院采纳了辩护人的辩护意见。

本案公诉机关的量刑建议是对甲、乙各判处3—6年有期徒刑。依照《定罪量刑通知》规定，虚开税额50万元以上250万元以下判处3年以上10年以下有期徒刑，而该案涉及的虚开税额是986,036.38元。综合上述两个因素，要达到当事人希望的适用缓刑目标，具有一定的挑战性。该案之所以取得了当事人满意的结果，其中一个原因是对量刑因素全面考量，并在此基础上提出最优的辩护方案。

14. 外贸综合服务企业虚开增值税专用发票与骗取出口退税罪的认定

虚开增值税专用发票是骗取出口退税常见的手段行为，反过来，骗取出口退税可能是虚开增值税专用发票的目的行为。有些外贸综合服务企业（以下简称综服企业）[①] 被检察机关以骗取出口退税罪提起公诉。能否被法院认定构成该罪，与综服企业是否实施了虚开增值税专用发票行为直接相关。以下通过一个刑事案件的判决书所认定的三个事实予以阐述。[②]

M公司是一家综服企业，自然人甲是M公司董事长。甲另在我国香港特区设立M1公司。公诉机关指控M公司和甲涉嫌骗取出口退税罪。法院经审理，认定如下事实。

【事实一】 某公司职员自然人乙代理阿尔及利亚外商与国内N公司签订订购单，订购妈咪包等货物，不含税的货物总价为454,380元人民币，乙向

① 综服企业，系国家税务总局《关于外贸综合服务企业出口货物退（免）税有关问题的公告》（国家税务总局公告2014年第13号，以下简称13号公告）第五条规定外贸综合服务企业。13号公告于2014年4月1日起实施，于2017年11月1日被废止。案件发生时间在2013年至2014年，为13号公告的有效期。

② 参见宁夏回族自治区银川市中级人民法院刑事判决书，（2016）宁01刑初73号；宁夏回族自治区高级人民法院刑事判决书，（2018）宁刑终6号。

N公司支付订金2万元后，将该出口货物信息告知甲。甲安排M公司与N公司签订妈咪包的采购合同，货物含税总价为499,818元人民币。合同签订后，M公司将货款499,818元人民币汇入N公司银行账户，委托某报关公司申请报关，出口货物总价为73,405.32美元。N公司向M公司开具5张增值税专用发票，价税合计499,818元人民币。后N公司将2万元订金退还给乙。该笔出口结汇资金由M1公司支付。M公司向税务机关申请退税64,079.25元。交易模式如图4－4所示。

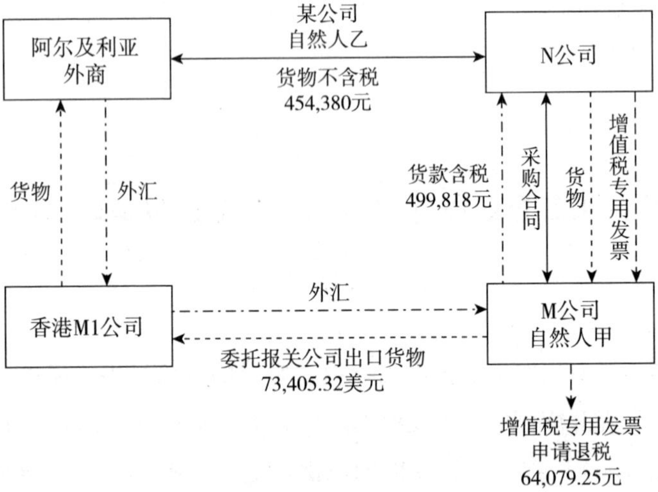

图4－4　妈咪包交易模式

【事实二】 乙代理阿尔及利亚外商向K公司订购学生校服，口头约定销售价格为680,534元人民币，乙向K公司支付订金13万元后，将该出口货物信息告知甲。因K公司无法开具增值税专用发票，在甲的安排下，M公司从L公司虚开增值税专用发票，将682,826元人民币汇入L公司银行账户，L公司扣除开票费后将余款通过私人银行账户回流，最终628,199.92元由乙收取。乙向K公司付清全部货款680,534元人民币（含订金）。M公司以其为经营单位和发货单位，委托报关，货物总价款94,614.46美元。L公司向M公司虚开7张增值税专用发票，价税合计682,826.2元。结汇资金由M1公司支付，M公司申报退税取得出口退税款93,377.92元。交易模式如图4－5所示。

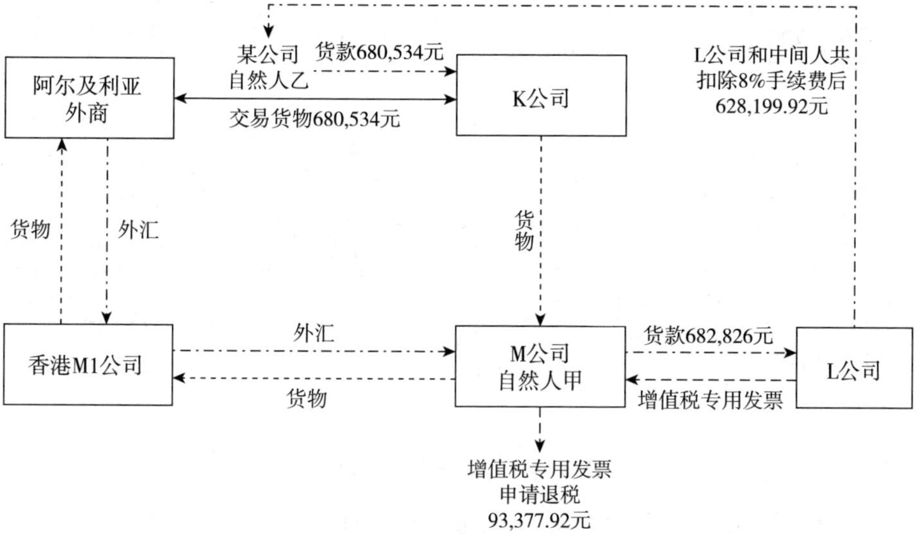

图4-5　学生校服交易模式

【事实三】 自然人丙控制经营P公司，并在我国香港特区设立P1公司。丙从数个国内生产企业负责人处购买出口货物订舱及装箱信息（买柜），涉及报关单34单。购得货物出口信息后，丙将购得信息所涉及的出口货物作为P公司生产的货物，改变货物价格信息，以高于外商与实际货主成交价格的50%—100%，并以其控制的P1公司为外商，利用M公司提供的服务报关出口，共骗取出口退税款4,635,825.81元。为制造货物出口假象，达到骗取出口退税的目的，丙以支付开票费等非法手段，以P公司为购买方，从国内十余家公司取得虚开的增值税专用发票，以P公司为销售方向M公司虚开增值税专用发票。丙向自然人戊等支付人民币2500万元购买外汇，由其控制的P1公司向M公司付汇，M公司结汇后向P公司支付货款以及出口退税款。M公司按照0.04—0.06元/美元的标准收取服务费用。交易模式如图4-6所示。

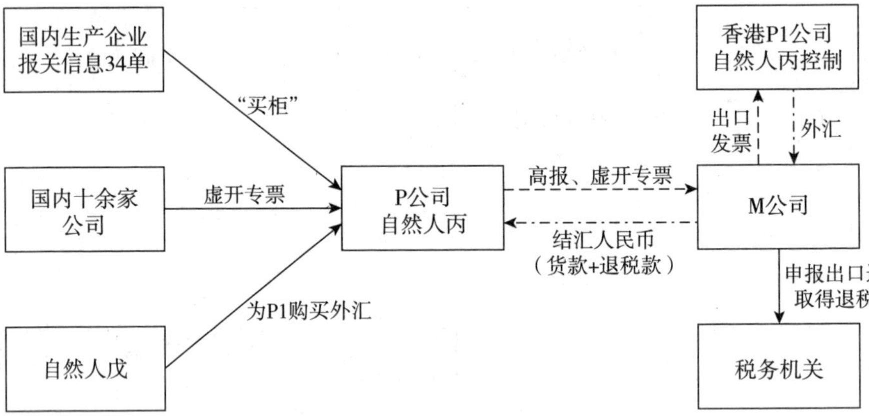

图4-6 "买柜"交易模式

【判决结果】 对检察机关指控的事实一，M公司和甲不构成骗取出口退税罪。对事实二，M公司和甲构成骗取出口退税罪，判处罚金15万元，甲作为直接负责该项业务的主管人员，判处有期徒刑一年，缓刑二年，并处罚金15万元。对事实三，丙采取签订虚假买卖合同、非法取得有关出口退税单、虚开增值税专用发票的手段假报出口，骗取国家出口退款4,635,825.81元，数额特别巨大，其行为已构成骗取出口退税罪，判处有期徒刑十年，并处罚金600万元；对于公诉机关指控M公司明知被告人丙骗取国家退税款，仍将虚假业务形成的单证用于申报出口退税的意见，经查，公诉机关提供的现有证据不能证实系丙自行报关和自带汇票，进而无法证实M公司以及甲对被告人丙骗取国家退税款主观上是明知的，M公司和甲与丙不属于共同犯罪。

该案事实发生在2013年至2014年。M公司是综服企业，为国内生产企业货物出口提供物流、报关、信保、融资、收汇、退税等服务。在提供服务过程中实施的某些不当行为是否构成骗取出口退税罪，可以从是否有主观故意、是否明知生产企业意欲骗税、出口货物是否符合退税条件、是否存在虚开增值税专用发票行为等多个因素综合考量。以上因素中，最为重要的是是否存在虚开增值税专用发票行为。

事实一和事实二，M公司（和甲，下同）虽然都有购买出口信息行为，把可以不经M公司出口的货物通过"移花接木"成为M公司名义出口的货物。法院之所以认为M公司在事实一中不构成骗取出口退税罪而在事实二中构成骗取出口退税罪，最为核心的是在事实一中，M公司没有实施虚开增值税专用发票的行为，而在事实二中，M公司以支付开票费的方式让L公司为其开具增值税专用发票，实施了虚开增值税专用发票行为。

在事实三中，丙控制的P公司以货物购进方名义，让其他公司为其开具增值税专用发票，再以销售方名义，向M公司虚开增值税专用发票。站在M公司角度看，如果M公司明知P公司向其虚开增值税专用发票而接受，就属于"让他人为自己虚开"。如果M公司对于P公司向其虚开增值税专用发票并不知情，就不属于"让他人为自己虚开"。前者，M公司实施了虚开增值税专用发票行为；后者，M公司没有实施虚开增值税专用发票行为。正如M公司的辩护意见所称，"M公司按照国家税务总局13号公告从事外贸综合服务，以自营身份参与外贸出口，需要接受生产企业开具的增值税专用发票，税务机关在办理退税前都会向上游企业进行税务函调，以确定发票的真实性；税务部门通过函调确认了发票的真实性，M公司更无法知晓对方存在虚开行为"。由于公诉机关的证据不足以证明M公司实施了虚开增值税专用发票行为，所以法院认为M公司不是骗取出口退税的共犯。

本章结语

发票是一张纸，[①] 这张纸记载着与一单交易有关的税收信息；发票是一条线，这条线把千千万万的市场主体联结起来；发票是一张网，理想状态下这张网收尽了税境内的所有涉税信息。说到底，发票是税收征管的重要工具。如果发票上记载的信息与真实的交易信息不符，那么大概率就是虚开。虚开是发票的天敌。虚开扰乱了税收征管秩序，虚开是偷逃税和骗取出口退税的主要手段。对于税务机关而言，管好了发票，减少了虚开，税收征管的秩序就得到了进一步维护。基于此，就不难理解深化税收征管改革、建设智慧税

---

① 电子化后的发票是虚拟的一张纸。

务，要“以发票电子化改革为突破口”。[1] 同时也应当看到，再完善的机制都难免会有“阿喀琉斯之踵”。税收征纳双方的博弈很大程度上也会体现在发票上，并随着新的征管环境变化而变化。但无论怎么变，只要发票承担了税收征管这一重任，虚开发票就不会绝迹，反虚开的行动也会持续下去。对于税务从业者来说，虚开发票将是一个永恒的话题。

① 参见中共中央办公厅、国务院办公厅《关于进一步深化税收征管改革的意见》。

第五章

税务筹划

法律、行政法规以及税收规范性文件没有关于税务筹划的确切定义。有学者认为，税务筹划是指纳税人在不违反法律（刑法和税法）的前提下，利用税法的差异、漏洞或不明之处，规避、减少或者延迟其纳税义务的一种行为。① 这个定义在一定程度上揭示了税务筹划的目标以及方法。应当看到，这个定义稍显窄狭。依照税法依赖性原理，不同的民事法律行为产生不同的税法评价。双务性的民事法律行为的载体是合同。不同的合同安排产生不同的税法评价效果。实务中，税务筹划的目标也不仅仅是“规避、减少或者延迟其纳税义务”，还可能是“促成交易”“防范税收争议发生”等。笔者认为，税务筹划是指纳税人在不违反法律的前提下，依照税法依赖性原理，对交易合同作出相应的安排，以获得有利的税法评价，这些有利评价包括减轻税收负担、促成交易以及防范税收争议发生等。

15. 以盘活资产充分利用资源为目的的税务处理

数年前，笔者参与一个招商引资项目，为 M 新能源公司（以下简称 M 公司）提供咨询服务，受 M 公司委托与当地政府部门以及相关各方进行磋商。在该项目中遇到一个重要问题，如何盘活资产，使项目成功落地？笔者

① 参见朱青：《企业税务筹划：原理与方法》（第 2 版），中国人民大学出版社 2019 年版，第 5 页。

和团队成员一起，设计出一个符合项目实际的解决方案。该方案通过变更或者解除合同的方式重置多方民事主体的权利义务关系，在不影响国家税收的前提下，达到了盘活资产的目的。在各方通力协作下，方案得以顺利实施。

【案情简述】2017 年年初，某高新区管理委员会以招商方式引进甲公司新产业项目，与甲公司签订招商合同。2017 年 3 月，国土资源局与甲公司签订项目用地土地出让合同。2017 年 4 月，甲公司与乙建筑公司签订项目工程总承包合同。按当地招商引资“边报边建”的特殊政策，在甲公司未缴纳土地出让金、未取得项目建设用地使用权、未全部完成工程项目报建手续的情况下，在项目工程总承包合同签订后，乙建筑公司即进场施工。乙建筑公司进场施工 1 年多时间，甲公司因资金紧张一直未能支付工程款。为支持该新产业项目，城投公司与甲公司签订贷款合同，向甲公司贷款 1800 万元。甲公司将取得的借款 1800 万元立即用于支付工程款，乙公司向甲公司开具价税合计 1800 万元的建筑工程发票。各方法律关系如图 5－1 所示。

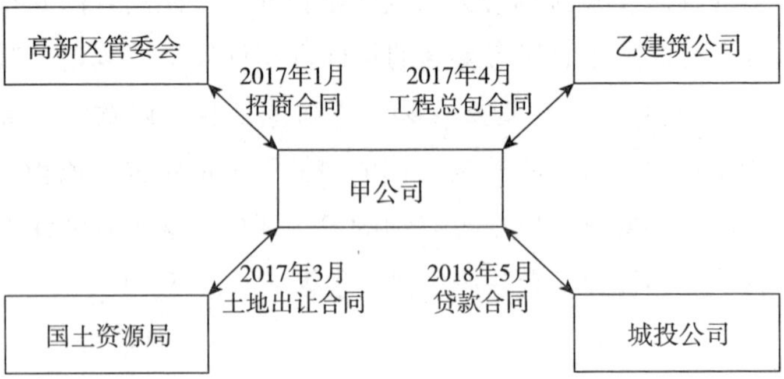

图 5－1　各方法律关系

2018 年 10 月，甲公司资金链断裂，无力向乙公司支付工程款，项目停工，施工队撤离。经测算，至停工之日乙建筑公司发生工程建造费用约 3700 万元，甲公司已用城投公司借款支付 1800 万元，尚欠 1900 万元。甲公司既无力偿还欠付的工程款，也无力偿还城投公司借款。只有未完工的工程矗立在项目用地上，半掩半露的钢结构已锈迹斑斑，工地四周杂草丛生。眼见甲公司已无可救药，新产业项目已化为泡影，土地被闲置，债务无法清偿，当地政府另寻他策，积极引进新企业新项目，意图盘活资产，摆脱困境。

一、问题

M 公司期盼在新能源领域有所发展，经过考察、评估，拟承接甲公司原项目用地，投资建设新能源产业项目。承接甲公司原项目用地，首先要对未完工工程进行处理。M 公司希望取得一幅没有任何权利瑕疵的净地，将未完工工程拆除，经公开挂牌出让取得建设用地使用权，履行法定的立项、报建等程序，进行勘察、设计、施工，最终取得不动产权。M 公司的想法不符合当地政府的意图。拆除未完工工程，一是造成资源浪费；二是乙建筑公司工程欠款 1900 万元无法收回，施工人员工资没有着落，对维稳工作造成巨大压力；三是城投公司的贷款 1800 万元可能也难以收回。当地政府希望 M 公司按法定程序受让土地的同时，承接未完工工程，并了结未完工工程的建设所产生的全部债权债务，在未完工工程基础上进行续建。

经多次协商，M 公司同意按当地政府意图处理未完工工程。2020 年 10 月双方签订招商合同，政府承诺积极协助 M 公司投资建设新能源项目，并合法取得项目用地和未完工工程权益。政府承诺固然很重要，但具体问题仍摆在那里，需要 M 公司一一解决。问题一：未完工工程的法律性质如何？由于土地出让、工程建设法定手续有所欠缺，未完工工程的权利主体、权利客体和权利内容，尽管可以在民法基础理论层面进行探讨，但在现有法律框架下难以界定。问题二：M 公司如何承接？未完工工程法律性质难以界定，M 公司取得工程的方式属于原始取得还是继受取得？原始取得于法无据，如果是继受取得，转让方是哪一个，同样在我国民法上找不到明确的依据。问题三：税务上如何处理？未完工工程在民法上难以定性，在现行税收实体法层面，也没有对应的税法规范。缴税与否，莫衷一是。

二、方案设计

笔者在团队成员的协助下，设计出一个“三步走”方案，如图 5 – 2 所示。

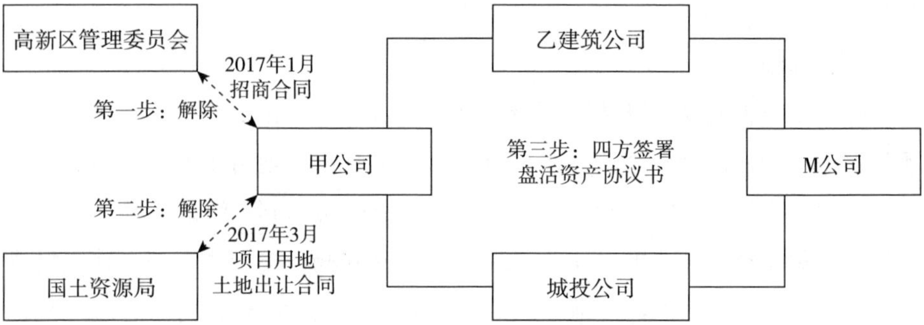

图5－2 “三步走”方案

第一步：解除原招商合同。由当地政府与甲公司协商，签署协议解除原招商合同，收回支持甲公司新产业项目的一切优惠条件。第二步：解除原项目用地土地出让合同。国土资源局与甲公司签署解除原项目用地出让合同协议书，无偿收回甲公司所享有的合同权益，将项目用地收储并重新挂牌出让。第三步：签署盘活资产协议书。M公司、甲公司、乙建筑公司和城投公司四方签订盘活资产协议书。

盘活资产协议书主要内容：（1）M公司拟通过公开挂牌出让方式取得项目用地，如果成功竞得项目用地，在取得建设用地使用权证之日，该盘活资产协议书生效；（2）盘活资产协议书生效之日，甲公司与乙建筑公司签署的项目工程总承包合同解除，乙建筑公司全部撤离施工现场，甲公司和乙建筑公司对未完工工程均不再享有任何权益，乙建筑公司向甲公司退回已收取的工程款1800万元，甲乙双方配合将原开具的工程款发票红冲；甲公司将乙建筑公司退回的1800万元偿付给城投公司。（3）盘活资产协议书生效之日，M公司享有未完工工程一切权益，乙建筑公司享有对M公司主张未完工工程发生的费用3700万元的权利，在收到该费用前向M公司开具对应的工程款发票。（4）M公司在收到乙建筑公司开具的价税合计3700万元发票后若干日内，向乙建筑公司支付工程款3700万元。（5）甲公司与城投公司以及甲公司与乙建筑公司之间债权债务关系全部消灭。

三、简要评析

M公司新能源项目涉及诸多方面的问题，比如政府立项、生产资质、规划许可、环境保护、项目用地、建设施工等，未完工工程承接只是项目用地取得的其中一个问题。解决未完工工程承接问题也涉及很多方面的问题，除与总承包方要处理的问题之外，还有与工程勘察、设计、监理、政府建筑工地监督部门等各方关系要理顺的问题。“三步走”方案，只是解决了其中的主要问题。其他问题仍然需要按招商合同约定，由当地政府进行协调并妥善处理。

承接未完工工程，一个绕不过去的问题是：如何进行税务处理？笔者认为，由于甲公司从未取得项目建设用地使用权，按房地一体原则，甲公司对未完工工程不享有不动产物权。既然甲公司对未完工工程不享有不动产物权，那么，对于M公司承接未完工工程，在民法上不能将其定性为不动产转让。依照现行税收实体法规定，不发生与不动产转让相关的印花税、增值税及附加、土地增值税、所得税以及契税纳税义务。在此基础上进行以下税务处理：以四方签订的盘活资产协议书为依据，甲公司和乙建筑公司对已开具的1800万元建设工程款发票进行红冲；乙建筑公司按未完工工程发生的费用总额3700万元重新向M公司开具工程款发票；M公司合法取得3700万元工程款发票，依照会计准则和税法规定列入项目工程建设成本。各方都没有因未完工工程承接事项发生额外的纳税义务。

在“三步走”方案确定前，笔者与团队成员在民法、税法上进行反复论证，同时与项目工程所在地税务机关进行沟通，并要求乙建筑公司与其机构所在地的主管税务机关进行沟通。在税务处理方案得到税务机关的认可之后，四方签署盘活资产协议书。为盘活资产而承接一个不规范的未完工工程，要使其规范化，寻求妥善的税务处理方案起到了关键性作用。

16. 巧设交易路径以适用特殊性税务处理

在具有合理的商业目的前提下，企业重组中可通过民事合同方式改变交易路径，以满足适用特殊性税务处理的条件，达到节税的目的。

【案情简述】 甲公司是一家多元化经营的国有企业。笔者担任其法律顾问，其就重组事宜向笔者提出咨询。重组前股权结构如图5－3所示。

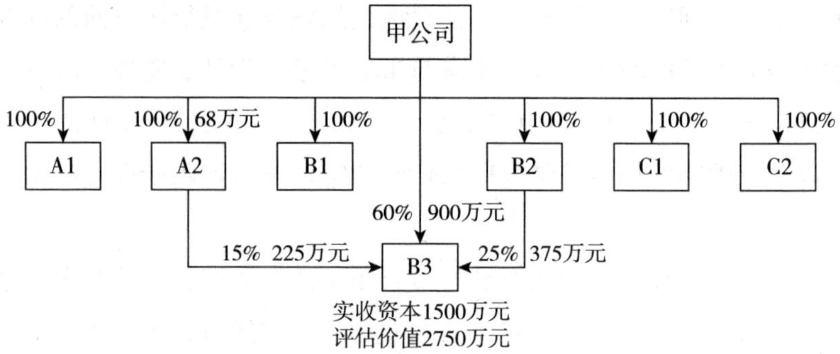

图 5-3　重组前甲公司股权结构

甲公司有 A、B、C 3 大业务板块。A 板块（包括 A1 公司、A2 公司）经营建材业务，B 板块（包括 B1 公司、B2 公司和 B3 公司）经营商品贸易业务，C 板块（包括 C1 公司和 C2 公司）从事企业管理咨询业务。甲公司拟由有限责任公司改制为股份有限公司，改制过程中对 B3 公司股权结构进行调整。B3 公司实收资本为股东的原出资额 1500 万元，经有法定资质的机构评估，B3 公司净资产公允价值为 2750 万元。甲公司、A2 公司和 B2 公司是 B3 公司的股东，股权原投资额分别是 900 万元、225 万元和 375 万元，持股比例是 60%、15% 和 25%，现调整为由甲公司直接持有 B3 公司 100% 股权，如图 5-4 所示。

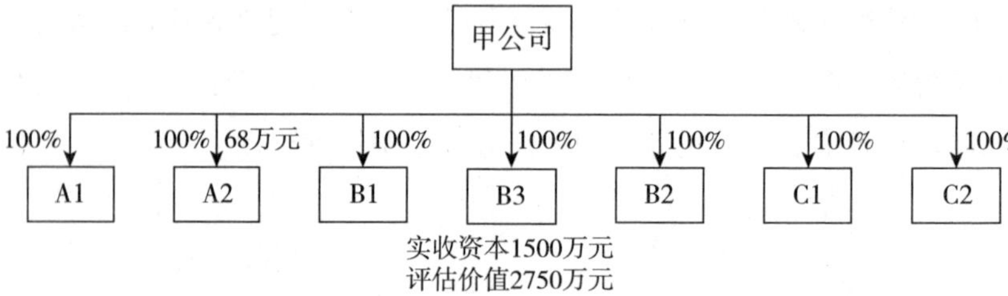

图 5-4　重组后甲公司股权结构

考虑税负和法律风险，股权调整方案如何设计？

B3 公司股权结构调整，属于企业重组。在税务处理上，可以依照《关于企业重组业务企业所得税处理若干问题的通知》（财税〔2009〕59 号）和财政部、国家税务总局《关于促进企业重组有关企业所得税处理问题的通知》（财税〔2014〕109 号）考虑适用一般性税务处理方案，或者考虑适用特殊性税务处理方案。

按一般性税务处理方案，A2 公司和 B2 公司分别将其持有的 B3 公司的股权以公允价值转让给甲公司，确认所得并缴纳企业所得税额 =（2750 × 15% −225 + 2750 × 25% −375）× 25% = 125 万元，甲公司受让的股权按公允价值确定计税基础。

按特殊性税务处理方案，A2 公司和 B2 公司属于甲公司 100% 直接控制的居民企业，在具有合理商业目的的情形下，分别将其持有的 B3 公司的股权按账面净值划转给甲公司，划出方和划入方在会计上均不确认损益，划出方和划入方也均不确认所得，A2 公司和 B2 公司不缴纳企业所得税，甲公司划入股权按原账面净值（原股东投资额）确定计税基础。①

但是，如果考虑按特殊性税务处理，股权划转存在障碍。依照国家税务总局《关于资产（股权）划转企业所得税征管问题的公告》（国家税务总局公告 2015 年第 40 号）第一条第三项规定，A2 公司按账面净值 225 万元向甲公司划转其持有的 B3 公司 15% 股权，而没有获得任何股权或者非股权支付，甲公司按收回投资 225 万元处理，A2 公司按冲减实收资本 225 万元处理。然而，A2 的实收资本（甲公司对其投资额）仅 68 万元，无法进行相应操作。②

如何克服这个障碍？需要设计一个交易环节：增资，即甲公司向 A2 公司增资 225 万元，完成增资手续后，再进行股权划转，完成股权变更和减资手续。

增资程序账务处理：

---

① 财政部、国家税务总局《关于促进企业重组有关企业所得税处理问题的通知》（财税〔2014〕109 号）第三条规定，“关于股权、资产划转对 100% 直接控制的居民企业之间，以及受同一或相同多家居民企业 100% 直接控制的居民企业之间按账面净值划转股权或资产，凡具有合理商业目的、不以减少、免除或者推迟缴纳税款为主要目的，股权或资产划转后连续 12 个月内不改变被划转股权或资产原来实质性经营活动，且划出方企业和划入方企业均未在会计上确认损益的，可以选择按以下规定进行特殊性税务处理：1. 划出方企业和划入方企业均不确认所得。2. 划入方企业取得被划转股权或资产的计税基础，以被划转股权或资产的原账面净值确定。3. 划入方企业取得的被划转资产，应按其原账面净值折旧扣除”。

② 国家税务总局《关于资产（股权）划转企业所得税征管问题的公告》（国家税务总局公告 2015 年第 40 号）第一条第三项规定，“100% 直接控制的母子公司之间，子公司向母公司按账面净值划转其持有的股权或资产，子公司没有获得任何股权或非股权支付。母公司按收回投资处理，或按接受投资处理，子公司按冲减实收资本处理。母公司应按被划转股权或资产的原计税基础，相应调减持有子公司股权的计税基础”。

甲公司

借：长期股权投资——A2 公司　　225

贷：银行存款　　225

A2 公司

借：银行存款　　225

贷：实收资本——甲公司　　225

股权划转程序账务处理：

甲公司

借：长期股权投资——B3 公司　　600

贷：长期股权投资——A2 公司　　225

长期股权投资——B2 公司　　375

A2 公司

借：实收资本　　225

贷：长期股权投资——B3 公司　　225

B2 公司

借：实收资本　　375

贷：长期股权投资——B3 公司　　375

上述操作通过巧设交易路径，适用特殊性税务处理，节税 125 万元。

方案制定过程中，应当同时对法律风险进行评估。首先，应当按《公司法》规定，考虑债权人利益保护问题。A2 公司和 B2 公司持有的 B3 公司股权被无偿划转，应当评估是否对 A2 公司和 B2 公司债权人的利益造成损害。经调查，A2 公司和 B2 公司，除存在少量经营性债务以外，没有金融借款，不存在损害债权人利益的问题。其次，重组事项适用特殊性税务处理，进行股权划转以及减资，应当依照《公司法》规定，履行相应的法律手续，在市场监督部门进行登记和公示。

17. 股权收购交易中规避税收风险问题

企业重组中税务筹划的目标首先指向一般性税务处理还是特殊性税务处理？如果选择一般性税务处理，税务筹划的目标将会指向选择股权收购或者资产收购。股权收购是收购方通过收购股权实现对目标公司的控制。资产收购是收购方将转让方的公司主要资产通过支付对价的方式收为己有。股权收购和资产收购各有利弊。一般而言，资产收购对转让方而言税种多、税负重，尤其是以房地产为主要收购资产的情况下。但对于收购方而言，购入资产的计税基础较高，使得经营过程中的所得税减少或者未来出售购入资产时的所得税减少。股权收购对于股权转让方而言，税负相对较轻，但对收购方而言，购入资产的计税基础较低，使得目标公司经营过程中的所得税增加或者收购方未来出售收购股权时的所得税增加。更为重要的是，股权收购对收购方而言，目标公司会存在隐性债务风险。隐性债务风险中可能会包括税收债务风险。因此，对股权收购方而言，除收购前尽职调查外，还应当在重组合同中设置相应条款以规避隐性的税收风险。

【案情简述】 2012 年 7 月，F 公司收购 M 公司 100% 股权。图 5－5 为股权收购前 M 公司股权结构，图 5－6 为股权收购完成后 M 公司股权结构。

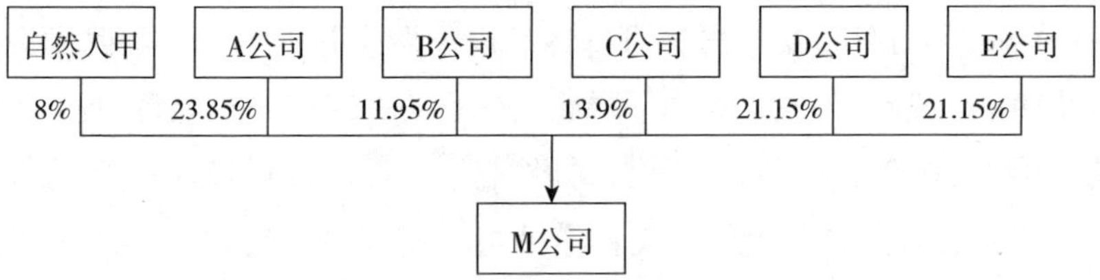

图 5－5　股权收购前 M 公司股权结构

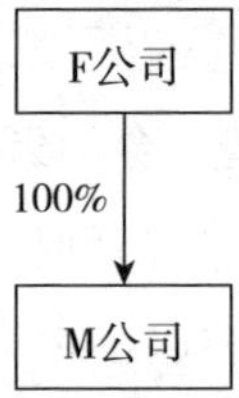

图 5－6　股权收购完成后 M 公司股权结构

股权收购完成后，M 公司向某税务局稽查局举报自己可能有偷逃税行为，请求该税务局稽查局对其 2006 年至 2012 年的财务进行全面检查。经检查，稽查局于 2015 年 10 月 14 日作出《税务处理决定书》，认定 M 公司在 2006 年 1 月 1 日至 2013 年 12 月 31 日经营期间存在税收违法行为，决定追缴增值税 3,737,923.43 元，弥补企业亏损后追缴企业所得税 1,238,369.92 元，对追缴的税款从滞纳之日起至实际入库之日止按每日万分之五加收滞纳金；同日，作出《税务行政处罚决定书》，罚款合计 2,444,895.63 元。2016 年 4 月至 8 月，M 公司完成补缴增值税 3,737,923.43 元，滞纳金 2,190,102.48 元；补缴企业所得税 1,238,369.92 元、滞纳金 1,100,574.69 元。F 公司于 2015 年 11 月 2 日以 A 公司为被告向宁波市中级人民法院提起股权转让纠纷民事诉讼，将上述《税务处理决定书》和《税务行政处罚决定书》作为证据，请求法院判决 A 公司赔偿 M 公司增值税损失 942,307.39 元、企业所得税损失 280,054.95 元，滞纳金损失 669,152.37 元。法院经依法审理支持了 F 公司的诉讼请求。[①]

M 公司向税务局稽查局举报自己存在税收违法行为，是发生在 M 公司全部股权由 A 公司等六个股东转让给 F 公司之后。F 公司受让 M 公司全部股权，取得 M 公司的控制权后，很可能发现了 M 公司在 A 公司等原股东控制期间，存在偷逃税等税收违法行为。于是指示 M 公司自行向税务机关举报，让税务局稽查局查处。这样做，可以达到以下两个目的。一是消除隐患。如果税务局稽查局经过检查，查出了税收违法行为并对其作出处理，则为 M 公司以后的经营消除了隐患。二是及时救济。M 公司按税务局稽查局作出的《税务处理决定书》补缴税款、支付滞纳金，按《税务行政处罚决定书》缴纳罚款后，F 公司则可以依据其与 A 公司等原股东之间股权转让合同相关条款，向 A 公司等原股东索赔，及时救济自己的权利。

该案例对股权收购税务筹划，有以下三点启示作用。第一，股权收购前，收购方应当对标的公司税收情况进行全面调查。标的公司是否欠税、偷逃税以及有无其他税收违法行为，直接关系到标的公司是否有收购价值，也关系到收购价款的确定。因此，在收购前，收购方应当尽可能多地查阅财务和税

---

① 参见宁波市江北区人民法院行政判决书，(2018) 浙 0205 行初 84 号。

务资料，掌握标的公司的纳税信息。第二，在收购合同中设置标的公司税收违法索赔条款。因种种限制，收购前的调查可能难以发现标的公司全部税收违法问题。在收购合同中设置标的公司税收违法索赔条款，可以对收购方多一重保障。比如："转让方保证，标的公司依法纳税，不存在税收违法行为，否则，转让方应当对受让方承担赔偿责任，赔偿范围包括但不限于标的公司补缴的税款、支付的滞纳金以及缴纳的罚款。"第三，股权收购后，发现标的公司税收违法，收购方应当及时救济自己的权利。救济权利的方式，可以选择与转让方协商，请求转让方赔偿；也可以参考该案例，由标的公司自行向税务机关举报，请税务机关查实税收违法行为，作出《税务处理决定书》和《税务行政处罚决定书》，确定补缴税款、支付滞纳金以及缴纳罚款的具体金额，然后以《税务处理决定书》和《税务行政处罚决定书》为主要证据提起股权转让民事诉讼，请求法院判决股权转让方予以赔偿。同时应当注意，该案例中 M 公司和 F 公司的做法，无异于让行政权力介入解决民事主体之间的争议，可能引发其他意想不到的问题。该案例仅仅提供一个可以借鉴的思路，在具体运用时应当慎之又慎。

18. 与期待权转让有关的交易处理

一项交易的标的可能是单一的，也有可能是复合的。如果是复合标的的交易，拟订合同时应当充分考虑各种标的交易所对应的税法规定，在合同条款上作出妥善安排，防止未来在当事人之间发生争议。与期待权有关的交易，一般都是复合标的的交易。

期待权是指将来有取得与实现可能性的权利。期待权与既得权相对应。既得权是已经形成或者取得的权利。既得的财产权，如债权、物权、知识产权等。既得财产权的转让如何征税，在税法上有比较明确的规则。有观点认为，期待权是一项独立的权利，具有可转让性。那么，转让期待权如何进行税务处理？下面以一则案例进行探讨。

【案情简述】2010 年 8 月，A 市甲行业协会 40 家会员企业签署《合作建房协议》，约定40家会员企业共同出资设立M房地产公司（以下简称M公司），以M公司名义开发建设一栋写字楼，建成后按出资比例进行分配；建房资金预算总额为38,000万元，其中注册资本金为4000万元，10家会员企业各出资250万元，各占6.25%股权，另30家会员企业各出资50万元，各占1.25%股权。除注册资本金外，其他建房所需资金由40家会员企业按各自股权比例以及M公司规定的期限陆续投入（M公司在收到后计入“其他应付款”科目）。

2010年10月，M公司以“招拍挂”方式取得项目开发用地。国土部门与M公司签订的土地出让合同约定，写字楼建成后，产权人是M公司，M公司可自用或者出租，但从权属登记之日起6年内不得转让。2018年12月，写字楼建成，建成后完成了不动产登记，取得房产证，房产证记载的不动产权利人为M公司。40家会员企业按约定的分配方案，各自分得相应的楼层和面积（以下简称各自分得的物业）。

N公司是上述甲行业协会会员企业之一，参与合作建房，是M公司股东之一，占6.25%股权。向M公司投入的注册资本金为250万元，后续按债权投入650万元，分得16层1100平方米的物业，该物业和写字楼内其他物业一样，取得了房产证，证载权利人为M公司，M公司以及全体股东对N公司取得的该物业出具《分得物业确认书》予以确认。按M公司与国土部门签订的土地出让合同约定，N公司分得的物业只能在2024年12月后方可过户到N公司名下。

2022年3月，N公司与L公司（非M公司股东）协商，将其分得的物业以1050万元的价格转让给L公司。但是，N公司所分得的1100平方米物业登记在M公司名下，且M公司不能在2024年12月之前向任何主体转让写字楼物业，因此，N公司不能直接将该物业转让给L公司。

如何实现本次交易并进行合法的税务处理？笔者以N公司对M公司享有的权利入手，分析如下。

N公司对M公司享有以下三项权利。第一项权利是250万元的出资额所形成的6.25%的股权；第二项权利是650万元投入所形成的债权；除以上两项权利之外，还有第三项权利，即基于《合作建房协议》及《分得物业确认书》，在2023年12月之后请求M公司将分得的1100平方米物业过户登记到其名下的权利。该第三项权利的取得或者实现附有期限和条件，附期限，是指在 2024 年 12 月以后；附条件，是指 M 公司和 N 公司需按税法规定缴纳相关税费。因此，第三项权利是 N 公司将来有可能实现的权利，属于期待权。

N 公司对 M 公司享有的三项权利，前两项权利（股权和债权，下同）属于既得权，第三项权利属于期待权。值得注意的是，我国《民法典》并没有规定期待权的概念，期待权的概念见于民法专家的著作之中，也见于最高人民法院的判决之中。[①] 就本次交易而言，N 公司应当将对 M 公司享有的三项权利一并转让。如果仅转让两项既得权，而不转让期待权，则交易目的就会落空。因为 L 公司受让两项既得权的最终目的是取得 1100 平方米物业的所有权。如果剔除期待权，本次交易对 L 公司没有任何意义。

再看税务处理。在税法上，以上三项权利的转让不属于增值税的征税范围，不缴增值税。依照《印花税法》附表"印花税税目税率表"规定，股权交易合同按产权转移书据税目缴纳印花税，债权、期待权转让合同不属于印花税征税范围。依照《企业所得税法》规定，N 公司取得的收入，应当按照财产转让所得缴纳企业所得税。本次交易价款为 1050 万元，可以将其拆分为债权转让价款 650 万元，股权和期待权转让价款 400 万元。基于书立股权转让书据应当缴纳的印花税额 $=400\times0.0005=0.2$ 万元。股权原值和债权原值分别按 250 万元和 650 万元确定，据此计算缴纳企业所得税。另外，税法上没有关于期待权转让的规定，在相关税务处理上，可将期待权纳入股权转让或者债权转让之中，在相关税务申报表上不单独列示。

律师可按以上分析设计交易合同。设计交易合同除了应当依照《公司法》规定、M 公司章程规定和《合作建房协议》约定，取得相应比例的股东同意，还应当注意，M 公司应当作为交易合同主体一方，在交易合同上签章。原因是 M 公司是 N 公司两项既得权和一项期待权的义务人。

---

① 参见最高人民法院民事裁定书，（2015）民申字第 2301 号。其中写道："对于廖明方对涉案房屋是否享有物权期待权的问题，对此，本院认为，对于买受被执行不动产等需要登记财产的利害关系人而言，即使没有取得物权，但如果其因为合同而对该财产享有的物权登记请求权等债权符合物权期待权保护条件的，人民法院也不能执行该不动产。"

19. 交易路径不合理导致多交税的问题

设计合理的交易路径是税务筹划常用的一种方法。交易路径的设计，既要考虑交易各方的需求，又要考虑税法规定。在某些情况下，税法的规定往往违反交易主体的直觉。准确理解税法规定，并在此基础上设置交易路径，可能会避免出现多交税的情形。

【案情简述】 自然人甲是M公司的大股东和实际控制人，享有M公司40%股权（该股权取得成本是400万元）；另有一个员工持股平台，享有M公司22.5%股权。2020年年初，N公司拟以2250万元的价格收购员工持股平台持有的22.5%股权，但为避免麻烦，其不愿直接收购。各方达成以下协议：收购步骤分为两步，第一步，甲以2250万元的价格收购员工持股平台持有的22.5%股权；第二步，N公司以2250万元的价格收购甲从员工持股平台收购的22.5%股权。收购价款由N公司直接支付给员工持股平台，由甲向N公司出具委托收款书。交易步骤如图5-7所示。

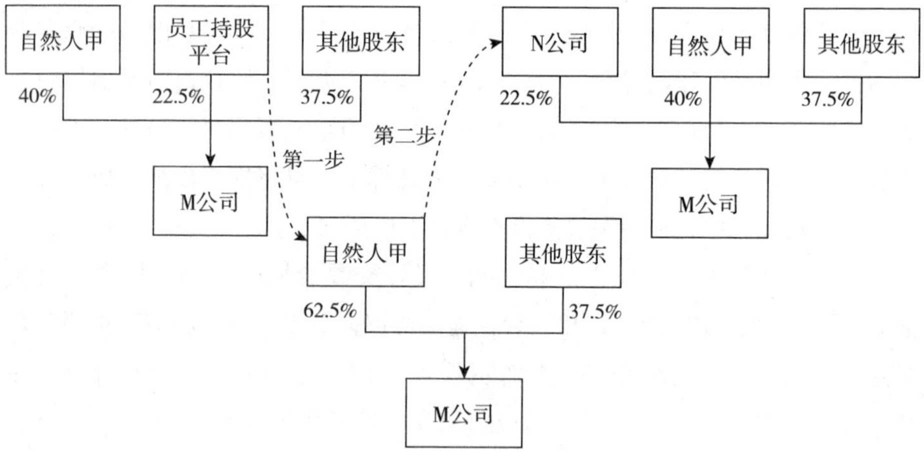

图5-7 各方交易步骤

按照以上协议，2020年3月完成第一步，2020年4月完成第二步，两个步骤均在市监部门办理备案登记，N公司在收到甲书面付款委托后将价款2250万元支付给员工持股平台。在第一步，员工持股平台依照税法规定申报纳税，而在第二步，甲从员工持股平台收购成本为2250万元，股权转让给N

公司的价款为2250万元，甲认为没有所得，因此没有缴纳个人所得税。

2022年年底，税务机关在后续管理中发现，甲漏缴税款，要求甲补缴个人所得税259.2万元并支付税款滞纳金118.3万元。甲并不同意税务机关的观点，认为转让给N公司的22.5%股权购进价款是2250万元，卖出价款也是2250万元，根本没有所得，不应当缴纳个人所得税。

甲的申辩理由是否成立呢？甲的申辩理由不成立。按税法规定，股权转让所得=股权转让收入－股权转让原值－合理税费；在第二步交易，甲的股权转让收入是2250万元，对此，甲与税务机关均无异议。双方的争议焦点在于股权原值的确定上，甲认为股权原值是2250万元，税务机关确定的股权原值是945万元。税务机关确定股权原值的依据，是67号公告第十八条规定，“对个人多次取得同一被投资企业股权的，转让部分股权时，采用‘加权平均法’确定其股权原值”。据此规定，甲在完成第一步交易后，持有M公司62.5%股权。该62.5%股权是分两次取得的，第一次取得的是40%股权，取得价款是400万元，第二次取得的是22.5%，取得价款是2250万元。甲将持有M公司62.5%股权中的22.5%股权转让给N公司，该22.5%股权原值应当按照“加权平均法”确定，即（400+2250）／（40%+22.5%）×22.5%=954万元。因此，甲在第二步股权转让的应纳税所得额是2250－954=1296万元，应当缴纳个人所得税=1296×20%=259.2万元。

甲误解税法，凭直觉安排交易，交易前没有充分地进行税务筹划，在股权转让交易中设置了对其十分不利的交易路径。

20. 合同涉税条款约定不明引发争议

交易之前所签订的合同，涉税条款如果表述不清，可能在事后引发巨大争议。把争议提交法院或者仲裁机构去解决，会产生较高的成本。而且，税务案件专业性较强。就现阶段而言，法院民事审判资源有限。发生涉税争议，试图通过民事诉讼方式解决恐难奏效。因此，重大交易之前订立合同，对涉税条款反复斟酌，避免因约定不明而发生争议，也是一种税务筹划。以下通过一件司法案例进行讨论。

【案情简述】 甲公司和乙公司是注册于A市B区的两家房地产开发企业。2016年12月，两家公司签订《合作协议》，约定共同出资在有相关优惠政策的K市高新区注册成立M公司，用于承揽A市B区H经济社名下120亩土地（以下简称项目用地）的前期整理，前期整理完成后在项目用地挂牌出让时参加竞拍，竞拍成功后从事房地产开发业务。M公司注册资本200万元，甲公司出资170万元，占85%股份，乙公司出资30万元，占15%股份，M公司由甲公司控制并负责运营。前期土地整理由乙公司负责，甲公司予以配合，所需垫资由乙公司支付到M公司，再由M公司支出。土地整理完成并拍卖后，M公司从获得总收益中优先支付垫资款及利息给乙公司，M公司获得的总收益减去优先支付给乙公司的垫资款及利息的余额为土地垫资整理溢价款（以下简称溢价款），溢价款由甲、乙双方按合作协议约定的方式分成，分成款金额确定后由M公司直接支付到甲公司和乙公司指定的银行账户，如需计税，由甲、乙双方各自承担。此外，还约定了M公司参与竞买项目用地以及后续开发事宜。

《合作协议》签订后，甲公司和乙公司依约共同出资在K市高新区注册成立M公司。M公司参加项目用地前期整理项目投标活动，中标后于2017年2月与H经济社签订《土地整理协议》，依约垫资开展土地整理工作。项目用地整理完成并拍卖后，2019年9月H经济社将前期垫资款及利息2830万元和溢价款13,500万元支付给M公司。2020年5月M公司就获得的溢价款13,500万元向K市高新区主管税务机关缴纳企业所得税3375万元。

M公司收到H经济社支付的溢价款后，股东甲公司和乙公司就溢价款分配产生争议。乙公司诉至法院，法院经审理认为，对于溢价款13,500万元，甲公司应当分得8700万元，乙公司应当分得4800万元，遂判决（以下简称判决一）M公司向乙公司支付溢价分成款4800万元，而且，判决一认定，“乙公司主张的溢价分成款是与甲公司共同合作进行前期土地整理开发所获得的收益进行利润分配而非公司利润分配，故甲公司和M公司就溢价款对乙公司负有给付义务，乙公司享有对甲公司和M公司的合同请求权”。判决一生效后，法院依乙公司申请强制执行，将M公司银行存款4800万元扣划至乙公司银行账户。

M 公司认为，其就获得的溢价款 13,500 万元向 K 市高新区主管税务机关缴纳企业所得税 3375 万元，甲、乙公司就各自分得的溢价款，应当分别承担 M 公司已缴纳的企业所得税，其中甲公司应当承担 8700 × 25% = 2175 万元，乙公司应当承担 4800 × 25% = 1200 万元，乙公司应当向其返还企业所得税 1200 万元。乙公司予以拒绝。为此，M 公司向法院提起民事诉讼，请求判决乙公司返还企业所得税税款 1200 万元。

法院在审理过程中，就涉税问题分别向 K 市高新区 M 公司的主管税务机关和项目用地所在地 A 市 B 区税务机关（同时也是甲公司和乙公司的主管税务机关）发函咨询。K 市高新区 M 公司的主管税务机关复函认为"溢价款总额 13,500 万元属于 M 公司营业收入，依法作为营业收入申报缴纳企业所得税；乙公司是 M 公司的股东，对股东进行利润分配的股息红利是税后利润分配"。A 市 B 区税务机关复函认为，"根据法院判决一认定'乙公司主张的溢价分成款是与甲公司共同合作进行前期土地整理所获得的收益进行利润分配而非公司利润分配，故 M 公司就溢价款对乙公司负有给付义务，乙公司享有对 M 公司的合同请求权'，因此，乙公司就分得的溢价分成款 4800 万元作为营业收入申报缴纳企业所得税"。为了证明自己的主张，M 公司聘请 X 税务师事务所出具《税务分析报告》并作为证据提交法院。《税务分析报告》的结论是："M 公司获得的溢价款 13,500 万元应当缴纳税费并扣除成本费用后将利润按约定的比例向股东进行分配。分给乙公司的溢价分成款 4800 万元可视实际情况采用以下两种情况进行处理：1. 如果 M 公司已经就分配股东的收益缴纳了企业所得税等税费，乙公司无须就此缴纳税款。2. 如果乙公司将上述收益进行营业收入申报，乙公司应当开具增值税发票给 M 公司，同时乙公司还需缴纳相应的增值税及附加税和企业所得税。而 M 公司取得的上述增值税发票可以作为成本费用在企业所得税税前列支，分配收益前计缴企业所得税时并未考虑此部分成本费用而多缴企业所得税的，可考虑更正申报 2019 年企业所得税年度申报表，退还多缴纳的税额。"

【判决结果】 法院在综合认定各方提交的证据的基础上认为，从《合作协议》约定"如需计税，由甲、乙双方各自承担"的文义理解，应当是双方分得溢价款而产生的税费，而不是 M 公司从 H 经济社取得的溢价款总额所缴纳的企业所得税；M 公司从 H 经济社取得的溢价款总额缴纳的企业所得税，

M公司是其纳税人，该纳税义务不能直接转嫁给乙公司；因乙公司分得的溢价款还需要申报缴纳增值税及附加和企业所得税（A市B区税务机关的复函观点），如果乙公司承担了M公司的企业所得税，则乙公司就同一笔款缴纳两次税费，显然不合情理；而且，如M公司提交的《税务分析报告》记载，如果乙公司将分得的溢价款进行营业收入申报，并缴纳了企业所得税等相关税费，则应向M公司开具增值税发票，M公司可向K市高新区税务机关申请退回多缴纳的税额。综上，M公司请求乙公司支付税款1200万元及利息没有事实和法律依据，判决驳回其诉讼请求。

笔者不认同法院的判决。该案焦点在于如何认定乙公司取得的4800万元的溢价分成款的性质（是否属于M公司的利润分配），分析如下（见图5－8）。

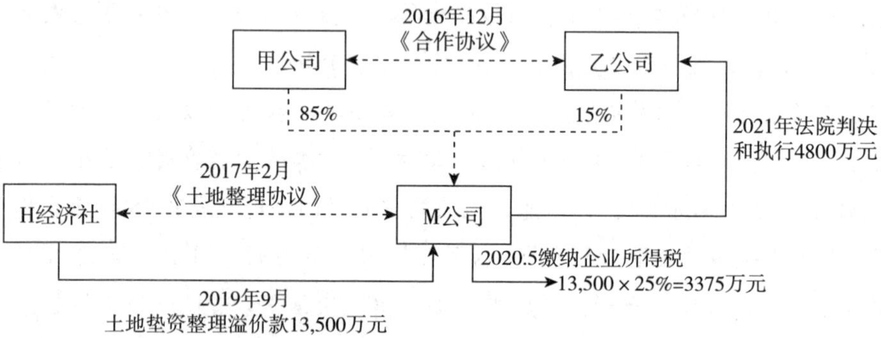

图5－8　相关当事人签订的合同和资金流动示意

1. 对基础民事法律关系性质认定的三种观点。图5－8是该案相关当事人签订的合同和资金流动示意。案涉4800万元是从M公司银行账户汇入乙公司银行账户。乙公司从M公司取得4800万元的基础民事法律关系，在该案中实际上有三种观点。第一种观点，是基于《合作协议》而产生的乙公司对甲公司和M公司的合同请求权，这是乙公司、A市B区税务机关和该案判决书（包括判决一）的观点。这一观点最直接的依据是《合作协议》约定的“溢价款由甲、乙双方按《合作协议》约定的方式分成，分成款确定后由M公司直接支付到甲公司和乙公司指定的银行账户，如需计税，由甲、乙双方各自承担”。第二种观点，是乙公司基于向M公司提供土地整理和垫资服务而形成的对M公司的请求权。这是X税务师事务所《税务分析报告》第二种处理的观点。该第二种处理的表述是“乙公司将上述收益进行营业收入申报，乙公司应当开具增值税发票给M公司，同时乙公司还需缴纳相应的增值税及附加税和企业所得税”。按此表述，乙公司之所以给M公司开具增值税发票，是因为乙公司发生了增值税纳税义务，之所以发生增值税纳税义务，是因为其向M公司销售了前期整理土地服务和垫资服务，M公司接受服务，应当支付价款4800万元。第三种观点，是基于权益性投资关系而取得的利润分配。这是甲公司、M公司和K市高新区税务机关的观点。该观点最直接的依据是乙公司是M公司的股东，如果双方没有其他基础法律关系，M公司支付给乙公司的款项应当是利润分配。

2. 对上述三种观点的评价。第一种观点认为溢价款是甲公司和乙公司基于《合作协议》约定共同向H经济社提供前期土地整理和垫资服务而取得的，而不是M公司向H经济社提供前期土地整理和垫资服务而取得的。这种观点实际上是将M公司穿透，无视M公司作为独立法人主体与H经济社签订的《土地整理协议》，这与公司法人制度相背离。第二种观点承认M公司作为独立的法人主体与H经济社签订的《土地整理协议》，并依据《土地整理协议》向H经济社提供前期土地整理和垫资服务。与此同时，M公司将《土地整理协议》约定的服务内容转包（或者分包）给乙公司，从而形成乙公司向M公司提供前期土地整理和垫资服务、M公司向乙公司支付价款的合同关系。这种观点的问题在于，M公司与乙公司之间并没有签订有关前期土地整理和垫资服务的合同，这种合同关系是X税务师事务所在《税务分析报告》中构想出来的。第三种观点认为M公司作为独立的法人主体与H经济社签订《土地整理协议》，向H经济社提供前期土地整理和垫资服务并收取相应价款；M公司是甲公司和乙公司依照《公司法》设立的具有独立法人人格的主体，甲公司和乙公司是其股东。基于上述法律关系，M公司支付给乙公司的款项属于利润分配。该观点符合我国民商事法律规定。但是，《合作协议》中约定“溢价款由甲、乙双方按《合作协议》约定的方式分成，分成款确定后由M公司直接支付到甲公司和乙公司指定的银行账户，如需计税，由甲、乙双方各自承担”，该约定内容似与第三种观点并不十分吻合。

3. 三种观点下乙公司取得4800万元款项的性质以及税务处理。在第一种观点之下，乙公司直接依据《合作协议》产生的合同请求权取得的4800

万元，系其与甲公司直接向H经济社提供前期土地整理和垫资服务而取得的价款，不属于M公司对其利润分配。这一观点对M公司予以穿透，即M公司与H经济社签订的《土地整理协议》被甲公司和乙公司向H经济社直接提供的前期土地整理和垫资服务合同取代，M公司从H经济社取得的13,500万元溢价款直接归属于甲公司和乙公司，甲公司和乙公司分别就其取得的溢价分成款缴纳增值税及附加、企业所得税等税费，同时，该13,500万元不属于M公司取得的收入，M公司不缴纳增值税及附加、企业所得税等税费（印花税除外）。第二种观点之下，M公司依据与H经济社签订的《土地整理协议》取得13,500万元溢价款，依照税法规定缴纳增值税及附加、企业所得税。乙公司依照其与M公司之间的分包（或者转包）协议（《税务分析报告》构想的法律关系），从M公司取得4800万元，属于向M公司提供前期土地整理和垫资服务而取得的价款，不属于M公司对其利润分配。依照税法规定，乙公司对于取得4800万元应当申报缴纳增值税及附加、企业所得税等税款。M公司取得乙公司开具的增值税发票，依照税法规定作为进项税额予以抵扣并作为成本费用在企业所得税前扣除。第三种观点之下，M公司依据与H经济社签订的《土地整理协议》取得13,500万元溢价款，依照税法规定缴纳增值税及附加、企业所得税。对税后净利润可依照《公司法》规定向股东进行利润分配。① 乙公司从M公司取得的4800万元，属于企业所得税前的款项，应当将M公司已缴纳的企业所得税1200万元退还M公司。乙公司从M公司取得的利润分配，作为“股息、红利”所得，依照《企业所得税

---

① 参见《营改增试点》附件一：《销售服务、无形资产、不动产注释》第一条第四项第五目规定，“其他建筑服务。其他建筑服务，是指上列工程作业之外的各种工程作业服务，如钻井（打井）、拆除建筑物或者构筑物、平整土地、园林绿化、疏浚（不包括航道疏浚）、建筑物平移、搭脚手架、爆破、矿山穿孔、表面附着物（包括岩层、土层、沙层等）剥离和清理等工程作业”；《企业所得税法》第一条第一款规定，“在中华人民共和国境内，企业和其他取得收入的组织（以下统称企业）为企业所得税的纳税人，依照本法的规定缴纳企业所得税”；第六条规定，“企业以货币形式和非货币形式从各种来源取得的收入，为收入总额。包括：（一）销售货物收入；（二）提供劳务收入；（三）转让财产收入；（四）股息、红利等权益性投资收益；（五）利息收入；（六）租金收入；（七）特许权使用费收入；（八）接受捐赠收入；（九）其他收入”；《公司法》（2018年修正）第一百六十六条第一款规定，“公司分配当年税后利润时，应当提取利润的百分之十列入公司法定公积金”。

法》规定，免缴纳企业所得税。①

4. 笔者认为采用第三种观点较为妥当。理由有四。第一，法律关系清晰。M 公司与 H 经济社之间依据《土地整理协议》形成提供前期土地整理服务合同关系；M 公司与甲公司、乙公司基于《公司法》的规定形成公司与股东之间的法律关系。第二，符合公司法人人格独立的法律规定。M 公司作为独立的法人主体与 H 经济社和甲公司、乙公司发生民商事法律关系。第三，不违背《合作协议》约定。《合作协议》关于溢价款的分成以及支付方式虽与第三种观点不吻合，但只是属于约定不明，法院对于约定不明的条款可以作出合乎民商事法律制度的解释。第四，有利于税务处理。第三种观点之下，由于基础民事法律关系比较清晰，税务处理可依照税法规定，且各主体缴纳相应的税款，不会产生重复缴税问题。如果依照第一种观点或者第二种观点，M 公司应当向 K 市高新区主管税务机关申请退税。退税是否成功，尚难预料。因为第一种观点和第二种观点所确定的基础民商事法律关系都存在缺陷，税务机关很可能基于税法的独立性原理，对第一种观点和第二种观点所确定的基础民商事法律关系不予认可而拒绝退税。

M 公司为追回其认为代乙公司负担的企业所得税税款，历经一审、二审和再审诉讼，最终取得败诉的结果。法院的判决固然有可商榷之处，但造成最终损失的原因是多方面的。

1. 合同约定不明问题。《合作协议》对取得的溢价款分成的计算方式、支付方式和税费承担作出特别约定。股东对相关事务进行特别约定并不违反法律规定。但是，《合作协议》没有指出各方分得溢价款的性质。尤其是税费承担条款，仅用"如需计税，由甲、乙双方各自承担"表述，以致发生争议时，相关各方作出了不同的解释。可对其作适当修改："项目公司从 H 经济社取得的溢款价，依法缴纳增值税及附加、企业所得税等相关税费。税后款项，由项目公司依照本合同约定的分配方式进行利润分配。"如果这样，可能会避免很多不必要的损失。

2. 涉税诉讼应对问题。该案审理过程中，有判决一观点、A 市 B 区税务

---

① 《企业所得税法》第二十六条规定："企业的下列收入为免税收入：……（二）符合条件的居民企业之间的股息、红利等权益性投资收益……"

机关观点、K 市高新区税务机关观点，还有 X 税务师事务所观点。对 M 公司而言，这些观点相互矛盾，孰是孰非，需要在诉讼中进行辨析，并形成自己的观点。M 公司应当立足于对民商事法律关系的充分论证，对乙公司取得的溢价分成款准确定性，对各种观点下的税务处理进行全面分析，并说服法庭采纳于己有利的观点。从一审、二审判决书看，M 公司对于上述工作稍有欠缺。

3. 证据提交问题。X 税务师事务所出具的《税务分析报告》没有对案涉基础民商事法律关系进行论证，也没有对乙公司取得的溢价分成款的性质作出明确判断，只提出了两个处理方案。方案 2 的提出，既欠缺合同依据，又给法院判决 M 公司败诉提供了理由。对 M 公司而言，《税务分析报告》并不是一份理想的证据。提交该证据，是其败诉的原因之一。

21. 民事诉讼中隐藏的税收风险问题

民事主体在签订合同时，如果没有充分关注税收风险，则可能会埋下隐患。这样的合同发生争议，如果提起民事诉讼，仍未充分关注税收风险，则可能会埋下更大隐患。反过来，如果签订合同时谨慎行事，进行适当的税务筹划，则可避免无妄之灾。

【案情简述】 甲、乙、丙、丁四人合伙做生意，以甲的名义注册一个个体工商户，租厂房、买设备，从事某种建材生产、销售。数年下来，生意不错，四人决定把个体工商户改制为有限责任公司。于是注销了个体工商户，注册设立了 M 公司。M 公司登记的注册资本（实收资本）是 240 万元，甲、乙、丙、丁是股东，登记的出资额分别是 108 万元、84 万元、36 万元和 12 万元，股权份额分别是 45%、35%、15% 和 5%。而实际上，四位股东投入 M 公司的资产除上述登记的现金出资外，还有原个体工商户期间积累的价值 3300 万元的机器设备、存货、应收账款、货币资金。[①]

① 此处的价值，是由四位股东在改制时共同评估的，其中机器设备按新旧程度折算 1120 万元，存货按账面原值计约 900 万元，应收账款按账面原值计约 1200 万元，货币资金 80 万元。

改制为有限责任公司后，M公司经营了3年多，生意一直不怎么好，之前个体工商户时期大约1000万元的应收账款也没收回来。乙想退出，和其他三位股东协商后，四位股东共同决定：由甲收购乙持有的35%股权，M公司100%股权总价值按照改制时四位股东实际投入的价值计算，为3540万元(240+3300)。甲、乙签订股权转让协议约定：乙把35%股权转让给甲，甲支付价款1239万元（3540×35%）；支付的价款由两部分组成，其中以现金支付389万元，另外的850万元，是个体工商户时期由乙经手的M公司应收账款，该应收账款概由乙负责收回，收回后归乙所有；如未收回，甲没有另付股权转让款的义务。股权转让合同签署后，在市监、税务部门办理股权转让备案以及纳税申报手续。向市监部门备案的股权转让合同记载的转让价款是84万元，纳税申报时申报的股权转让收入也是84万元，股权原值也是84万元，乙未缴纳个人所得税。

甲依约向乙支付320万元现金股权转让价款后，剩余69万元一直拖欠未付。由乙负责收回的应收账款850万元仅收回50万元，剩余720万元收回的可能性微乎其微。乙咨询A律师，A律师建议通过诉讼向甲追讨69万元欠款。乙遂提起民事诉讼，请求法院判决甲立即向其支付拖欠的股权转让款69万元以及相关违约金。甲抗辩，在市监部门备案登记的股权转让合同约定的转让价款是84万元，他已经履行了全部义务。庭审中，法官问乙，“现在有两份股权转让合同，一份约定的转让价款是1239万元，另一份是84万元，到底哪份是真、哪份是假?”乙答：“转让价款1239万元的合同是真实的。”法官又问：“为什么在市监部门备案的股权转让合同价款是84万元?”乙答：“为了避税。”以上问答记入庭审笔录。乙胜诉，法院判决支持了乙的诉讼请求，甲履行了判决确定的义务，向乙支付了拖欠的69万元股权转让价款以及相应的违约金。同时，判决书上记载了乙对于法庭询问的陈述“为了避税”。

乙胜诉后约1年时间，税务稽查局电话通知其谈话。乙来到稽查局，稽查局询问其与甲股权转让情况，乙如实陈述，并提交那份胜诉的民事判决书。经过调查，稽查局向乙发出税务行政处罚事项告知书。告知书记载，依据法院判决书确认的事实以及稽查局调查的相关事实，认定乙构成偷税，偷税手段是签订阴阳合同，偷税金额是231万元［（1239－84）×20%］，认定其具有偷税主观故意的主要依据，是判决书所记载的乙的陈述“为了避税”，拟以偷税金额的0.6倍处以罚款138.6万元。乙不服，进行陈述、申辩、听证，其意见未被稽查局采纳。后稽查局发出税务处理决定书和税务行政处罚决定书，责令乙补缴个人所得税231万元并按每日0.5‰支付税款滞纳金，处以罚款138.6万元。三项合计560多万元。

乙实际收到的股权转让款项是439万元（甲现金支付的320万元，收回应收账款50万元，通过诉讼向甲追讨的69万元），根本无力缴纳合计560余万元的税款、滞纳金和罚款。而且，乙不服稽查局的处理和处罚决定，通过税务行政复议、行政诉讼救济自己的权利。能否取得理想的结果，前景并不乐观。甚而至于，如果乙税务行政复议申请和税务行政诉讼请求都被驳回，其是否会因未能补缴税款和滞纳金、支付罚款而被移送司法机关、受到刑事追诉，也未可知。

现在，我们可以回头思考一下，稽查局的处理和处罚决定是否有瑕疵？笔者认为，稽查局的处理和处罚决定并不妥当。首先，仅凭乙在法庭上对询问的回答，就认定乙存在偷税主观故意，有些牵强。乙的回答是“为了避税”，而不是“为了偷税”。偷税和避税是两个不同性质的概念，不可混为一谈。其次，从经济实质看，乙把股权转让给甲，其所得额并不是1239－84＝1155万元。因为1239万元不是股权转让实际收入，84万元也不是股权实际原值。最后，应收账款属于M公司法人财产，并不属于乙个人财产，将收回的应收账款一概计入乙的股权转让收入，不符合《公司法》规定。以1155万元的所得额乘以税率20%计算出的应纳个人所得税额231万元（1155×20%）是不符合实际的。可见，稽查局作出的税务处理和行政处罚决定，在合法性与合理性方面都有可以重新考量之处。

尽管如此，处理与处罚决定已然作出。为了追回69万元的股权转让价款，乙通过民事诉讼来维护自身合法权益，竟惹出这么大的麻烦。假定当初在签订股权转让合同时，作以适当的税务筹划，如实把股权转让价款约定为可变价，可变价由固定和可变两部分组成。固定部分是甲应以现金方式支付给乙方的389万元，可变部分是乙自行收回的M公司应收账款，即股权转让价款为（389＋X）万元。另外，对于股权原价，可以在合同中如实作出表述，即股权原价由两部分组成，一部分是改制时乙实际以现金投入的84万元，另一部分是合伙期间积累的转入M公司的机器设备、存货、应收账款、货币资金等资产总额3300万元的35%，即1155万元。把两部分加起来，乙持有的M公司35%股权原价为1239万元。如能在股权转让合同中作如此表述，不但不影响以后发生争议时向法院提起诉讼，而且有利于以后的税务稽查应对。再假定，在签订合同时没有进行适当税务筹划，而在提起民事诉讼前能客观评估税收风险，以事实为基础设定相应的应对方案，正确回答法庭询问，就不至于在以后的税务稽查程序中如此被动。

22. 随意创设交易标的引发税务及后续交易风险问题

下述案例中，当事人在企业增资程序中没有进行适当的税务筹划，随意创设了一个与实际交易不符的交易标的（知识产权），而对潜在的税务风险毫无觉察。当风险显现时，后续股权交易受到了非常严重的负面影响。

【案情简述】M股份有限公司（以下简称M公司）注册资本（实收资本）2000万元，每股股本1元，四名股东甲、乙、丙、丁共2000万股。新冠疫情开始之年年末，M公司增资扩股。引进新股东戊，拟增资300万元。虽然M公司设立时四名股东投入2000万元，但连年亏损，到增资扩股时净资产额仅980万元，折算每股净资产0.49元。新老股东五位商议，戊以现金方式增资300万元，取得M公司600万股。但按法律规定，股份有限公司每股面值1元，戊取得的600万股，增资额应当是600万元。[①] 为解决这个问题，五位股东决定，在工商备案的M公司增资协议记载：戊向M公司增资600万元，取得600万股股份，增资的600万元中货币出资300万元，另以专利技术作价出资300万元。实际上戊本人名下并没有专利技术，不可能向M公司交付专利技术，所以专利技术出资仅仅在工商备案登记，不需要交付。

M公司在市监部门完成增资扩股备案登记后，没有办理税务变更登记。疫情开始次年年末，五位股东将所持M公司全部股份转让给N公司和自然人已（N公司持2400万股，自然人已持200万股），其中戊所持600万股的转

① 《公司法》（2018年修正）第一百二十七条规定："股票发行价格可以按票面金额，也可以超过票面金额，但不得低于票面金额。"

让价款是240万元。M公司完成股份转让工商变更备案手续后，接着到税务部门办理变更手续。税务部门审核发现，戊在增资扩股时有作价300万元的专利技术出资，遂按税法规定，要求戊补缴个人所得税及滞纳金90多万元。[①] 戊向税务机关解释：增资时是按M公司每股净资产以300万元货币出资取得600万股，实际上并不存在300万元专利技术作价出资，不应当缴纳个人所得税。

税务机关认为，如果不存在专利技术作价出资，那么戊以300万元的货币资金取得600万元的股份，属于股权激励，即M公司将300万元的股份发行给戊而没有收取任何对价，依照税法规定，戊应当按工资、薪金所得计算缴纳个人所得税并支付滞纳金。[②] 而且，在戊缴纳税款并支付滞纳金之前，税务机关不予办理上次增资及资本股权转让变更登记。

戊正在忙于应对税务机关追缴税款，受让股份的N公司（以及另一股东自然人巳，下同）又来添堵。疫情结束，生意不好做。N公司原以为买了一个能赚钱的公司，谁知接手后，M公司经营业绩一路下滑。既然税务机关一直不给办理股权变更登记手续，N公司索性决定把受让的股权全部退回给原五名股东。原来的五名股东当然不愿意。N公司诉至法院，以税务机关不予办理股份转让变更手续为由，请求解除与原来五名股东签署的股权转让合同，要求原五名股东退还N公司已经支付的股权转让价款。

首先分析税务机关向戊追缴税款的依据是否充分的问题。笔者认为，税务机关对戊追缴税款没有事实依据。M公司增资扩股时，戊的确支付了300万元现金，实际上没有用专利技术作价出资，不存在以非货币资产出资的事实；而且其取得的600万股股份的公允价值并不高于300万元，即以300万元现金取得600万股股份也没有获得额外利益，不存在股权激励，根据实质

---

① 财政部、国家税务总局《关于个人非货币性资产投资有关个人所得税政策的通知》（财税〔2015〕41号）第一条规定："个人以非货币性资产投资，属于个人转让非货币性资产和投资同时发生。对个人转让非货币性资产的所得，应按照'财产转让所得'项目，依法计算缴纳个人所得税。"

② 财政部、国家税务总局《关于完善股权激励和技术入股有关所得税政策的通知》（财税〔2016〕101号）第四条第一款第一项规定："个人从任职受雇企业以低于公平市场价格取得股票（权）的，凡不符合递延纳税条件，应在获得股票（权）时，对实际出资额低于公平市场价格的差额，按照'工资、薪金所得'项目，参照《财政部　国家税务总局关于个人股票期权所得征收个人所得税问题的通知》（财税〔2005〕35号）有关规定计算缴纳个人所得税。"

课税原则，不应当缴纳个人所得税。另外，N 公司请求解除股权转让合同的诉讼请求未必能得到法院支持。理由是 N 公司以不能办理（实际上是暂时不能办理）税务变更登记为由而解除股权转让合同，依照《民法典》相关规定，原股东未必构成根本违约，解除的理由并不充分。

假定能在增资前按客观情况设置交易方案，适当进行税务筹划，则可避免后续各种纠纷。比如，交易分两步：先按《公司法》规定减资，使公司股本、净资产相匹配；后由戊以现金 300 万元对 M 公司增资，以公允价值取得 M 公司相应股。

本章结语

税务筹划以税法的依赖性为基础，以民事合同为工具，对交易进行合理安排，以取得税法上的有利评价效果。这种有利评价的效果可能是减轻税收负担，也可能是促成交易或者防止争议发生等。税务筹划凸显税法的依赖性，同时应当考虑税法的独立性，评估是否可能被认为不具有商业目的而被纳税调整，而且不能脱离税法的公法性，防止被认为偷逃税而招致处罚。税务筹划有一定的技术性，实务处理上需要在税法思维的三个支撑点上反复考量。税务筹划的思路应当贯穿在每个交易中，如果事先没有充分考虑税收影响，没有作好税务筹划，则可能会引发税收风险。

第六章

实体争议与权利维护

依法纳税，既是纳税人的义务也是纳税人的权利。依法分两个方面：一是依照税收实体法，二是依照税收程序法。因税收实体法而产生的权利义务关系，为税法实体权利义务关系。因税法实体权利义务关系而发生的争议，为税法实体争议，本章简称实体争议。在税收法律关系中，纳税人处于相对弱势的地位。权利维护，是指对纳税人的实体权利维护。纳税人实体权利维护也分为两个方面：一是在争议过程中的权利维护，即征纳双方发生争议时的权利维护；二是在未发生争议时的权利维护，指纳税人主动依照税法规定行使其权利，比如降低税收负担、享受税收优惠、请求出口退税等。实体争议解决与权利维护，要依照税法特性，运用税法思维模式，在税法的依赖性、税法的独立性和税法的公法性三个税法思维支撑点上反复考量。三个支撑点是一个有机统一的整体，每件实体争议案件、每个基于民事法律行为的税法权利维护，都应当在三个支撑点上不断审问、慎思、明辨。三个支撑点不可分割，每个支撑点并不孤立。本章按照税法的三个特性分为三节，仅仅是强调对某一实务问题的处理所依据的是某个税法特性，但并不意味着某一实务问题的处理可以只关注某一个税法特性而置其他特性于不顾。这是阅读本章乃至全书尤其应当注意的。

第一节　税法的依赖性

税法的依赖性，是指税法的运行依赖于民法、商法、劳动法等法律的运行。依赖性是税法区别于其他部门法的主要特征。解决税收实务问题，可以从与实务有关的民商事法律关系入手。

23. 合同撤销、解除或者变更后纳税人或者利害关系人申请退税的处理

民事主体订立、履行合同，应当依照税法规定申报纳税；订立合同后对合同相关要素进行变更，导致合同价款增加的，应当依照税法规定以增加后的价款确定销售额或者收入额申报纳税。如果合同订立后被依法撤销、解除或者变更，导致交易不存在或者合同价款减少，纳税人或者利害关系人向税务机关申请退税，应当如何处理？以下通过四个实务案例予以阐述。

【案情简述】2013 年，自然人甲以民间借贷为案由，以自然人乙为被告，向法院提起民事诉讼，请求法院判决乙归还借款本金及利息共 607 万元。开庭审理时，乙未到庭。法院缺席审理并作出判决：乙在判决生效后 10 日内向甲偿还借款本金 530 万元及相应的利息。甲申请强制执行，法院依法拍卖乙名下的两套房产和三个车位（以下简称拍卖物业），拍卖物业由甲竞得。甲按照法院拍卖公告，缴纳拍卖物业过户发生的全部税费，将拍卖物业过户登记到其本人名下。2016 年，乙以甲原提起的诉讼是虚假诉讼、原判决认定事实错误为由申请再审。2017 年 8 月法院作出再审判决，撤销了原判决。乙以再审判决为依据，向原执行法院申请强制执行。2018 年 6 月，执行法院裁定，撤销原拍卖裁定，甲向乙返还拍卖物业。2018 年 7 月，甲向税务机关提交退税申请书，要求税务机关退还拍卖物业过户到其名下而缴纳的全部税费。

对于甲的退税申请，有观点认为，拍卖物业从乙名下过户到甲名下，属于一次不动产买卖交易，且该交易已经完成，法院作出执行回转的裁定，将拍卖物业再次过户到乙名下，属于另一次交易，两次交易相互独立；第一次交易已经完成，因第一次交易所产生的税费已依法征收，不应退还；第二次交易已经开始，因该交易发生的税费也应当依法征收。另有观点认为，拍卖物业从乙名下过户到甲名下，属于一次不动产买卖交易，且该交易已经完成，

以后无论发生何种情况，已依法征收的税款都不应退还；法院作出执行回转裁定，把原拍卖物业重新过户到乙名下，属于恢复原状，不是一次单独的交易，应当不征税。

笔者认为，以上第一种观点不正确，第二种观点部分正确，部分错误。笔者的观点是税务机关应当退还甲所缴的全部税费，且拍卖物业重新变更登记到乙名下，不应当征收任何税款。

执行法院依乙的申请作出的执行回转裁定有两层含义：其一，撤销原拍卖裁定，使原拍卖行为归于无效，即所有的拍卖行为连同拍卖物业登记到甲名下均自始无效；其二，恢复原状，将因拍卖行为产生的后果恢复到拍卖之前的状态，即拍卖物业重新登记回乙的名下。把两层含义综合起来就是乙一直都是拍卖物业的所有权人，且该权属从未发生过变动。[①]

法院在执行过程中拍卖乙名下的两套房产和三个车位，甲竞得后办理不动产过户手续前，代乙缴纳了增值税及附加、土地增值税、个人所得税，自行缴纳了契税，才将拍卖物业由乙名下变更登记到其名下。后法院作出执行回转裁定，拍卖行为归于无效，税务机关的征税行为失去依据。在此情形下，所征的税款应当全部返还。另外，法院作出执行回转裁定后，拍卖物业由甲名下变更登记到乙名下，该变更登记产生恢复原状的法律效力，而并非基于买卖等交易行为，不发生增值税及附加、土地增值税、个人所得税和契税的纳税义务，不应当征收任何税款。

【案情简述】2016年6月，自然人甲与M房地产开发公司（以下简称M公司）订立商品房（汽车位）买卖合同，购买M公司开发楼盘内的1个汽车位，交易价款是155,380元。签订合同次日，甲向M公司支付全部合同价款，并缴纳契税4439.43元、印花税73.99元及物业维修基金若干。2016年9月，甲向法院提起诉讼，以不能实现合同目的为由请求解除合同，由M公司退还已支付的交易价款155,380元并赔偿已缴纳的契税、印花税和物业维修基金损失。法院经依法审理，于2017年3月作出终审判

① 《民法典》第一百五十五条规定："无效的或者被撤销的民事法律行为自始没有法律约束力。"该法第二百二十九条规定："因人民法院、仲裁机构的法律文书或者人民政府的征收决定等，导致物权设立、变更、转让或者消灭的，自法律文书或者征收决定等生效时发生效力。"

决，判决确认甲与 M 公司订立的商品房（汽车位）买卖合同解除，M 公司向甲退还 155,380 元。对于甲请求 M 公司赔偿其已缴纳的契税、印花税和物业维修基金损失的主张，法院认为，由于商品房（汽车位）买卖合同已经解除，甲可以向相关部门申请予以退还，因此不予支持。2020 年 1 月，甲持法院判决书和 M 公司返还价款的证明，向主管税务机关申请退税。主管税务机关经审查，决定退还已收契税 4439.43 元。

税务机关作出的退税决定是正确的。《契税暂行条例》（1997 年发布，已失效）第一条（现为《契税法》第一条）规定："在中华人民共和国境内转移土地、房屋权属，承受的单位和个人为契税的纳税人，应当依照本条例的规定缴纳契税。"第二条第一款（现为《契税法》第二条第一款）规定："本条例所称转移土地、房屋权属是指下列行为：……（二）土地使用权转让，包括出售、赠与和交换；（三）房屋买卖……"甲与 M 公司签订商品房（汽车位）买卖合同，依照上述规定缴纳了契税 4439.43 元。后法院判决确认商品房（汽车位）买卖合同解除，征税对象已不复存在，税务机关收取的契税没有法律依据，应当予以退还。另外，对于甲请求 M 公司赔偿其已缴纳的契税、印花税和物业维修基金损失的主张，判决书认为，由于商品房（汽车位）买卖合同已经解除，甲可以向相关部门申请予以退还，因而不予支持，该表述稍欠妥当。商品房（汽车位）买卖合同解除后，甲是否有退税申请权、其退税申请能否得到税务机关的认可，属于税法调整的范围，若在民事判决书中作出认定，有超越民事审判权之嫌。

【案情简述】2013 年 5 月，王某与付某成立朔易燃气公司。2015 年 1 月，王某与港华公司签订《股权购买协议》，约定王某将其持有的朔易燃气公司 48% 股权转让给港华公司，转让价款 60,342,857 元，股权原值为 9,600,000 元。2015 年 4 月，港华公司作为个人所得税扣缴义务人，代王某向五莲县税务局第二税务分局（以下简称第二税务分局）缴纳个人所得税 10,142,537.11 元。2016 年 6 月，王某与港华公司签订《股权购买协议修改协议》，约定因目标公司特许经营区域减少，将股权转让价款调整为3,428,571 元。因《股权购买协议》和《股权购买协议修改协议》的内容涉及特许经营，协议签订后均取得山东省商务厅的批准文件。2018 年 4 月，王某以股权转让未取得收益为由，向税务机关申请退还其已缴纳的个人所得税 10,142,537.11 元。第二税务分局认为，王某不符合退税条件，因此作出不予退税决定。王某不服，向五莲县税务局申请复议，五莲县税务局维持了第二税务分局不予退税的决定。王某向五莲县法院提起行政诉讼。五莲县法院判决驳回王某的诉讼请求。①

笔者认为，五莲县税务局和五莲县法院的处理是错误的。

1. 王某和港华公司有权调整股权转让价款。王某与港华公司签订的《股权购买协议》约定的转让价款是60,342,857元；后签订的《股权购买协议修改协议》将股权转让价款调整为3,428,571元。《股权购买协议》和《股权购买协议修改协议》均取得山东省商务厅的批文。我国《合同法》第七十七条（已失效，现为《民法典》第五百四十三条）规定，"当事人协商一致，可以变更合同。法律、行政法规规定变更合同应当办理批准、登记等手续的，依照其规定"。据此规定，王某向港华公司转让朔易燃气公司48%股权，其转让价款为3,428,571元。

2. 王某缴纳的10,142,537.11元系多缴款项。按照《个人所得税法》以及67号公告规定，股权转让的计税依据为应纳税所得额，即股权转让收入减去股权原值和合理费用后的余额。②《股权购买协议》修改前的应纳税款以股权转让价款60,342,857元为转让收入确定。《股权购买协议修改协议》签订后，股权转让价款发生变更，应以变更后的转让价款为转让收入确定应纳税款。变更后的转让价款为3,428,571元，王某的股权转让收入为3,428,571元，股权原值为9,600,000元，计税依据为负数。王某没有所得，因此不应当对其征税。王某被代扣代缴的个人所得税10,142,537.11元系多缴款项。

3. 税务机关应当向王某退还多缴的款项。《税收征收管理法》第五十一条规定，"纳税人超过应纳税额缴纳的税款，税务机关发现后应当立即退还；纳税人自结算缴纳税款之日起三年内发现的，可以向税务机关要求退还多缴的税款并加算银行同期存款利息，税务机关及时查实后应当立即退还"。纳

---

① 参见山东省五莲县人民法院行政判决书，(2018) 鲁1121行初39号。

② 《个人所得税法》(2011年修正) 第六条第一款规定："应纳税所得额的计算：……五、财产转让所得，以转让财产的收入额减除财产原值和合理费用后的余额，为应纳税所得额……"；67号公告第四条第一款规定："个人转让股权，以股权转让收入减除股权原值和合理费用后的余额为应纳税所得额，按'财产转让所得'缴纳个人所得税。"

税人多缴税，有权请求税务机关退还，税务机关在查实后有义务予以退还。由于《股权购买协议》和《股权购买协议修改协议》均取得山东省商务厅的批文，而省级政府机关公文具有较强的公信力，因此当事人对股权交易价款的调整是可信的。第二税务分局应当向王某退还多缴款项10,142,537.11元。五莲县税务局不退还王某多缴款项10,142,537.11元，这不符合税法规定。

【案情简述】2016年7月，M公司31位股东与N公司签订《股权转让协议》，约定M公司31位股东等比例将持有的51%股权转让给N公司，转让股权总原值78,030,000元，转让总价399,401,400元，分三期支付。其中M公司自然人股东甲等比例转让其持有的51%股权原价255,000元，转让价款1,305,233元。合同签订后，转让方收到部分转让价款，在工商部门办理了51%股权变更登记手续，缴纳了因股权转让产生的税款，其中甲缴纳个人所得税203,651.02元、印花税652.6元。后因股权受让方N公司无力支付最后一期转让价款，经协商，双方于2017年2月签订《股权转让协议的补充协议》，约定N公司原价退回41%的股权给转让方，剩余10%股权的转让价款由78,314,000元变更为40,000,000元，其中甲的等比例10%股权转让价款由原来的255,922元变更为130,700元。2017年4月，双方完成退回41%股权的工商变更登记手续。甲认为，在股权转让交易中，其最终所得额仅为股权转让价款130,700－股权原值50,000－印花税652.60＝80,047.40元，应缴纳个人所得税额为80,047.40×20%＝16,009.48元，税务机关应退还金额为203,651.02－16,009.48＝187,641.54元。遂向A市税务机关申请退税。A市税务机关决定退税61,356.62元。其理由是《股权转让协议的补充协议》签订前，甲已实际收到N公司累计支付的股权转让价款885,000元，占原约定价款的67%，且原价退还41%股权不符合国家税务总局《关于纳税人收回转让的股权征收个人所得税问题的批复》（国税函〔2005〕130号）第二条规定的情形。甲不服，申请行政复议，后诉至法院。A市税务局答辩称其作出退还61,356.62元决定的理由是《股权转让协议的补充协议》签订前，甲已实际收到N公司累计支付的股权转让价款885,000元，占原约定价款的67%，且原价退还41%股权不符合国税函〔2005〕130号文第二条规定的情形。法院经审理认为，甲在《股权转让协议的补充协议》签订前累计收到的885,000元只是合同履行过程中的阶段性款项，且双方未将该款项确定为交易价，A 市税务机关作出的退还 61,356.62 元的行政行为，因认定事实不清、证据不足、程序违法，判决予以撤销。①

法院判决撤销 A 市税务机关作出的退还 61,356.62 元的具体行政行为是正确的，分析如下。

1. 股权转让标的和价款的确定。契约自由、意思自治是民法的基本原则。在交易中，交易双方有权依法订立合同，也有权依法解除合同或者变更合同；有权依法全部解除合同，也有权依法部分解除合同。该案中，M 公司 31 位股东与 N 公司订立合同，等比例转让 M 公司 51% 股权，约定的转让总价款 399,401,400 元，其中甲等比例转让 51% 股权的价款 1,305,233 元。合同履行过程中，因 N 公司无力支付最后一期转让价款，双方经协商，签订补充协议，约定将转让的 41% 股权原价退还，是依法部分解除合同；将剩余 10% 股权转让总价款由 78,314,000 元变更为 40,000,000 元，其中甲的等比例 10% 股权转让价款由原来的 255,922 元变更为 130,700 元，是依法变更合同。对合同部分解除和变更，系各方当事人真实意思表示，没有违反法律和行政法规的强制性规定，合法有效。因此，案涉股权交易标的是 M 公司 10% 股权，甲的等比例 10% 股权的转让价款是 130,700 元。

2. 应纳个人所得税额的确定。《个人所得税法》（2011 年修正）规定，个人财产转让所得，应当缴纳个人所得税；财产转让所得计税依据为转让财产的收入额减除财产原值和合理费用后的余额；财产转让所得适用比例税率，税率为百分之二十。《个人所得税法实施条例》（2011 年修订）规定，股权转让所得属于财产转让所得；财产转让所得，按照一次转让财产的收入额减除财产原值和合理费用后的余额，计算纳税。67 号公告规定，个人转让股权，以股权转让收入减除股权原值和合理费用后的余额为应纳税所得额，按“财产转让所得”缴纳个人所得税；股权转让收入应当按照公平交易原则确定；存在申报的股权转让收入明显偏低且无正当理由等情形的，主管税务机关可以核定收入。② 该案中，股权交易的标的是 31 位股东等比例转让 M 公司

① 参见江苏省宿迁市宿城区人民法院行政判决书，（2018）苏 1302 行初 191 号。

② 参见《个人所得税法》（2011 年修正）第二条第九项、第六条第一款第五项、第三条第五项；《个人所得税法实施条例》（2011 年修订）第八条第一款第九项、第二十二条；67 号公告第四条、第十条、第十一条。

10%股权，总收入额为40,000,000元；其中，甲等比例转让10%股权，收入额为130,700元，股权原值为50,000元，合理费用（缴纳的印花税）652.60元，且不存在被税务机关核定股权转让收入的情形。因此，甲应纳税所得额为130,700 - 50,000 - 652.60 = 80,047.40元，应纳个人所得税额为80,047.40×20% =16,009.48元。

3. 退税申请权行使的正当性。《税收征收管理法》（2015年修正）第五十一条规定，“纳税人超过应纳税额缴纳的税款，税务机关发现后应当立即退还；纳税人自结算缴纳税款之日起三年内发现的，可以向税务机关要求退还多缴的税款并加算银行同期存款利息，税务机关及时查实后应当立即退还；涉及从国库中退库的，依照法律、行政法规有关国库管理的规定退还”。《税收征收管理法实施细则》（2016年修订）第七十八条第一款规定，“税务机关发现纳税人多缴税款的，应当自发现之日起10日内办理退还手续；纳税人发现多缴税款，要求退还的，税务机关应当自接到纳税人退还申请之日起30日内查实并办理退还手续”。上述规定，是纳税人行使退税申请权和税务机关履行退税义务的法律依据。该案中，股权转让补充协议签订前，甲缴纳个人所得税203,651.02元，股权转让协议签订后确定的交易标的为等比例M公司10%股权，股权转让价款为130,700元，应纳个人所得税额16,009.48元，多缴的金额为130,700 - 16,009.48 = 187,641.54元。对于多缴的金额，甲依法有权请求税务机关退还，税务机关发现后应当依法退还。

4. A市税务机关辩解理由能否成立。A市税务机关的辩解第一个理由，是在股权转让补充协议签订前N公司对甲已累计付款88.50万元，占原约定交易价款的67%。法院在判决书中指出，股权转让补充协议签订前N公司对甲已累计付款88.50万元，这只是合同履行过程中阶段性支付款项，并不是股权转让价格。换句话说，甲收到的该88.50万元并不是最终确定的股权转让价款，不是税法规定的股权转让收入额。A市税务机关的辩解第二个理由，是原价退还 41% 股权不符合国税函〔2005〕130 号文[①]第二条规定的情形。实务中，部分税务执法人员的确把国税函〔2005〕130 号文奉为圭臬，凡符合该文件第二条规定情形的，可以退税，否则不得退税。笔者认为，这种做法欠妥。首先，国税函〔2005〕130 号文是对个案的批复，是否具有普遍适用的效力存疑；其次，该文在逻辑上不能自洽，比如第二条规定了“执行仲裁委员会作出的解除股权转让合同及补充协议的裁决”可以不缴纳个人所得税，那么，如果是“执行人民法院作出的解除股权转让合同及补充协议的判决、裁定、调解书”是否可以不缴纳个人所得税？再次，该文作出的规定本身缺乏法律依据，文中多次提到依据“个人所得税法和征管法的有关规定”，但并未指明这个“有关”到底是哪一个条文，实务工作者研读《个人所得税法》和《税收征收管理法》，也难对上榫卯；最后，对合同解除的法律后果进行认定属于民法规定的范畴，税务机关通过规范性文件对合同解除的后果作出认定，有超越职权之嫌。法院在该案判决书中并没有对 A 市税务局第二个辩解理由作出直接回应。显然，判决书以不作直接回应的方式，一方面否定了 A 市税务局的辩解，另一方面也避开了对国税函〔2005〕130 号效力的评价。因此 A 市税务局两个辩解理由均不成立。

合同依法被撤销或者解除，可能会导致征税对象和计税依据不复存在，对于纳税人已申报缴纳的税款，税务机关有义务予以退还。合同被部分撤销或者部分解除，会导致征税对象和计税依据部分不复存在，对于部分不复存在的计税依据之下纳税人已申报缴纳的税款，税务机关有义务予以退还。合同变更，可能会导致合同价款发生增减变化，从而引起计税依据发生增减变

---

① 国家税务总局《关于纳税人收回转让的股权征收个人所得税问题的批复》（国税函〔2005〕130 号）规定：“四川省地方税务局：你局《关于纳税人收回转让的股权是否退还已纳个人所得税问题的请示》（川地税发〔2004〕126 号）收悉。经研究，现批复如下：一、根据《中华人民共和国个人所得税法》（以下简称个人所得税法）及其实施条例和《中华人民共和国税收征收管理法》（以下简称征管法）的有关规定，股权转让合同履行完毕、股权已作变更登记，且所得已经实现的，转让人取得的股权转让收入应当依法缴纳个人所得税。转让行为结束后，当事人双方签订并执行解除原股权转让合同、退回股权的协议，是另一次股权转让行为，对前次转让行为征收的个人所得税款不予退回。二、股权转让合同未履行完毕，因执行仲裁委员会作出的解除股权转让合同及补充协议的裁决、停止执行原股权转让合同，并原价收回已转让股权的，由于其股权转让行为尚未完成、收入未完全实现，随着股权转让关系的解除，股权收益不复存在，根据个人所得税法和征管法的有关规定，以及从行政行为合理性原则出发，纳税人不应缴纳个人所得税。”

化。导致计税依据增加的，纳税人应当补缴税款；导致计税依据减少的，税务机关有义务退还纳税人多缴的税款。

24. 异常凭证税前扣除“没有合同”的处理

《民法典》第四百六十四条第一款规定，“合同是民事主体之间设立、变更、终止民事法律关系的协议”。第四百六十九条第一款规定，“当事人订立合同，可以采用书面形式、口头形式或者其他形式”。税法没有对合同以及合同的形式作出专门的规定。根据税法依赖性原理，税法上所称的合同与民法上所称的合同是同一个概念。在税收实务中，时常存在把税法上的合同与民法上的合同区别对待的情形，并由此引发争议。

【案情简述】2020 年×月，甲公司收到主管税务机关送达的税务事项通知书。税务事项通知书记载，甲公司取得的 36 份发票被纳入异常凭证范围，请甲公司根据实际情况进行处理：（1）经自行判断不属于企业所得税税前扣除凭证的，进行纳税调增并补缴企业所得税款；（2）按规定补开、换开符合规定的发票；（3）因特殊原因无法补开、换开发票的，提供相关证明材料，证明支出的真实性。收到上述税务事项通知书后，甲公司经检查发现，该 36 份发票是在 2016 年至 2017 年其购买工业用煤所取得的发票，该业务以及支出都是真实的。证明该业务真实性的材料有：接收工业用煤的磅码单、验收单、入库单、支付货款的银行凭单、记账凭证等，但是，当初与卖方签订的合同找不到。与卖方联系，卖方企业人员不知去向，卖方已被税务机关列为失联企业。换开发票已不可能，唯有证明业务及支出的真实性，方可免于补缴企业所得税并加收滞纳金。问题是与卖方签订的合同找不到，因为缺失该证据，税务机关根据相关税收规范性文件，认为尚不足以证明业务及支出的真实性。企业经测算发现，如果证明业务及支出的真实性的资料不被税务机关认可，需补缴的企业所得税及滞纳金约 230 万元。为此，甲公司向笔者团队咨询。

笔者团队审查了甲公司提供的全部资料，向采购人员和财务人员了解了相关情况，在此基础上，提出以下意见。

1. 甲公司与卖方之间存在买卖合同关系。《民法典》第五百九十五条规定，“买卖合同是出卖人转移标的物的所有权于买受人，买受人支付价款的合同”。甲公司是工业制造企业，工业煤炭是其生产过程中必需消耗的原材料。案涉工业煤炭有磅码单、验收单、入库单，证明其已收到卖方提供的工业煤炭。甲公司向卖方银行对公账户汇款的银行凭单，证明其已向卖方支付了货款。此外，不存在资金回流等异常现象。据此可以证明，甲公司与卖方所进行的交易符合《民法典》关于买卖合同的规定，双方建立了真实的买卖合同关系。

2. 甲公司已经按照税收规范性文件规定证实了支出的真实性。国家税务总局《关于发布〈企业所得税税前扣除凭证管理办法〉的公告》（国家税务总局公告 2018 年第 28 号，以下简称 28 号公告）第十四条列举了可以证实支出真实性的六种资料。[①] 第一种资料已无须甲公司提供，因为卖方已被税务机关列入非正常户。第三种至第六种，甲公司均可提供。关于第二种“相关业务活动的合同或者协议”，甲公司虽然与卖方签订的书面合同已无法找回，但其实际上已经提供了“相关业务活动的合同或者协议”。因为甲公司提供的第三种至第六种资料以及其他相关事实，均已证明甲公司与卖方之间存在买卖合同关系。《民法典》第四百六十九条第一款规定，当事人订立合同，可以采用书面形式、口头形式或者其他形式。第三种至第六种资料综合起来，就是“相关业务活动的合同或者协议”的证明资料，这些资料可推定双方订立了《民法典》第四百六十九条第一款规定的“其他形式”的买卖合同。[②] 所以，甲公司提供的资料已经齐备 28 号公告列举的六种资料。

---

① 28 号公告第十四条第一款规定：“企业在补开、换开发票、其他外部凭证过程中，因对方注销、撤销、依法被吊销营业执照、被税务机关认定为非正常户等特殊原因无法补开、换开发票、其他外部凭证的，可凭以下资料证实支出真实性后，其支出允许税前扣除：（一）无法补开、换开发票、其他外部凭证原因的证明资料（包括工商注销、机构撤销、列入非正常经营户、破产公告等证明资料）；（二）相关业务活动的合同或者协议；（三）采用非现金方式支付的付款凭证；（四）货物运输的证明资料；（五）货物入库、出库内部凭证；（六）企业会计核算记录以及其他资料。”该条第二款：“前款第一项至第三项为必备资料。”

② 参见王利明主编：《中国民法典释评 · 合同编 · 通则》，中国人民大学出版社 2020 年版，第 51 – 52 页。

3. 僵硬地执行28号公告违反法不溯及既往原则。28号公告发布于2018年6月，而案涉甲公司购买工业煤炭业务发生在2016年到2017年间。依照法不溯及既往原则，28号公告并不适用于其发布前甲公司已发生的业务。28号公告出台前，相关法律法规以及税收规范性文件均没有把“相关业务活动的合同或者协议”列为证明业务和支出真实性的资料。甲公司在案涉业务发生时，只需按《企业所得税法》及其实施条例规定，有充分证据证明其业务和支出的真实性，即可税前扣除。换句话说，“书面”合同或者协议并不是证明业务和支出真实性的必备资料。如果税务机关僵硬地认为，28号公告第十四条第一款第二项规定的“相关业务活动的合同或者协议”只应当是书面形式的，而不可以是口头形式或者其他形式的，则这种解释对甲公司极为不利，违反了法不溯及既往的法律适用原则。

为此，建议甲公司积极与税务机关沟通，积极举证，证明业务及支付的真实性，避免被纳税调增而补缴企业所得税且加收滞纳金。

该案争议发生时，甲公司人员和税务机关工作人员都误认为，28号公告第十四条第一款第二项规定的“相关业务活动的合同或者协议”是盖着红印章的书面的（纸质的）合同书。这是对合同的实质以及合同形式的错误认识。民法上的合同，就其实质而言，是民事主体在交易前“讲好交易怎么做”。“讲好交易怎么做”可以是口头讲好的，也可以是把口头讲好的记录下来做成书面形式的，也可以是其他形式的。无论哪种形式，只要可以证明“当初”“讲好交易怎么做”，便可以证明订立了合同。在某些情形下，基于交易的安全性，当事人会选择订立书面形式的合同，法律、行政法规也可能会规定当事人订立书面形式的合同。合同属于私法范畴，规定合同的内容和形式是民法的任务。在税务领域，对合同的解释应当遵从民法规定。从这个意义上讲，税法上的合同与民法上的合同是一回事。另外，该案例的分析方法中，对28号公告“相关业务活动的合同或者协议”的解释体现税法的依赖性，而提及的另一个的“法不溯及既往”的观点，体现税法的公法性。

25. 城镇土地使用税纳税义务发生时间的认定

《城镇土地使用税暂行条例》明确了城镇土地使用税税款缴纳时间,[①] 而没有规定纳税义务发生时间。为弥补立法缺陷，财政部、国家税务总局于2006年12月25日发布《关于房产税、城镇土地使用税有关政策的通知》(财税〔2006〕186号，以下简称186号文)，对城镇土地使用税纳税义务发生时间予以明确。186号文第二条第一款规定，“以出让或转让方式有偿取得土地使用权的，应由受让方从合同约定交付土地时间的次月起缴纳城镇土地使用税；合同未约定交付土地时间的，由受让方从合同签订的次月起缴纳城镇土地使用税”。这一规定，在实务中引起了极大争议。下面以一件税务司法案件为例，探析在国有土地出让情形下，如何以民法物权制度为基础确定城镇土地使用税纳税义务发生的时间。[②] 同时，对于186号文的效力进行评析。

【案情简述】2017年8月，M税务稽查局对甲公司作出《税务处理决定书》，认定甲公司逃避缴纳城镇土地使用税，构成偷税，决定追缴税款11,568,724.55元并加收滞纳金。依据的事实有，2007年10月16日，甲公司与S市国土部门签订土地出让合同，约定将三幅国有土地使用权出让给甲公司，土地用途为物流仓储用地，出让期间为50年，交付土地时间为2007年10月17日，终止日期为2057年11月16日；2007年12月甲公司取得国有土地使用权证，证载用地起始日期和终止日期与出让合同约定的土地交付日期与终止日期相同。2010年12月，甲公司与当地政府土地储备中心签订收购甲公司综合物流用地合同，土地储备中心按合同约定向甲公司支付款项收回土地，并注销土地使用权证；另查明，2008年1月至2009年12月，甲公司曾以土地使用权为抵押，向某银行贷款。受让该幅土地后至土地被收储期间，甲公司没有申报缴纳城镇土地使用税。作出处理决定的法律依据有《税

---

① 《城镇土地使用税暂行条例》第八条规定：“土地使用税按年计算、分期缴纳。缴纳期限由省、自治区、直辖市人民政府确定。”这是关于土地使用税税款缴纳时间的规定。

② 民事主体取得土地使用权而“使用”土地的情形很多。本节仅讨论最常见的一种情形，即在国有土地出让情形下，如何确定城镇土地使用税纳税义务发生时间。

收征收管理法》《城镇土地使用税暂行条例》以及186号文等。甲公司不服，申请行政复议。甲公司认为，其城镇土地使用税纳税义务没有发生，因而不构成偷税。理由是：其一，甲公司没有实际使用受让土地。土地出让合同约定了土地交付时间，但是签订土地出让合同后，国土部门一直没有履行交付手续，有附近村民在受让土地内种菜、养鱼，甲公司一直不能正常使用受让土地。其二，186号文与上位法抵触而无效。《城镇土地使用税暂行条例》第三条规定，"土地使用税以纳税人实际占用的土地面积为计税依据，依照规定税额计算征收"。土地出让合同的签订，并不意味着纳税人可以实际使用该土地。所以，186号文规定的"从合同约定交付土地时间的次月"或者"从合同签订的次月"缴纳城镇土地使用税，因与《城镇土地使用税暂行条例》第三条规定相抵触而无效。复议机关没有采纳甲公司意见，驳回其复议请求。甲公司诉至法院，法院经依法审理认为，M税务稽查局作出《税务处理决定书》事实清楚、证据充分、程序合法、适用法律正确，判驳回甲公司诉讼请求。案件事实，双方辩驳，法院论理，可参见后附判决书节选。

该案的核心问题是甲公司签订土地使用权出让合同受让该幅土地使用权后，其土地使用税纳税义务发生时间如何确定？分析如下。

第一，关于受让土地使用权的法律性质。依照我国法律规定，所有的农村土地、城市土地及城市郊区的土地属于国家所有。民事主体可以在国家所有的土地上设立建设用地使用权。设立建设用地使用权，一般采用签订建设用地使用权出让合同方式。合同签订后，依据合同约定缴纳出让金等费用，向不动产登记机构申请登记，建设用地使用权自登记时设立。登记机构应当向建设用地使用权人发放建设用地使用权证书。① 该案中，甲公司与国土部门签订了土地使用权出让合同，并取得了相应的土地使用权证。因此，甲公司受让土地使用权的法律性质是其已在该幅土地上依法设立建设用地使用权。

第二，关于受让土地之"使用"。建设用地使用权属于用益物权，用益物权之"使用"，在物权法上涉及物的利用。物的利用，主要体现在以下两个方面。一是利用他人财产之使用价值，比如，在他人所有的土地上建造建

① 本节论述所依据的物权法律制度，参见2007年3月16日全国人大通过的《物权法》，《民法典》生效后，参见《民法典》之"物权编"。

筑物，用建造的建筑物作为住宅自用、对外出售、从事生产经营或者出租。二是利用他人财产之交换价值，比如，在他人财产之上设定抵押权，为权利人或为其他人提供担保，以取得银行贷款等商业利益，或者依法将建设用地使用权予以处分，获得商业利益。[①] 该案中，甲公司在取得建设用地使用权后，在该权利设定抵押权，以获得银行贷款，证明其已经行使对于该幅土地的用益物权，这种对用益物权的行使，是其"实际使用"该幅土地的表现。另外，甲公司与政府土地储备中心签订合同，将土地交回国家，并取得收益，也是其"实际使用"该幅土地（交换价值）的表现。

第三，关于受让土地"使用"期间。用益物权属于不动产物权。用益物权人对于他人所有的不动产，依法享有占有、使用和收益的权利。甲公司作为用益物权人，自物权生效之日起即享有独占性、排他性的物权，可以依法占有和使用该幅土地。依照我国法律规定，不动产物权的设立、变更、转让和消灭，经依法登记发生效力。该案中，甲公司取得了不动产登记机构发放的土地使用证，证明其建设用地使用权已登记于不动产登记簿上。证载土地使用起始日 2007 年 10 月 17 日可推定为登记之日。因此，甲公司从 2007 年 10 月 17 日起，即享有独占性、排他性的物权权利，可以依法占有、使用土地，这种权利终止于土地收储后土地使用证注销之日（在不动产登记簿上被涂销之日）。依照物权法定原则，建设用地使用权生效后，权利人即具有占有、使用和收益的权利。如果其权利受到侵害，可以请求排除妨碍、恢复原状、赔偿损失等以救济其权利。所以，如果存在附近村民在该幅土地上种菜、养鱼的情形，甲公司可以行使其物上请求权以救济其权利。但是，这种状况不能否定甲公司自 2007 年 10 月 17 日起"实际使用"该幅土地的法律事实。

第四，关于 186 号文的效力。合同是各方当事人对其权利义务安排的意思表示达成一致的协议。当事人与国土部门签订土地使用权出让合同，是取得建设用地使用权的前一个步骤。只有当土地使用权出让合同履行且当事人的建设用地使用权登记于不动产登记簿时，其建设用地使用权方发生法律效力，权利人才拥有对该幅土地"占有、使用和收益"的各项权能。186 号文

---

① 参见最高人民法院民法典贯彻实施工作领导小组主编：《中华人民共和国民法典物权编理解与适用》（上），人民法院出版社 2020 年版，第 20－21 页。

规定的土地使用权出让合同约定的“交付土地时间”或者“合同签订的次月”，并不必然是当事人取得法律上的占有权和使用权的日期，同时，也不必然是当事人实际占有或者使用的日期。从《城镇土地使用税暂行条例》第二条第一款可以看出，城镇土地使用税的缴纳以“使用土地”为前提。[①] 第三条第一款规定纳税人以“实际占用”的土地面积为计税依据。此处“占用”即“占有、使用”。如果没有“实际占有、使用”，则不存在“计税依据”，也不发生纳税义务。由此可见，186 号文关于土地使用税纳税义务发生时间的规定，与上位法《城镇土地使用税暂行条例》第一条和第三条立法精神相抵触而无效。

综上所述，186 号文关于土地使用税纳税义务发生时间的规定与上位法立法精神抵触而无效。甲公司在与国土部门签订土地使用权出让合同后取得土地使用权证，证明其已经在土地使用权证记载的土地使用起始日取得国有建设用地使用权，从该日起，甲公司即拥有对该幅土地的“占有权、使用权和收益权”等权能，从该日起，其已“实际占用”该幅土地，城镇土地使用税纳税义务已经发生，其应当依法缴纳城镇土地使用税。

对判决书论理部分的评述（后附本案终审行政判决书）。判决书对 186 号文的效力予以认可。判决书在论理部分认为，186 号文规定的是城镇土地使用税的“计税起征点”,[②] 而《城镇土地使用税暂行条例》第三条第一款以及《广东省城镇土地使用税实施细则》第四条规定的是“计税依据”，二者指向对象不同且并不冲突。判决书在推理上存在瑕疵。如果“计税依据”尚不存在，则“计税起征点”失去意义；反过来，规定“计税起征点”的前提，必须存在“计税依据”，没有“计税依据”就不可能有“计税起征点”。判决书将“计税依据”和“计税起征点”二者割裂开来，似乎可以自圆其说。实际上，如果在税法逻辑框架之下，顾及“计税依据”和“计税起征

---

① 《城镇土地使用税暂行条例》第二条第一款规定：“在城市、县城、建制镇、工矿区范围内使用土地的单位和个人，为城镇土地使用税（以下简称土地使用税）的纳税人，应当依照本条例的规定缴纳土地使用税。”

② 判决书所使用的“起征点”，并不是税法上的规范用语。税法上的规范用语是“纳税义务发生时间”。此处为了表述方便，姑且使用判决书“起征点”用语。但读者应当明白，此处“起征点”的实际含义应当是税法上的课税要素之一，即“纳税义务发生时间”。

点”的内在联系，判决书的观点殊难成立。假如能以税法的依赖性为法理基础，从民法物权制度推导出上诉人从2007年10月17日起已“实际使用”该土地，则更能令人信服。

附：行政判决书（部分节选）[①]

××××××中级人民法院
行政判决书

（2018）××行终×××号

上诉人（原审原告）：甲公司

被上诉人（原审被告）：M税务稽查局

被上诉人（原审被告）：M税务局

上诉人甲公司因诉被上诉人M税务稽查局税务处理、被上诉人M税务局行政复议纠纷一案，不服×××人民法院（2018）×××行初×号行政判决，向本院提起上诉。本院依法组成合议庭，对本案进行了审理，现已审理终结。

原审法院审理查明：（略）

原审法院认为：……M税务稽查局作出的×××号《税务处理决定书》及M税务局作出的×××《行政复议决定书》所认定的事实清楚、证据充分、程序合法、适用法律正确，法院予以支持。甲公司的诉请，没有事实和法律依据，法院不予支持，应予驳回。依照《中华人民共和国行政诉讼法》第六十九条之规定，判决如下：驳回甲公司的诉讼请求；案件受理费50元，由甲公司承担。

甲公司上诉称：一、一审法院违背税收法定原则，对税法明确规定对“实际占有土地”征收土地使用税的条款错误理解。1.《中华人民共和国城镇土地使用税暂行条例》第三条，《广东省城镇土地使用税实施细则》第四

---

① 参见广东省佛山市中级人民法院行政判决书，（2018）粤06行终557号。

条，对征税范围明确规定是“实际占有土地面积”。2. 一审法院认为上述规定仅是计税依据不是起征点，属于理解错误。3. 一审判决认定财税〔2006〕186 号通知合法的理由，违背常识、公理和公义。国家的土地没有交付，因此上诉人无纳税义务。4. 一审裁定依据引用财税〔2006〕186 号通知不合法。财税〔2006〕186 号通知规定，不论政府是否交付土地，只要签订了土地出让合同，就要向受让人征税，明显违反上位法关于对“实际占用土地”征税的规定。政府迟迟无法交地，上诉人无法享有占用、使用、收益、处分的权利，导致其项目不能如期开工。政府也因此推迟上诉人开工时间。财税〔2006〕186 号通知违背上位法明文规定，增加公民、法人和其他组织义务，减损公民、法人和其他组织合法权益，不合法，不得作为行政行为合法的依据……二、交付土地的时间是判断 M 税务稽查局所作行政决定是否合法的基础事实。1. M 税务稽查局没有查清交付土地的时间，没有全面取证。查清交付土地的时间是 M 税务稽查局、M 税务局依法征税的基础，也是本案判断行政行为是否合法的基础事实。2. 一审法院依申请调取证据说明法院原本是认同“土地使用税是对实际占用土地而征税”……三、涉案《税务处理决定书》确定的征税期间内，原土地承包户仍然在涉案土地上进行农业生产。税务机关对仍然直接用于农业、养殖业生产的土地征税，违反《中华人民共和国城镇土地使用税暂行条例》第六条的规定。四、如果《土地移交确认书》调取不到，交付土地的时间无法查明，则应认定 M 税务稽查局作出的行政决定事实不清……

被上诉人 M 税务稽查局辩称：一、上诉人甲公司自国有土地使用权出让合同约定的土地交付日起已实际使用涉案土地。1. 出让方在出让合同约定的土地交付日已向上诉人实际交付了涉案土地。2. 上诉人于出让合同约定的土地交付日“按现状土地条件”实际接收了涉案土地。3. 上诉人已实际占用涉诉土地并获得巨大经济利益。[①] 二、M 税务稽查局作出的行政行为对上诉人

---

① 此处“辩称”所引述的是以笔者草拟的文字材料为基础并经委托人审核修订后向二审法院提交《行政答辩状》。判决书的引述比较简略。笔者在此处作简要说明：证明国土部门“交付”以及甲公司“实际占用”案涉土地的起始日期的证据，是《土地出让合同》以及土地使用权证；证明甲公司“实际占用”期间获得巨大经济利益的证据，是其以案涉土地使用权设立抵押登记向银行贷款的相关资料以及案涉土地被政府收储使甲公司获益的相关资料。因此，答辩的观点是有真实、合法、有效的证据支持的。

的违法事实认定清楚，证据确凿，适用法律正确……请二审维持原判，驳回上诉人诉讼请求。

被上诉人 M 税务局辩称：（略）

……

本院认为……《中华人民共和国城镇土地使用税暂行条例》第三条规定，土地使用税以纳税人实际占用的土地面积为计税依据，依照规定税额计算征收。财税〔2006〕186 号通知第二点关于有偿取得土地使用权城镇土地使用税纳税义务发生时间问题规定，以出让或转让方式有偿取得土地使用权的，应由受让方从合同约定交付土地时间的次月起缴纳城镇土地使用税；合同未约定交付土地时间的，由受让方从合同签订的次月起缴纳城镇土地使用税。根据以上规定，M 税务稽查局根据涉案三宗土地的土地使用权证、上诉人与×××国土资源局签订《国有土地使用权出让合同》记载的土地面积以及合同约定交付土地的时间，从合同约定交付土地时间的次月起计算上诉人应补缴的税款，有事实及法律依据。M 税务稽查局根据《广东省城镇土地使用税实施细则》……等相关规定确定的计税标准核算上诉人应补缴税款 11,568,724.55 元，计算无误……

上诉人甲公司对税款起征时间提出异议，认为应以上诉人实际占用土地的时间为起征点；财税〔2006〕186 号通知违反上位法，不能作为确定计税起征点的依据；且涉案土地交付上诉人之前属于农业用地，可以免缴税。首先，《中华人民共和国城镇土地使用税暂行条例》第三条，《广东省城镇土地使用税实施细则》第四条均作出规定，土地使用税以纳税人实际占用的土地面积为计税依据。据此，上诉人认为本案应以其实际占用土地的时间为计税起征点。但以上规定的对象是土地使用税的计税依据，解决的是计税土地面积的范围问题，并非对计税起征点的规定。上诉人将计税依据规定中的部分文字摘录理解成计税起征点，系其对行政法规、地方政府规章的错误理解，本院不予支持。其次，财税〔2006〕186 号通知关于“以出让或转让方式有偿取得土地使用权的，应由受让方从合同约定交付土地时间的次月起缴纳城镇土地使用税”的规定与《中华人民共和国城镇土地使用税暂行条例》第三条关于计税依据的规定，两者指向对象不同且并不冲突。该通知为财政部、国家税务总局共同制定的有关明确城镇土地使用税等政策具体操作规范的规范性文件，该两个行政机关有权制定相关规范性文件，且未有任何证据显示该规范性文件关于“以出让或转让方式有偿取得土地使用权的，应由受让方从合同约定交付土地时间的次月起缴纳城镇土地使用税”的规定与上位法不一致，故该通知的以上规定可以作为涉案计税起征点确定的依据……

综上，原审判决驳回上诉人甲公司的诉讼请求正确，本院予以维持。上诉人的上诉主张均理据不足，本院不予支持。依照《中华人民共和国行政诉讼法》第八十九条第一款第一项的规定，判决如下：

驳回上诉，维持原判。

二审诉讼费50元，由上诉人甲公司负担。

本判决为终审判决。

审判长：（略）

审判员：（略）

审判员：（略）

××××年××月××日

书记员：（略）

2018年××月××日

26. 权责发生制在税收实务中的适用问题[①]

权责发生制是我国《企业所得税法》规定的一项确认收入实现与费用发生的时间标准的原则。该原则在税收实务中适用时极易产生争议。发生争议的主要原因是征纳双方对“权责发生”的概念有不同理解。笔者认为，“权责发生”是指民事合同约定的收款权利和付款义务发生的时点。适用“权责

① 本部分曾荣获第三届“华税杯”税法论文大赛暨《中国税务律师评论》（第4卷）征文评选活动三等奖，以《浅议权责发生制在税收实务中的适用——以一起税务争议案件为例》为题刊载于刘天永主编的《中国税务律师评论》（第5卷），法律出版社2018年版。编入本书时略有修改。

发生制”的核心要义在于，除税收法律、法规、规范性文件另有规定外，纳税人“权责发生”的时点应以合同约定为准。以下结合一件税务争议司法案例予以说明。

【案情简述】 1993年12月，南京振宁实业总公司（以下简称振宁公司）与南京土壤仪器厂有限公司（以下简称土壤仪器厂）签订《联营协议书》，约定振宁公司以22亩土地入股与土壤仪器厂联营。2011年双方因土地租赁合同纠纷提起民事诉讼，经南京市中级人民法院调解，双方自愿达成和解协议并由法院制作民事调解书：土壤仪器厂返还《联营协议书》中所涉22亩土地给振宁公司，地上所有构筑物归振宁公司所有；振宁公司补偿土壤仪器厂2600万元，根据腾空及返还情况分三笔给付。嗣后，土壤仪器厂于2011年收到搬迁补偿款570万元、于2012年收到200万元，以上770万元均计入“其他应付款——搬迁款”科目，款项由孝陵卫办事处代垫。南京市地方税务局稽查局（以下简称稽查局）于2014年10月21日起对土壤仪器厂2011年1月1日至2013年12月31日涉税情况进行检查，于2015年12月3日作出宁地税稽重审补字（2015）2号税务处理决定书，认为土壤仪器厂取得的两笔款项共770万元应当依据《企业所得税法》于取得款项时确认收入，并申报缴纳企业所得税，而土壤仪器厂计入“其他应付款——搬迁款”科目，没有申报缴纳企业所得税，违反《企业所得税法》规定，因此作出土壤仪器厂补缴税款的决定。土壤仪器厂不服，申请税务行政复议，复议机关南京市地方税务局（以下简称市地税局）维持了稽查局税务处理决定。土壤仪器厂不服，向南京市秦淮区人民法院提起税务行政诉讼，请求撤销稽查局作出的宁地税稽重审补字（2015）2号税务处理决定书以及市地税局的复议决定。

一审法院经审理认为，《企业所得税法实施条例》第九条规定，“企业应纳税所得额的计算，以权责发生制为原则，属于当期的收入和费用，不论款项是否收付，均作为当期的收入和费用；不属于当期的收入和费用，即使款项已经在当期收付，均不作为当期的收入和费用”。土壤仪器厂取得了由孝陵卫办事处代振宁公司垫付的770万元，但该款项的取得与南京市中级人民法院制作的民事调解书约定的付款进度并不完全一致，且由于该调解书中约定的承租户占有的房屋及土地的返还等并未履行，再结合孝陵卫办事处出具的情况说明等证据，该770万元款项应当是预付给土壤仪器厂的搬迁费用，不应被确认收入并缴纳企业所得税。稽查局作出的宁地税稽重审补字（2015）第2号税务处理决定书及市地税局作出的复议决定，认定事实错误，适用法律不当，应予撤销。一审法院作出撤销判决。稽查局和市地税局不服一审判决，上诉至南京市中级人民法院。

稽查局上诉称：依照税法规定，本案的收入确认应符合权责发生制原则。土壤仪器厂取得的770万元是基于合同取得的补偿款，不是预付给土壤仪器厂的搬迁费用，属于《企业所得税法》第六条规定的“其他收入”，应当在取得时计入当年度企业所得税收入总额，尚未实际发生的异地安置费用应在实际发生年度依法在税前扣除。上诉人作出的宁地税稽重审补字（2015）2号税务处理决定书认定事实清楚，证据确凿，适用法律、法规正确，一审判决认定事实与适用法律错误，应当撤销。二审法院另查明的事实有，根据南京市中级人民法院制作的民事调解书确定的内容，补偿款总计2600万元，返还土地总面积约11,568平方米。土壤仪器厂与孝陵卫办事处在2011年、2012年分别进行6次交接，孝陵卫办事处代振宁公司共计垫付770万元，约占应付补偿款总额的29.6%；已返还并交接土地面积约1121平方米，约占应返还土地总面积的9.69%。二审法院认为，结合《企业所得税法实施条例》第九条规定，企业应纳税所得额的计算，以权责发生制为原则；以权利是否实现，义务是否履行，作为判断收入和费用的确认时间标准。本案中，根据南京市中级人民法院制作的民事调解书确定的内容，双方当事人系按照交房进度支付相应款项，孝陵卫办事处代振宁公司向土壤仪器厂垫付的每一笔款项均以土地、构筑物返还为前提，土壤仪器厂在取得相应款项前，已将自己占有房屋腾空移交，同时清理了承租户租用的房屋并移交。对振宁公司，土壤仪器厂已完成了调解书约定的相应义务，土壤仪器厂实际享有了收取相应款项的权利，且款项已于相应年度实际入账。一审法院鉴于款项收付比例与房屋交付面积不完全对应，进而排除权责发生制的适用，确认孝陵卫办事处预付给土壤仪器厂搬迁费用不应被确认为收入并缴纳企业所得税不当，应予纠正。判决：撤销一审判决，驳回土壤仪器厂的诉讼请求。①

上述案例中，稽查局作出的由土壤仪器厂补缴税款的决定，一审法院作

① 参见江苏省南京市中级人民法院行政判决书，（2016）苏01行终776号。

出撤销稽查局税务处理决定的判决，二审法院撤销一审法院的判决，其主要依据都是权责发生制。同样的案件事实，同样适用权责发生制，对于土壤仪器厂取得的770万元应于何时确认收入，税务机关、一审法院、二审法院给出了不同的理由，得出了不同的结论。笔者拟从五个方面简要阐述权责发生制在税收实务中的理解与适用。

一、企业所得税制下的权责发生制

税法上的权责发生制借用了会计制度的权责发生制。企业所得税是国家作为利益相关方对企业每个纳税年度期间的经营成果课征的一种税。会计核算的经营成果表现为一个会计年度期间的税前利润。企业所得税应纳税所得额可以理解为按照税法口径对会计利润进行纳税调整后的结果。企业所得税制度建立于现代会计制度之上。这种情况决定了企业所得税制度在一定程度上会借用会计制度。权责发生制是会计确认、计量和报告的基础，被借用到企业所得税法上成为确认收入实现与费用发生的时间标准的一项原则。①

权责发生制中的“权”“责”来源于合同。在商业活动中，合同是确定当事人权利义务的基本依据。权责发生制中的“权”“责”，其来源也无外乎合同或者合同性质的各种文件。不同的是，合同中的权利与义务，在民商法领域，其法律属性更强；权责发生制中的“权”“责”，在税法领域，其经济属性更为明显。另外，在合同法上，“责”一般指违反合同的法律责任，与合同一方违约紧密相连。而权责发生制中的“权”“责”相当于《合同法》上的“债权”“债务”，即权责发生制中的“责”，与合同法上的“债务”相关，而与违约行为不相关。②

权责发生制所强调的，不是“权”“责”本身的内容，而是确认“权”“责”发生的时点，③ 即确认收入实现与费用发生的时间标准。《企业所得税法实施条例》第九条规定，“企业应纳税所得额的计算，以权责发生制为原则，属于当期的收入和费用，不论款项是否收付，均作为当期收入和费用；

① 2017年7月5日，财政部公布了新修订的《企业会计准则第14号——收入》，本部分未考虑该新修订的会计准则对税法可能产生的影响。

② 参见王利明、崔建远：《合同法新论·总则》（修订版），中国政法大学出版社2000年版，第25-27页。

③ 本节中所述确认“权”“责”发生的时点，即确认收入实现与费用发生的时间标准。

不属于当期的收入和费用，即使款项已经在当期收付，均不作为当期的收入和费用。本条例和国务院财政、税务主管部门另有规定的除外”。从本条规定可见，《企业所得税法》上的权责发生制是确定收入与费用是否归入“当期”的重要原则。权责发生制与收付实现制相对应，后者是以款项实际收付的时间为标准确认收入实现与费用发生。按照税法规定，只有在极例外的几种情形下，适用收付实现制。

二、确认“权”“责”发生时点的两种模式

“权”“责”来源于合同。合同对于债务履行期限一般都有明确约定。债务履行期限届至，债权人享有请求债务人履行给付行为的权利，债务人承担向债权人履行给付行为的义务。可否以合同约定的履行期限，作为判断“权”“责”发生的时间标准？实际上，税法规定了权责发生制下两种确认“权”“责”发生时点的模式。一种模式是遵从合同约定的履行期限，另一种模式是不遵从合同约定的履行期限，分述如下。

1. 遵从合同约定的履行期限。以合同约定的履行期限是否届至作为确认“权”“责”发生的时点，主要体现在位阶较高的税收法律或者行政法规之中。如《企业所得税法实施条例》第十八条第二款规定，“利息收入，按照合同约定的债务人应付利息的日期确认收入的实现”；第十九条第二款规定，“租金收入，按照合同约定的承租人应付租金的日期确认收入的实现”；第二十条第二款规定，“特许权使用费收入，按照合同约定的特许权使用人应付特许权使用费的日期确认收入的实现”；第二十三条第一项规定，“以分期收款方式销售货物的，按照合同约定的收款日期确认收入的实现”。

2. 不遵从合同约定的履行期限。不以合同约定的履行期限是否届至作为确认“权”“责”发生的时点，主要体现在位阶较低的规范性文件中。归纳起来，大致有以下情形：

（1）以标的物权属变动的时点为标准。例如国家税务总局《关于贯彻落实企业所得税法若干税收问题的通知》（国税函〔2010〕79 号）第三条规定，“企业转让股权收入，应于转让协议生效、且完成股权变更手续时，确认收入的实现”。在登记部门完成股权变更登记手续，产生权利变动的公示公信效力。该条规定，以股权权属变动的时间作为转让方确认股权转让收入的时点。

又如国家税务总局《关于确认企业所得税收入若干问题的通知》（国税函〔2008〕875号）第一条第一款第二项规定，销售商品满足第一项规定的四个条件的,[①] 按以下规定确认收入实现的时间：①销售商品采用托收承付方式的，在办妥托收手续时确认收入。②销售商品采用预收款方式的，在发出商品时确认收入。③销售商品需要安装和检验的，在购买方接受商品以及安装和检验完毕时确认收入。如果安装程序比较简单，可在发出商品时确认收入。④销售商品采用支付手续费方式委托代销的，在收到代销清单时确认收入。

我国《物权法》第二十三条（已失效，现为《民法典》第二百二十四条）规定，动产物权转让自交付时发生效力，但法律另有规定的除外。国税函〔2008〕875号文第一条第一款第二项所规定的是销售商品的四种交付方式。从语义理解，该项所规定的销售商品属于有形动产。因此，将国税函〔2008〕875号文第一条第一款的第一项和第二项结合起来，从民法角度看，该条规定了卖方将销售商品的所有权全部权能（占有、使用、收益以及处分)[②] 转移给买方之时，卖方应当确认收入。

（2）以一个纳税期内提供劳务或者支付成本的比例为标准。如《企业所得税法实施条例》第二十三条第二款规定，“企业受托加工制造大型机械设备、船舶、飞机，以及从事建筑、安装、装配工程业务或者提供其他劳务等，持续时间超过12个月的，按照纳税年度内完工进度或者完成的工作量确认收入的实现”。又如国税函〔2008〕875号文第二条规定，企业在各个纳税期末，提供劳务交易的结果能够可靠估计的，应采用完工进度（完工百分比）法确认提供劳务收入。

（3）以付款义务人作出给付承诺的期限为标准。如国税函〔2010〕79号文第四条第一款规定，“企业权益性投资取得股息、红利等收入，应以被投资企业股东会或股东大会作出利润分配或转股决定的日期，确认收入的

---

① 该文第一条第一款第一项规定的四个条件：（1）商品销售合同已经签订，企业已将商品所有权相关的主要风险和报酬转移给购货方；（2）企业对已售出的商品既没有保留通常与所有权相联系的继续管理权，也没有实施有效控制；（3）收入的金额能够可靠地计量；（4）已发生或将发生的销售方的成本能够可靠地核算。

② 参见王泽鉴：《民法概要》（第2版），北京大学出版社2011年版，第390页。

实现”。

（4）以纳税期内收入与费用配比原则为标准。如国税函〔2010〕79 号文第一条第一款规定，“根据《实施条例》第十九条的规定，企业提供固定资产、包装物或者其他有形资产的使用权取得的租金收入，应按交易合同或协议规定的承租人应付租金的日期确认收入的实现。其中，如果交易合同或协议中规定租赁期限跨年度，且租金提前一次性支付的，根据《实施条例》第九条规定的收入与费用配比原则，出租人可对上述已确认的收入，在租赁期内，分期均匀计入相关年度收入”。实际上，如前所述，按照提供劳务或者支付成本的比例确认收入的实现，实际上也体现了收入与费用配比原则。

综上，权责发生制下确认“权”“责”发生时点有两种模式，一种是遵从合同约定的履行期限，另一种是不遵从合同约定的履行期限。[①] 为什么不以合同约定的债务履行期限是否届至作为确认“权”“责”发生的时点？主要原因有两点。一是与会计准则趋同。企业会计准则在权责发生制下对销售商品、提供劳务等交易在确认收入的时间标准上有具体规定，《企业所得税法》借用了会计准则上的权责发生制，自然对会计准则下权责发生制的具体规定予以借鉴。二是体现了税法上的实质重于形式原则。[②] 税法规定实质重于形式原则，是为保障国家税款及时入库，实现税收的财政目的，避免因为合同当事人之间合同履行期限的约定不当而迟延纳税义务的发生。在这里，民商法崇尚的契约自由与税法遵循的保障税款及时征收之间发生了冲突，这是两个法际之间法律价值和法律所承担的使命的冲突。[③]

三、确认“权”“责”发生时点应遵循的一般思路

合同法与税法之间的法际冲突，形成了权责发生制之下确认“权”“责”发生时点的两种模式。在具体的税收实务中，适用权责发生制时，如何从两种模式中作出取舍？笔者认为，应当按照以下路径作出抉择。首先，将收入

---

① 对于不遵从合同约定的履行期限，本节仅列举了其中的 4 种，并未穷尽规范性文件的全部规定。比如，国税函〔2010〕79 号文还规定，企业发生债务重组，应在债务重组合同或协议生效时确认收入实现；国家税务总局《关于印发〈房地产开发经营业务企业所得税处理〉的通知》（国税发〔2009〕31 号）对房地产开发产品销售收入确认的专门规定；等等。

② 参见国税函〔2008〕875 号文第一条表述的“必须遵循权责发生制原则和实质重于形式原则”。

③ 参见杨小强、叶育金：《合同的税法考量》，山东人民出版社 2007 年版，第 83 页。

归类。将具体交易所对应的收入归入《企业所得税法》第六条以及《企业所得税法实施条例》第二十二条所列举的类别。其次，特别规定优先。看税法及授权的规范性文件对该类收入确认时点有无特别规定，如有特别规定从其规定。再次，如无特别规定则遵从合同。在没有特别规定的情形下，以合同约定的履行期限是否届至作为确认“权”“责”发生的时点。[①] 最后，以实质重于形式原则为补充。如果合同对于履行期限没有约定或者约定不明，则在不损害纳税人合法权益的前提下，在权责发生制原则下兼采实质重于形式原则，比照完工百分比法等方法进行税务处理。

提出以上观点，是基于以下考虑：一是“权”“责”来源于合同。合同是当事人权利与义务的载体，是交易的工具，是纳税义务发生的事实依据。权利义务实际发生的时间标准本应遵从合同约定的期限，以合同为基础确认“权”“责”发生的时点是权责发生制的应有之义。二是行政法规有明确指引。《企业所得税法实施条例》第九条对权责发生制进行了原则性规定，在相关条文具体规定的利息收入、租金收入、特许权使用费收入、分期销售货物收入，应当按照合同约定的期限确认收入的实现。可见，国家从较高位阶的法律层面对适用权责发生制应遵从合同约定作出了一般性指引。三是特别规定优先适用。《企业所得税法实施条例》第九条在规定权责发生制的同时，规定“本条例和国务院财政、税务主管部门另有规定的除外”，即授权国务院财政、税务主管部门对收入实现及费用发生确认的时间标准可以另行规定。据此，财政部或者国家税务总局对于确认收入实现和费用发生的时间标准另有规定的，属于特别规定，有效的特别规定应当优先适用。四是维护纳税人权益，防止公权力滥用。不遵从合同约定的履行期限的模式，在适用权责发生制的同时适用了实质重于形式原则。而实质重于形式原则在国内税收法律中并无相关释义规定，而且各个国家或地区对此原则的法律解释、税法释义、界定远未达成一致性共识，此原则在实务中如果不加限制地使用，极易导致

---

① 高金平先生以案例分析形式，提出这样一个观点，即如果卖方交付销售商品后仍然保留所有权，则不符合国税函〔2008〕875 号文第一条规定的情形，应当按照合同相关约定确认收入实现。参见高金平：《税收疑难案例分析》（第 6 辑），中国财政经济出版社 2016 年版，第 91 - 93 页。

权力滥用，损害纳税人权益。[①] 因此，除非有明确有效的特别规定，实质重于形式原则不应优先适用。五是以实质重于形式原则为补充。如果某种交易所对应的收入类型，税法及规范性文件没有特别规定收入确认的时点，可以看作法律尊重合同当事人自由选择的权利，当事人可以在合意的基础上对合同履行期限即“权”“责”发生时点作出约定。但是，如果当事人在合同中对履行期限没有约定或者约定不明，视为合同当事人自愿放弃选择的权利。税法所关注的是交易行为的经济实质。在此情形下，则可以在适用权责发生制原则的同时兼采实质重于形式原则，将国税函〔2008〕875 号等文件所规定的标的物所有权变动、完工百分比、支付成本的比例作为收入实现的时间标准。

四、案例所涉交易确认收入实现的时间标准应当遵从合同约定

1. 土壤仪器厂取得的 770 万元应当归入“其他收入”。《企业所得税法》第六条规定，“企业以货币形式和非货币形式从各种来源取得的收入，为收入总额。包括：（一）销售货物收入；（二）提供劳务收入；（三）转让财产收入；（四）股息、红利等权益性投资收益；（五）利息收入；（六）租金收入；（七）特许权使用费收入；（八）接受捐赠收入；（九）其他收入”。案例判决书所载明的信息是，“振宁公司于 1993 年 12 月与土壤仪器厂签订《联营协议书》，以 22 亩土地入股与土壤仪器厂联营；2011 年双方因土地租赁合同发生纠纷，2011 年 10 月双方自愿达成协议并由南京市中级人民法院作出民事调解书：土壤仪器厂返还《联营协议书》中所涉及的 22 亩土地给振宁公司，地上建筑物归振宁公司所有；振宁公司补偿土壤仪器厂 2600 万元，根据腾空及返还情况分三笔给付”。可见，振宁公司以 22 亩土地投资入股双方联营，该 22 亩土地权属没有发生变动；双方因租赁合同纠纷诉讼，所达成的返还 22 亩土地及地上建筑物的协议，也不涉及土地及地上建筑物权属变动，且双方自愿达成的协议明确记载 2600 万元是补偿款。据此可知，土壤仪器厂依据协议将要收取的 2600 万元，不属于土地使用权及地上建筑物所有权财产转让收入，更不属于销售货物收入、提供劳务收入、股息红利等权益性投资

---

① 参见王建伟：《“实质重于形式”原则在税收执法中的适用探讨》，载税屋网 2016 年 1 月 8 日，http：//www. shui5. cn/article/9f/84523. html。

收益、利息收入、租金收入、特许权使用费收入、接受捐赠收入，而只能归入“其他收入”。

2. 法律法规、规章以及授权的规范性文件没有对“其他收入”确认的时间标准作出特别规定。《企业所得税法》没有对确认“其他收入”的时间标准作出特别规定，《企业所得税法实施条例》第二十二条对“其他收入”进一步细分类，但没有对“其他收入”确认的时间标准作出特别规定。财政部、国家税务总局的部门规章或者规范性文件对于“其他收入”确认的时间标准同样没有作出特别规定。

3. 确认案例“其他收入”实现的时间标准应当遵从合同约定。如前所述，在没有特别规定的情形下，确认收入实现的时间标准，应当遵从合同约定的履行期限。履行期限届至，确认收入实现；履行期限尚未届至，不确认收入实现。案例判决书对于振宁公司与土壤仪器厂之间达成的协议的表述是：土壤仪器厂返还《联营协议书》中所涉及的22亩土地给振宁公司，地上建筑物归振宁公司所有；振宁公司补偿土壤仪器厂2600万元，根据腾空及返还情况分三笔给付。这份协议约定了振宁公司给土壤仪器厂的补偿款分三笔给付，同时为土壤仪器厂的每笔收款设置了所应负担的腾空及返还的义务，即土壤仪器厂完成了第一笔收款所对应的腾空与返还义务，则产生向振宁公司收取第一笔款项的权利，同时确认第一笔“其他收入”的实现；完成了第二笔收款所对应的腾空与返还义务，则产生向振宁公司收取第二笔款项的权利，同时确认第二笔“其他收入”的实现；完成了第三笔收款所对应的腾空与返还义务，则产生收取第三笔款项的权利，同时确认第三笔“其他收入”的实现。

五、对案例中的税务机关和司法机关认定收入实现时间标准的看法

稽查局对土壤仪器厂作出税务处理决定时认为，土壤仪器厂收取的770万元补偿款是根据南京市中级人民法院民事调解书收取的补偿款，是振宁公司对其返还土地及地上建筑物的补偿，土壤仪器厂应当于取得款项时确认收入。后稽查局不服一审判决上诉时称，按照权责发生制原则，土壤仪器厂取得的770万元应当在取得时计入当年度企业所得税收入总额，尚未实际发生的异地安置费用应在实际发生年度依法在税前扣除。实际上，稽查局作出的税务处理决定书以及上诉状中对收入确认和费用扣除时间标准的表述，完全采取了收付实现制原则。

一审判决在适用权责发生制时，对交易双方达成的协议给予较多的关注。一是土壤仪器厂取得的 770 万元与协议约定的付款进度并不一致；二是代振宁公司垫付 770 万元的孝陵卫办事处出具证明，该 770 万元是预付给土壤仪器厂的搬迁费。土壤仪器厂向法院的表述是该 770 万元属于预付款，这与孝陵卫办事处关于款项性质的表述一致。由此可见，土壤仪器厂并没有完成收取第一笔款项对应的其应负担的义务，收取第一笔款项的权利并未产生，虽然其收取了孝陵卫办事处代垫的 770 万元，但这并不符合权责发生制下收入确认的条件，因此该 770 万元应当按预收款处理。笔者认为，一审法院判决的结果是正确的。

二审法院认为，适用权责发生制，以权利是否实现、义务是否履行作为判断收入和费用的确认时间标准，进而认为双方当事人按照交房进度支付相应款项，土壤仪器厂将 770 万元在取得时的相应年度实际入账，应当确认收入，对于搬迁、清理发生的费用，如当期无法计算或未实际发生，亦可于此后相应发生年度于税前扣除。二审法院的这种表述比较混乱，是属于权责发生制还是属于收付实现制，并不清晰，似乎在总体上偏向收付实现制。重要的是，二审法院没有关注交易双方达成的协议中有关三期款项收付的金额以及每期款项对应的义务的内容，抛开合同约定阐述权责发生制，这无异于舍本逐末。

我们假设当事人双方在调解书中有关付款与交付房地的时点没有约定或者约定不明，则可以考虑在不损害纳税人权益的前提下，兼采实质重于形式原则，比照完工百分比法，以交地进度（9.69%）确定收入实现的金额，即补偿金总额 2600 万元 × 交地进度 9.69% = 确认收入 251.94 万元。这便是笔者前文所阐述的以实质重于形式原则为补充的方法。

振宁公司与土壤仪器厂在土地租赁合同纠纷诉讼时所达成的协议（民事调解书）是认定收入实现时间标准的主要依据。但江苏省南京市中级人民法院二审行政判决书［（2016）苏 01 行终 776 号］关于土壤仪器厂与振宁公司达成的协议内容的表述较为简要。振宁公司支付给土壤仪器厂的金额高达 2600 万元，按常理，双方应当对三期支付的款项每笔金额以及每笔金额所对应的土壤仪器厂应负担的义务有清晰而准确的界定，不会以“根据腾空及返还情况分三笔给付”轻轻带过。判决书对协议内容进行如此简单描述，可能真是协议本身的原因，[①] 也可能是因为对协议缺乏应有的重视。就案例情况而言，我们还可以从行政法价值方面作出评价。若法无明文规定，行政机关不得作出对行政相对人权利减损的行为，这是行政法上的一项基本原则。税务机关对纳税人征税乃至作出税务行政处罚，这是对纳税人权利的减损，必须有明确的法律依据。在法律依据不明确或者有多种解释的情况下，应当从纳税人权利保护的角度出发，在不违背法律基本原则的前提下作出对纳税人有利的解释。案例中稽查局的行政行为以及二审法院的判决，在权责发生制的适用上，若从行政法的基本价值来考量，也是值得商榷的。

27. 股权转让意向书签订后正式合同签订前公司净资产增加的处理

以股权收购方式实施的企业重组，各方一般会先签订一个意向书，对股权转让价款及其支付方式、各项工作的节点等基本条款作出安排。从股权转让意向书签订后到正式合同签订前，往往要经过一段时间。这段时间公司正常经营，净资产会发生变化。净资产变化可能会涉及相关税务处理。

【案情简述】 M 公司是一家有资质的小额贷款公司，有甲、乙、丙、丁四位自然人股东和一个法人股东 A 公司，其中四位自然人股东持有 M 公司 70% 股权。2018 年 6 月 25 日，M 公司召开股东会并作出决议，同意四位自然人股东以 M 公司净资产总额作价将各自持有的股权转让给 N 公司，各股东均放弃优先购买权。当日，四位自然人股东分别与 N 公司签订股权转让意向书，以 M 公司净资产总额 220,323,300.68 元为基础，按持股比例计算确定各自股权转让价款，并约定在意向书等获得政府主管部门（某市金融局）批准后签订正式股权转让协议，正式股权转让协议签订时如果 M 公司净资产总额发生变化，股权转让价格仍以意向书约定为准。2018 年 11 月 2 日，在获得政府部门批文后，四位自然人股东分别与 N 公司签订正式股权

① 虽然这种情形不合常理，但也不能排除其可能性。

转让协议，正式股权转让协议约定的股权转让价格与意向书约定相等。当日，M公司净资产总额为231,523,300.81元，即比签订意向书之日增加了11,200,000.13元。N公司作为股权转让价款支付方，以股权转让合同约定的转让价格代扣代缴四位自然人股东应当缴纳的个人所得税。税务机关拟作纳税调整，以2018年11月2日M公司净资产总额231,523,300.81元为基础核定各股东股权转让收入，而四位股东表示应当以实际转让价格确定股权转让收入。

该案意向书签订后至正式合同签订前M公司的净资产总额增加了11,200,000.13元，由此导致正式合同约定的股权转让价格低于合同签订日M公司净资产总额。这种情形符合67号公告规定的“股权转让收入明显偏低”。虽然“股权转让收入明显偏低”，但有正当理由。[①]

首先，意向书约定的价格是意向书签订日的M公司净资产份额，所以意向书约定的价格是合理的，不属于“股权转让收入明显偏低且无正当理由”。其次，在意向书签订后到正式合同签订前的期间，M公司的净资产总额客观上会发生增减变化，而当事人约定正式合同价格以意向书约定的价格为准，不随M公司净资产总额变化而变化，这是合同各方真实意思表示，所以正式合同约定的价格是“按照公平交易原则确定”的。再次，M公司净资产总额发生变化的一个重要原因是政府主管部门的审批时间较长。M公司是小额贷款公司，属于金融机构，其股权转让应当经政府主管部门批准。批准的项目包括股权交易价格、股权交易主体、价款支付方式与期限、控制权和管理权转移等。政府部门批准的程序较为复杂、时间较长（该案为四个多月），其间M公司净资产总额发生较大变动属于正常现象。最后，正式合同约定的价格是政府部门批准的交易价格。政府的公信力为交易价格的真实性作了背书。

---

① 67号公告第十条规定，“股权转让收入应当按照公平交易原则确定”；第十一条规定，“符合下列情形之一的，主管税务机关可以核定股权转让收入：（一）申报的股权转让收入明显偏低且无正当理由的……”；第十二条规定，“符合下列情形之一，视为股权转让收入明显偏低：（一）申报的股权转让收入低于股权对应的净资产份额的……”；第十三条规定，“符合下列条件之一的股权转让收入明显偏低，视为有正当理由：……（四）股权转让双方能够提供有效证据证明其合理性的其他合理情形”。

所以，正式合同约定的股权转让价格低于正式合同签订日的M公司净资产总额，有正当理由，属于67号公告第十三条第四项规定的“股权转让双方能够提供有效证据证明其合理性的其他合理情形”，税务机关不应核定股权转让收入。

综上，股权转让意向书签订后至正式合同签订前，如果其时间跨度较长，标的公司净资产发生增减变化属于正常现象。由此涉及的税务处理，一要关注交易各方的真实意思表示，二要关注股权转让价款确定的合理性。

28. 离婚析产协议的认定

税法对于离婚析产涉及财产所有权的变动有特殊规定。尤其是涉及土地、房屋权属变动的情况，属于离婚析产的不征或者免征税款情形。在实务中，一份协议是否属于离婚析产协议，往往会出现分歧。

【案情简述】案例一：甲男与乙女在法院起诉离婚，双方达成协议后由法院制作《民事调解书》。《民事调解书》记载，夫妻关系存续期间的共同财产由二人自行签订协议分割。两人持法院制作的《民事调解书》和自行签订的《财产分割协议》，处理离婚房产涉税事宜。《财产分割协议》签订日期早于《民事调解书》落款日期。问题：《财产分割协议》是否属于离婚析产协议？

案例二：丙男与丁女协议离婚，双方到婚姻登记部门取得离婚证，并在婚姻登记部门签订《财产分割协议》。《财产分割协议》签订半年后，其中一人后悔，两人再签一份协议，把原协议中归属于丙男的房产变更为一人一半产权。房产一直登记在丙男名下，现两人依据再签订的协议把一半产权变更登记到丁女名下，涉及税务处理问题。问题：再签订的协议是仍属离婚析产协议，还是一方依照原协议取得全部产权后赠与对方一半？

案例一中的《财产分割协议》和案情二中两人再签订的协议，都属于离婚析产协议。离婚析产协议，是夫妻离婚时对夫妻关系存续期间的共同财产予以分割的协议。法律法规没有对离婚析产协议作出强制性规定，因此，只要协议内容是双方真实意思表示，没有违反法律、行政法规强制性规定，不违背公序良俗，均合法有效。①

判断一份协议是不是离婚析产协议，主要关注以下两个方面：一是协议的主体，二是协议的标的。协议的主体应当是两方，即解除婚姻关系的男方和女方；协议的标的指向对婚姻关系存续期间的共同财产的处理。案例一中，甲男和乙女签订的《财产分割协议》早于法院制作的《民事调解书》，这种情形不影响《财产分割协议》属于离婚析产协议的性质认定。案例二中，丙男与丁女中的一人对之前签订的《财产分割协议》后悔，两人再签订协议，把原约定属于丙男一人的房产变更为一人一半产权，这种情形是两人对原协议的变更。对原协议的变更属于民事主体意思自治范畴，② 协议变更不影响变更后的协议仍属于离婚析产协议的性质认定。

29. 按遗嘱继承取得房屋权属缴纳契税的问题

对于税法的解读，应当以准确理解民法相关概念为基础。反过来，如果对民法相关概念理解不准确，可能导致对税法的错误解读。在网络上，有人在解读《契税法》时说，按法定继承取得房屋免征契税，而按遗嘱继承取得房屋要缴契税。这种解读是错误的。正确的解读应当是无论按法定继承取得房屋还是按遗嘱继承取得房屋，都不需要缴纳契税。

《契税法》规定，在我国境内转移土地、房屋权属，承受的单位和个人是纳税人，应当缴纳契税，③ 但在某些情形下可以免征契税，比如法定继承人通过继承承受土地、房屋权属，免征契税。④

---

① 《民法典》第一百四十三条规定，“具备下列条件的民事法律行为有效：（一）行为人具有相应的民事行为能力；（二）意思表示真实；（三）不违反法律、行政法规的强制性规定，不违背公序良俗”。

② 《民法典》第五百四十三条规定，“当事人协商一致，可以变更合同”。

③ 《契税法》第一条规定，“在中华人民共和国境内转移土地、房屋权属，承受的单位和个人为契税的纳税人，应当依照本法规定缴纳契税”。

④ 《契税法》第六条第一款规定，“有下列情形之一的，免征契税：……（五）法定继承人通过继承承受土地、房屋权属……”

什么是法定继承人？《民法典》规定的法定继承人包括以下七种：（1）配偶；（2）子女；（3）父母；（4）兄弟姐妹；（5）祖父母；（6）外祖父母；（7）对公婆尽了主要赡养义务的丧偶儿媳和对岳父母尽了主要赡养义务的丧偶女婿。[①] 什么是法定继承？法定继承又称无遗嘱继承，是在被继承人无遗嘱的情况下按照法律规定的继承人范围、继承人顺序、遗产分配原则等进行的遗产继承方式。[②] 因此，在法定继承方式下，继承人是法律规定的七种法定继承人范围内的一人或者数人。什么是遗嘱继承？遗嘱继承，是指继承人按照被继承人生前所立的合法有效的遗嘱进行继承的一种方式。[③]《民法典》规定，自然人可以立遗嘱将个人财产指定由法定继承人中的一人或者数人继承。[④] 据此规定，可以作为遗嘱继承人的，只能是七种法定继承人范围内的一人或者数人。

由此可见，无论是法定继承还是遗嘱继承，这两种继承方式的继承人都是七种法定继承人范围内的一人或者数人。因此，无论是按照法定继承方式还是遗嘱继承方式承受土地、房屋权属，都属于"法定继承人通过继承承受土地、房屋权属"，都免征契税。

为什么有观点认为按遗嘱继承承受土地、房屋权属不免征契税呢？这是因为把遗嘱继承和遗赠混淆了。遗赠是自然人以遗嘱方式将个人财产的一部分或者全部赠送给国家、集体或者法定继承人以外的组织、个人的一种遗产处理方式。[⑤] 因此，通过遗赠方式取得土地、房屋的主体不是七种法定继承人范围内的一人或者数人，不属于《契税法》规定的免征契税的情形。虽然按遗嘱继承方式和遗赠方式承受遗产的依据都是被继承人的遗嘱，但遗嘱继

---

① 《民法典》第一千一百二十七条第一款规定，"遗产按照下列顺序继承：（一）第一顺序：配偶、子女、父母；（二）第二顺序：兄弟姐妹、祖父母、外祖父母"；第一千一百二十九条规定，"丧偶儿媳对公婆，丧偶女婿对岳父母，尽了主要赡养义务的，作为第一顺序继承人"。

② 参见最高人民法院民法典贯彻实施工作领导小组主编：《中华人民共和国民法典婚姻家庭继承编理解与适用》，人民法院出版社 2020 年版，第 504 页。

③ 参见最高人民法院民法典贯彻实施工作领导小组主编：《中华人民共和国民法典婚姻家庭继承编理解与适用》，人民法院出版社 2020 年版，第 505 页。

④ 《民法典》第一千一百三十三条第二款规定，"自然人可以立遗嘱将个人财产指定由法定继承人中的一人或者数人继承"。

⑤ 《民法典》第一千一百三十三条第三款规定，"自然人可以立遗嘱将个人财产赠与国家、集体或者法定继承人以外的组织、个人"。

承方式下遗产的承受人是法定继承人范围内的一人或者数人，遗赠方式下遗产承受人是法定继承人以外的人。所以，遗嘱继承方式下承受土地、房屋权属依法免征契税；遗赠方式下承受土地、房屋权属的，税法没有规定免征契税。另外，《民法典》还规定了以遗赠扶养协议方式和酌情分得遗产方式取得遗产的情形。① 这两种情形下取得遗产的主体都是法定继承人以外的其他人，不是七种法定继承人范围内的一人或者数人，如果其承受的遗产是土地或者房屋权属，税法没有规定免征契税。

总结一下，民事主体取得遗产所有权的方式共五种：法定继承、遗嘱继承、遗赠、遗赠扶养协议、酌情分得遗产；在法定继承和遗嘱继承这两种方式下取得土地、房屋权属，税法规定免征契税；在遗赠、遗赠扶养协议、酌情分得遗产这三种方式下取得土地、房屋权属，税法没有规定免征契税。

30. 收取知识产权侵权赔偿款开具发票问题

律师朋友提问："对于知识产权诉讼案件中法院判决的侵权赔偿款，原告收款后需要给被告开发票吗?"答："不需要开发票。"理由如下。

税法规定，无形资产是指不具实物形态，但能带来经济利益的资产，包括技术、商标、著作权、商誉、自然资源使用权和其他权益性无形资产。②《民法典》规定，知识产权是权利人依法就下列客体享有的专有的权利：（1）作品；（2）发明、实用新型、外观设计；（3）商标；（4）地理标志；（5）商业秘密；（6）集成电路布图设计；（7）植物新品种；（8）法律规定的其他客体。③ 因此，知识产权属于税法上规定的无形资产。

税法规定，销售无形资产的单位和个人应当缴纳增值税。销售无形资产，

① 《民法典》第一千一百三十一条规定：对继承人以外的依靠被继承人扶养的人，或者继承人以外的对被继承人扶养较多的人，可以分给适当的遗产；第一千一百五十八条规定：自然人可以与继承人以外的组织或者个人签订遗赠扶养协议。按照协议，该组织或者个人承担该自然人生养死葬的义务，享有受遗赠的权利。

② 参见《营改增试点》附件一：《销售服务、无形资产、不动产注释》第二条第一款。

③ 参见《民法典》第一百二十三条第二款。

是指转让无形资产所有权或者使用权的业务活动。[①] 究竟什么是“销售”“转让”？税法并没有对“销售”“转让”的概念作出具体解释。按照税法依赖性原理，“销售”“转让”概念应当在民法层面予以界定。“销售”“转让”，是民事主体对各自享有权益的标的物进行交换，属于民事法律行为。民事法律行为，是指行为人于为法律行为时所欲发生法律效果的行为。民事法律行为以意思表示为要素。意思表示，是指将企图发生一定私法效果的内心意思表示于外部，内心的意思因外部表示而客观。[②]“销售”“转让”的基础是合同，须双方意思表示一致契约才能成立。[③]

侵权行为，是指因不法侵害他人的权益，依法律规定，应对所生损害负赔偿责任的行为。[④] 侵权，是事实行为，而不是民事法律行为，不以意思表示为要素。侵害知识产权行为不是民事法律行为，“销售”或者“转让”不是侵权。侵害知识产权的行为也就不是税法上规定的“销售无形资产”。因此，知识产权诉讼案件中法院判决的侵权赔偿款，不是基于销售无形资产取得的款项，不需要缴纳增值税。而且，按照税法规定，侵害知识产权行为也不视同销售，不需要缴纳增值税。[⑤] 对于不缴增值税项目，则不需要开具发票。

31.《公司法》修订后公司减资股东缴税问题

《公司法》是调整公司的设立、组织、运营及管理法律关系的商事法律。《公司法》所调整的法律关系主要是公司内部法律关系，即公司、股东、管理层之间的权利义务关系，主要表现为组织法规范；也调整一定范围的公司对外法律关系，主要限于公司与特定交易相对人之间的关系，表现为行为法

① 参见《增值税暂行条例》（2017 年修订）第一条；《营改增试点》附件一：《销售服务、无形资产、不动产注释》第二条第一款。

② 参见王泽鉴：《民法概要》，北京大学出版社 2011 年版，第 84 页。

③ 参见《民法典》第一编第六章“民事法律行为”。

④ 参见王泽鉴：《侵权行为》，北京大学出版社 2016 年版，第 67 页。

⑤ 参见《营改增试点》附件一第十四条。

规范。[①] 根据税法依赖性原理，作为基本商事法律的《公司法》发生重大变更，必然会引起社会各方对相关税务问题的关注。

2023 年 12 月 29 日全国人大常委会通过了新修订的《公司法》。新修订的《公司法》第四十七条第一款第二句规定，“全体股东认缴的出资额由股东按照公司章程的规定自公司成立之日起五年内缴足”；第二百六十六条第二款规定，“本法施行前已登记设立的公司，出资期限超过本法规定的期限的，除法律、行政法规或者国务院另有规定外，应当逐步调整至本法规定的期限以内；对于出资期限、出资额明显异常的，公司登记机关可以依法要求其及时调整。具体实施办法由国务院规定”。上述内容，修改了以前《公司法》关于认缴出资额实缴期限的规定。许多公司为符合法律规定的实缴期限，可能会考虑采用减资方式降低认缴出资额。因此，有公司咨询：如果采用减资方式降低认缴出资额，股东要缴税吗？下面笔者谈谈对这个问题的看法。

修订后的《公司法》修改了之前有关认缴出资额实缴期限的规定，这实质上是对公司和股东权利的减损，并且，这种减损会对公司、股东以及营商环境造成较大影响。为了维护法律的稳定性和可预期性，在新修订的《公司法》生效前，即 2024 年 6 月 30 日及之前，国务院很可能依照修订后的《公司法》第二百六十六条，作出相应的规定；财政部和国家税务总局也很可能会依照税法规定和国务院规定，出台配套文件，以解决降低认缴出资额可能带来的税收问题，补救法律实施可能带来的公司和股东权利减损，维护良好的营商环境。

即使国务院以及财政部、国家税务总局不出台有利于公司和股东的配套文件，依照现行税法及税收政策规定，采用减资方式降低认缴出资额，股东也未必需要缴税。

参照国家税务总局《关于个人终止投资经营收回款项征收个人所得税问题的公告》（国家税务总局公告 2011 年第 41 号），自然人股东从被投资企业

---

① 参见李建伟：《公司法学》，中国人民大学出版社 2018 年版，第 42 页。

收回投资，按照“财产转让所得”计算缴纳个人所得税。[①] 如果自然人股东仅仅为降低认缴出资额而减资且不从被投资企业取得任何对价，可参照 67 号公告第十三条第一项或者第四项规定，将股权转让收入确定为 0 且具有合理情形，从而不需缴纳个人所得税。[②]

假定税务机关认为仅为降低认缴出资额而减资且不从被投资企业取得任何对价、将股权转让收入确定为 0，不属于 67 号公告第十三条第一项或者第四项规定的合理情形或者自然人股东因减资从被投资企业取得对价，那么依照该公告第十四条规定的净资产核定法核定股权转让收入，结合税务机关在处理未足额出资股权转让个人所得税征收时的操作办法，可参照下述公式确定股权转让收入，计算缴纳个人所得税：股权转让收入 = （公司净资产 + 全部股东未实缴出资） × 股东转让登记资本占比 - 股东减资份额中认缴未实缴出资金额股东转让登记资本占比 = 股东转让的登记出资额/公司登记应出资额。

举例 1： 甲、乙、丙三自然人设立 A 有限责任公司，三人登记的出资额都是 1000 万元，其中，甲实缴出资 1000 万元，乙实缴出资 500 万元，丙尚未实缴，三人实缴出资共 1500 万元。2024 年 1 月，A 公司净资产为 1500 万元。公司决定减资 30%，每位股东按比例减资。甲收取对价 300 万元，乙收取对价 150 万元，丙不收取对价。（见表 6 - 1）

---

① 国家税务总局《关于个人终止投资经营收回款项征收个人所得税问题的公告》（国家税务总局公告 2011 年第 41 号）第一条第一款规定：个人因各种原因终止投资、联营、经营合作等行为，从被投资企业或合作项目、被投资企业的其他投资者以及合作项目的经营合作人取得股权转让收入、违约金、补偿金、赔偿金及以其他名目收回的款项等，均属于个人所得税应税收入，应按照“财产转让所得”项目适用的规定计算缴纳个人所得税。

② 67 号公告第十三条规定：符合下列条件之一的股权转让收入明显偏低，视为有正当理由：(1) 能出具有效文件，证明被投资企业因国家政策调整，生产经营受到重大影响，导致低价转让股权……(4) 股权转让双方能够提供有效证据证明其合理性的其他合理情形。

表 6－1　案情解析 1

单位：万元

纳税人	公司净资产＋全部股东未实缴出资（1）	减资股份占比（2）	减资股份中认缴且未实缴出资金额（3）	减资取得的收入（核定）（4）＝（1）×（2）－（3）	减资股份的成本（5）	应纳税所得额（6）＝（4）－（5）
甲	3000	300/3000	0	300	300	0
乙	3000	300/3000	150	150	150	0
丙	3000	300/3000	300	0	0	0

举例 2：甲、乙、丙三自然人设立 A 有限责任公司，三人登记的出资额都是 1000 万元，其中，甲实缴出资 1000 万元，乙实缴出资 500 万元，丙尚未实缴，三人实缴出资共 1500 万元。公司成立后有亏损，2024 年 1 月，A 公司净资产为 1050 万元。公司决定减资 30%，每位股东按比例减资。甲收取对价 300 万元，乙收取对价 150 万元，丙不收取对价。（见表 6－2）

表 6－2　案情解析 2

单位：万元

纳税人	公司净资产＋全部股东未实缴出资（1）	减资股份占比（2）	减资股份中认缴且未实缴出资金额（3）	减资取得的收入（核定）（4）＝（1）×（2）－（3）	减资股份的成本（5）	应纳税所得额（6）＝（4）－（5）
甲	2550	300/3000	0	255	300	－45
乙	2550	300/3000	150	105	150	－45
丙	2550	300/3000	300	－45	0	－45

举例 3：甲、乙、丙三自然人设立 A 有限责任公司，三人登记的出资额都是 1000 万元，其中，甲实缴出资 1000 万元，乙实缴出资 500 万元，丙尚未实缴，三人实缴出资共 1500 万元。公司成立后有盈利，2024 年 1 月，留存收益 300 万元，A 公司净资产为 1800 万元。公司决定减资 30%，每位股东按比例减资。甲收取对价 330 万元，乙收取对价 180 万元，丙收取对价 30 万元。（见表 6－3）

表 6－3 案情解析 3

单位：万元

纳税人	公司净资产＋全部股东未实缴出资 (1)	减资股份占比 (2)	减资股份中认缴且未实缴出资金额 (3)	减资取得的收入（核定）(4) ＝ (1) × (2) － (3)	减资股份的成本 (5)	应纳税所得额 (6) ＝ (4) － (5)
甲	3300	300/3000	0	330	300	30
乙	3300	300/3000	150	180	150	30
丙	3300	300/3000	300	30	0	30

比对以上三个减资案例可以发现，减资时被投资企业净资产等于或者低于实收资本时，股东无须缴纳个人所得税；减资时被投资企业净资产大于实收资本时，股东可能需要缴纳个人所得税。另外，上面三例列举的仅仅是股东等比减资的情形。《公司法》并没有规定，公司减资必须是全体股东等比减资。因此，股东减资既可以等比减资，也可以不等比减资。公司减资的情形很多，具体情形下如何处理，应当具体分析。

以上讲的是自然人股东为降低认缴出资额而减资且不取得对价或者取得对价的税务处理问题。而对于法人股东减资的处理，可以依照国家税务总局《关于企业所得税若干问题的公告》（国家税务总局公告 2011 年第 34 号）①，参照上述自然人股东减资处理方式。最后，应当留意，在减资过程中，可以进行相应的筹划，以达到减轻税收负担的目的。

第二节 税法的独立性

税法的独立性是相对于其依赖性而言的。税法有独立的价值取向。在某些情况下，纳税人运用民法上的契约自由、意思自治损害国家税收利益时，税务机关可以依据事实和法律对民事法律行为的外观予以否定并进行纳税调

---

① 国家税务总局《关于企业所得税若干问题的公告》（国家税务总局公告 2011 年第 34 号）第五条第一款规定：投资企业从被投资企业撤回或减少投资，其取得的资产中，相当于初始出资的部分，应确认为投资收回；相当于被投资企业累计未分配利润和累计盈余公积按减少实收资本比例计算的部分，应确认为股息所得；其余部分确认为投资资产转让所得。

整。另外，在某些情形下，税法的独立性会表现为同一用语下的税法的基本原则与民法基本原则不相同。

32. 对“双合同”方式减少契税的处理

2015 年，为抑制房地产市场过热现象，各地政府陆续出台行政措施。为应对政府对商品房销售价格的干预，部分开发商和购房人采用“双合同”方式。“双合同”，是把一份商品房买卖合同拆分为两份合同，一份是商品房买卖合同，另一份是房屋装修合同。拆分后的商品房买卖合同销售单价低于政府设定的最高价，拆分后的两份合同价款相加之和大于政府设定的最高价。“双合同”的操作方式，在税法上产生了减少契税的后果。2016 年年初，笔者担任某税务机关常年法律顾问，该税务机关就“双合同”问题向笔者提出咨询。笔者研究后，向该税务机关提供了咨询意见。咨询意见的要旨在于在有比较充分证据证明确属以“双合同”方式规避政府限价措施的，应以税法的独立性原理，将两份合同的价款相加以确定契税计税依据。下面以一个案例阐明笔者对“双合同”问题的观点。

【案情简述】2013 年 12 月 26 日，张某与天朗公司签订商品房买卖合同，购买天朗公司名下一套已装修的房产。张某向天朗公司支付了 2,051,504 元，天朗公司向张某开具了三张销售发票，其中两张金额分别为 870,565 元、870,567 元，款项性质均备注为“预收购房款”；另一张的金额为 310,372 元，款项性质备注为“装修款”，三张发票合计金额 2,051,504 元。2015 年 11 月 17 日，张某向税务机关申报缴纳契税，税务机关经审核张某提供的资料，确认其所购房屋的契税计税依据为 2,051,504 元，税率为 3%，应纳税款为 61,545.12 元。张某于 2015 年 11 月 19 日通过 POS 机刷银行卡缴纳契税 61,545.12 元，领取了契税完税凭证。缴纳契税后，张某认为税务机关不应对款项性质备注为“装修款”的款项征收契税，要求退还多收的契税 9311.16 元（310,372 元 ×3%）。税务机关作出不予退税的决定。张某向上级税务机关申请行政复议，复议机关维持了不予退税决定。张某不服，向法院提起行政诉讼。经审理，法院认为张某提交的申报资料显示，天朗公司向其开具的三张销售发票，两张为涉案房屋购房款，一张为涉案房屋装修款，税务机关将上述房屋成交总价款作为计税依据计算涉案房屋交易契税，符合《契税暂行条例细则》第九条以及国家税务总局《关于承受装修房屋契税计税价格问题的批复》（国税函〔2007〕606 号，已失效）的规定，判决税务机关的征税行为并无不当，驳回张某全部诉讼请求。[①]

笔者认为，税务机关作出的不予退税决定以及法院作出的判决都是正确的。

第一，装修前的毛坯房与“装修”本是“一物”，也仅有“一权”。毛坯房不具备供人居住的基本功能，房屋只有经过装修，完善通风、照明、供水、供电等功能后，才能具备满足人的起居、饮食、洗浴、就寝、储藏、工作学习六大功能。房屋装修使得装修材料附着或结合于房屋主体（毛坯房），且使装修材料失去独立性，两者产生不可分割性。装修的设计、材料、人工等装修费用已融入房屋价值当中。装修后的毛坯房已然为新的“一物”。按照“一物一权主义”，“一物”上仅能成立一个所有权。既没有单独存在的“装修”的物，也没有单独存在的“装修”的所有权。

第二，买方支付的对价是受让房屋所有权的对价。《合同法》第一百三十条（现为《民法典》第五百九十五条）规定，“买卖合同是出卖人转移标的物的所有权于买受人，买受人支付价款的合同”。卖方销售装修后的房屋，其义务是将装修后的房屋所有权转移给买受人。卖方转移的所有权，是装修后的房屋“一物”的所有权。“一物一权”不能拆分，“装修”不能单独转让。同理，买方向卖方支付价款，所支付的是受让装修后房屋“一物”所有权的对价，不可能单独支付受让“装修”的对价。该案中，张某支付的2,051,504 元是受让装修后的房屋所有权的对价。

第三，“装修款”应当作为契税计税依据。《契税暂行条例》（2019 年修订，已失效）第四条第一项（现为《契税法》第四条第一项）规定，房屋买卖契税的计税依据为成交价格。《契税暂行条例细则》第九条（已失效，现为《契税法》第四条第一项）规定，条例所称成交价格，是指土地、房屋权

---

① 参见广东省广州铁路运输中级法院行政判决书，（2016）粤 71 行终 1687 号。

属转移合同确定的价格。按上述分析，“成交价格”“房屋权属转移合同确定的价格”即为买方为取得装修后房屋“一物”所有权支付的全部价款。即便卖方按“购房款+装修款”方式开具发票，由于“购房款”和“装修款”都是买方取得装修后房屋“一物”所有权的对价，“购房款”和“装修款”均应作为契税计税依据。

国家税务总局《关于承受装修房屋契税计税价格问题的批复》（国税函〔2007〕606号）规定：“房屋买卖的契税计税价格为房屋买卖合同的总价款，买卖装修的房屋，装修费用应包括在内。”该案中，税务机关依据《契税暂行条例》《契税暂行条例细则》以及国家税务总局上述规定作出不予退还“装修款”对应的契税的决定是正确的。涉案房屋已装修，结构上不具有可分割性，交易标的是“一物一权”，不管是“双发票”还是“双合同”的交易形式，都无法改变交易实质。税务机关认定已装修房屋成交价格为“购房款+装修款”并无不妥。

33. 借名购房的房产产权转回购房人名下的处理

在某些情形下，购房人为了规避政策规定、获得相关优惠待遇或者基于其他考虑，会设置“借名购房”的交易模式。借名购房的房产，在由被借名人名下过户登记到借名人名下时，往往在税务处理上会发生争议。以下以笔者参与处理的一件实务案例，阐释此种情形下根据税法独立性进行税务处理的原理。

【案情简述】2014年9月，自然人甲和自然人乙签订委托购房协议，约定甲委托乙购买某市某区某楼盘A商品房一套，所有价款税费由甲支付。2014年10月，乙按委托购房协议约定，与某开发商签订购买A商品房合同，并支付相关款项，房产登记在乙名下。2016年5月，甲向法院提起诉讼，请求确认登记在乙名下的A商品房所有权属于甲。经审理，法院确认甲和乙签订委托购房协议并甲委托乙购买A商品房的事实，但因A商品房登记在乙名下，依照《物权法》规定，其所有权归乙，据此驳回甲诉讼请求。甲上诉到某市中级法院，双方达成和解，并由法院制作民事调解书。民事调解书记载，双方确认甲委托乙购买A商品房，所有价款及税费由甲支付；乙于2016年12月协助甲将A商品房登记到甲名下；A商品房登记到甲名下后，所有权归甲。办理过户手续中，甲缴纳了因房产转让所发生的增值税及附加、个人所得税和契税共25,123.33元。2020年2月，甲向税务机关申请退税，理由是A商品房自向开发商购买以来，其本人一直是业主，从乙名下登记到其本人名下，仅是转名，不是交易，无买卖行为，更无收入及付款，税务机关按二手房交易征税是错误的，应当退还已征税款25,123.33元。

甲向税务机关申请退税的理由不成立，分析如下。

1. 法院没有确认A商品房的所有权人是甲。《物权法》第二十八条（现为《民法典》第二百二十九条）规定，“因人民法院、仲裁委员会的法律文书或者人民政府的征收决定等，导致物权设立、变更、转让或者消灭的，自法律文书或者人民政府的征收决定等生效时发生效力”。一审法院判决驳回甲请求确认其为A商品房所有权人的诉讼请求，二审法院的调解书也没有对A房产的所有权人为甲予以确认，只是表述“A商品房登记到甲名下后，所有权归甲”。因此，无论是一审判决还是二审调解书，均没有确认A商品房的所有权人是甲。

2. A商品房由乙名下登记到甲名下发生所有权变动。《物权法》第九条第一款（现为《民法典》第二百零九条）规定，“不动产物权的设立、变更、转让和消灭，经依法登记，发生效力；未经登记，不发生效力，但法律另有规定的除外”。据此规定，乙接受甲委托，以自己的名义与开发商签订商品房买卖合同，并按合同约定支付价款，将A商品房登记在自己名下，则乙享有A商品房所有权。依据二审法院调解书，把A商品房从乙名下登记到甲名下，A商品房所有权由乙转移给甲。

3. A商品房所有权发生变动的原因应当视同买卖。甲名义上是委托乙购房，实质上是借乙之名买房。借名买房人甲把借名购买的商品房依照法院的调解书从被借名人乙名下登记到其本人名下，不是不动产所有权发生变动的“非买卖”的法定理由。《营改增试点》附件一《营业税改征增值税试点实施办法》第十四条第二项规定，单位或者个人向其他单位或者个人无偿转让不动产，视同销售不动产。A商品房产权变动，借名人甲没有向被借名人乙支付对价，被借名人乙也没有收取任何价款，可依照上述规范性文件规定，将其视同销售或者转让，进行税务处理。

综上，甲依据二审法院调解书，把A商品房从乙名下转移登记到其本人名下，应当依照税法规定，视同销售或者转让，按二手房买卖征收增值税及附加、个人所得税和契税，因此其退税申请理由不成立，应予驳回。

本书第二章列举了五种非买卖性不动产过户情形，依据税法的依赖性得出结论：对于非买卖性不动产过户，除有税收法律法规和规范性文件规定应当征税外，应当不征税。而该案例也属于非买卖性不动产过户，为什么要将其视同销售或者转让呢？

首先，第二章列举的五种非买卖性不动产过户，均有法定理由。在“以酌情分得遗产方式承受房屋和土地权属问题”中，所涉房产转移登记到梁某名下，其法定理由是《民法典》第一千一百三十一条规定的酌情分得遗产制度；“分割假离婚后共同购置的房产问题”“共有人实物分割按份共有物的处理”中所涉不动产转移登记，其法定理由是《民法典》第三百零三条规定的共有物分割制度；在“遗产分割涉及补偿价款的处理”中，所涉不动产转移登记，其法定理由有《民法典》“继承编”规定的遗产法定继承制度和《民法典》第三百零三条规定的共有物分割制度；在“将个人独资企业名下的厂房变更登记到投资人名下的处理”中，所涉房产转移登记的法定理由是《个人独资企业法》第二条规定的个人独资企业产权制度。五种情形的法定理由，均可证明所涉不动产转移登记而引起的产权变动不是基于买卖。因此，依据税法的依赖性特征，其不应当按不动产买卖征税。

其次，“借名买房”不是所涉房产非买卖性过户的法定理由。“借名买房”是借名人和被借名人自行创设的一种交易模式，这种交易模式不违反法律、行政法规的强制性规定，在民法上合法有效，法院也没有否定这种交易模式的法律效力。但是，这种模式下的不动产过户，在物权制度或者其他强行法法律规范中找不到属于“非买卖”的法定理由。

最后，“借名买房”所涉房产过户基于税法的独立性特征应当视同销售或者转让。民法的原则是意思自治、契约自由，税法的原则是税收法定；民法的主要目的和价值是保护交易，税法的主要目的和价值是征集财政收入。当事人创设的交易模式在民法上合法有效，但税法可以独立评价。“借名买房”所涉房产过户在强行法上找不到属于“非买卖”的法定理由，依照税法相关规定，可视同销售或者转让，并依法计征税款。

34. 对规避缴纳税款的重整方案的处理

2017 年 11 月，在某市中级人民法院受理的 M 公司破产申请案件中，破产管理人向债权人提交《重整方案》，请债权人表决。《重整方案》简述：M 公司严重资不抵债，其资产有若干土地使用权、地上建筑物以及货币资产、商标等；管理人拟在淘宝司法拍卖网上拍卖 M 公司 100% 股权和相关资产权益；因严重资不抵债，M 公司 100% 股权价款调整为零，相关资产包括土地使用权及地上建筑物所有权、机器设备所有权（对其他资产如货币资产、商标等剥离拍卖之列）；司法拍卖流拍后，由管理人寻找的意向投资人 K 公司出资 789,323,425.63 元购买拍卖标的；M 公司收到购买价款后，因股权价格调整为零，所得购买价款不分配给 M 公司股东，全部用以清偿公司债务。《重整方案》记载，该方案设定的交易方式可以避免因资产变现可能产生的交易税费。某税务机关是该破产重整案中的债权人之一（税收债务债权人），按管理人要求对《重整方案》进行表决。笔者担任该税务机关法律顾问，该税务机关就表决投票事宜提出咨询。笔者对《重整方案》研究后认为，该税务机关应当投反对票。以下是笔者履职期间提交的法律意见书。法律意见书的要旨在于以税法独立性否定破产管理人设计的交易模式，对《重整方案》投反对票。

法律意见书

××税务局：

受贵局委托，就如何对《M 公司重整计划执行实施方案》（以下简称《重整方案》）投票的咨询，出具本法律意见书。

意见：应当对《重整方案》投反对票。理由如下。

一、《重整方案》设计的交易模式违背我国基本民商事法律制度

《民法总则》第五十七条[①]规定，“法人是具有民事权利能力和民事行为能力，依法独立享有民事权利和承担民事义务的组织”。第六十条规定，“法人以其全部财产独立承担民事责任”。据此规定，法人的基本特征有独立的人格、独立的财产、独立的责任。《公司法》（2013 年修正）第三条第一款规定，“公司是企业法人，有独立的法人财产，享有法人财产权。公司以其全部财产对公司的债务承担责任”；第二款规定，“有限责任公司的股东以其认缴的出资额为限对公司承担责任；股份有限公司的股东以其认购的股份为限对公司承担责任”。据此规定，公司与其股东，在人格、财产和责任承担上相互独立。上述公司法人人格权、财产权以及民事责任制度，属于民商事基本法律规范。

M 公司对其名下的土地、地上建筑物、设施以及机器设备等享有独立的财产权，并以其享有的全部财产权益为限对其债权人独立承担责任。M 公司的股东以其对公司的出资额为限对公司承担责任，M 公司的股权权属人是公司股东。M 公司不能清偿到期债务时，可以 M 公司享有财产权的建设用地使用权、地上建筑物所有权、设施以及机器设备所有权等拍卖或者变卖所得，抵偿债务。M 公司的股东仅以其出资额为限对公司承担责任，而不需要以其对 M 公司享有的股权对公司债权人承担责任。

《M 公司重整计划执行实施方案简要说明》（以下简称《简要说明》）记载：“（1）本次 M 公司整体处置采用淘宝公开网络竞价（拍卖）方式确定新投资人，由新投资人支付成交价款（交易对价），供 M 公司偿还债务，从而整体受让 M 公司 100% 股权及相关资产权益。新投资人承接的 M 公司将仅对确定的资产范围（土地及地上建筑物、机器设备等）享有权益，其余原有资产（包括但不限于原有货币资金、应收账款、存货、商标、专利技术等）均予以剥离由管理人另行处置并追加分配给债权人。（2）目前，已有一家意向投资人，即 K 公司承诺按照本方案确定的方式以处置起始价 789,323,425.63 元承接本次 M 公司 100% 股权及相关资产权益，其已签订了《投资意向书》及保证金，如淘宝公开网络竞价（拍卖）流拍，则直接确定 K 公司为本项目

① 现为《民法典》第五十七、六十条。

投资人，由其以股权处置起始价789,323,425.63元承接M公司100%股权及相关资产权益。”

《简要说明》是对《重整方案》的概括说明。从上述说明可知，本次交易的标的是M公司100%股权及相关资产权益。该交易标的可分为两部分：(1) M公司100%股权；(2) M公司的土地、地上建筑物、设施以及机器设备。

如前所述，M公司100%股权的权属人是M公司的股东，M公司的土地使用权、地上建筑物所有权、设施以及机器设备所有权的权属人是M公司。如果交易的标的是100%股权（股权转让），交易的对价就应当支付给该M公司的股东，按照公司与股东的人格、财产、责任相互独立以及债的相对性原理，股东收到该对价后，没有义务以收到的对价向公司的债权人清偿债务。如果交易的标的是M公司的土地及地上建筑物所有权、设施以及机器设备所有权（资产转让），交易对价应当支付给M公司，且M公司在收到该交易对价后，有义务以收到的交易对价向其债权人清偿债务。

如果交易标的既包括M公司的股东所享有的M公司100%股权，也包括M公司享有的土地使用权、地上建筑物所有权、设施以及机器设备所有权，并以交易对价清偿M公司对其债权人的债务，则造成M公司与其股东的人格、财产和民事责任混同。《重整方案》设计的交易模式背离了《民法总则》（已失效）以及《公司法》关于公司法人人格权、财产权、民事责任的相关规定。而且，《重整方案》设计的交易模式在《企业破产法》上也没有任何依据。

二、《重整方案》设计的交易模式以逃避缴纳税款为主要目的

如果本次交易的标的是M公司的股东所享有的M公司100%股权，M公司的股东应当按照股权转让民事法律关系，依照税法规定，缴纳所得税等；如果交易的标的是M公司享有的土地使用权、地上建筑物所有权、设施以及机器设备所有权，M公司应当按照资产转让法律关系，依照税法规定，缴纳增值税及附加、土地增值税、企业所得税等。但是，如果交易的标的既包括M公司股东享有的100%股权，又包括M公司享有的土地及地上建筑物所有权、设施以及机器设备所有权，则会造成交易的民事法律关系混乱，并由此造成税务处理的模糊性。《重整方案》之所以对交易模式如此设计，有一定的目的性。以下对本次交易的经济实质以及设计交易模式的目的予以分析。

《重整方案》第××页记载，“鉴于M公司已严重资不抵债，故原出资人权益调整为零。本次处置方案经法院批准且最终股权及相关资产权益成交后，买受人将承接M公司的100%股权及相关资产权益，成交价款将依本方案予以分配，原出资人对交易对价不享有任何权益”。上述记载说明，M公司的股东对M公司的股权价值被调整为零，成交价款并不含有股权转让的对价。成交价款既然不含股权对价，则应当是M公司所享有的资产交易的对价。而且，交易对价没有支付给股东，而全部用以清偿M公司对其债权人的债务。可见，本次交易本质上属于资产转让而不是股权转让，并不是股权与资产概括转让。

《重整方案》设计的交易标的既包括M公司100%股权，又包括M公司确定范围内的资产，关于这样设计的目的，《重整方案》及其《简要说明》描述得很清晰。如《重整方案》第××页，“投资人通过受让M公司100%股权及相关资产权益方式控制相关财产并享有权益，这将避免发生上述资产变现可能发生的交易税费”。《简要说明》第××页，“上述方式可最大限度避免M公司主要资产直接处置过户而产生巨额税费成本（如土地增值税等），节省的处置税费可供普通债权分配”。由此可见，《重整方案》设计的交易模式以逃避缴纳税款为主要目的。

综上所述，《重整方案》设计的交易模式，违背我国基本民商事法律制度，并以逃避缴纳税款（主要是土地增值税）为主要目的，贵局作为税务机关，应当对该《重整方案》投反对票。

以上意见，供贵局决策时参考。

××律师事务所

20××年××月××日

35. 自然人股权转让收入的核定方法问题

《个人所得税法》第八条第一款第三项规定，个人实施其他不具有合理商业目的的安排而获取不当税收利益的，税务机关有权按照合理方法进行纳税调整。税务机关实施纳税调整，体现了税法的独立性特征。67 号公告第十一条第一项规定，申报的股权转让收入明显偏低且无正当理由的，税务机关可以核定股权转让收入。核定股权转让收入，是税务机关依法对股权转让进行纳税调整的措施。67 号公告第十四条规定了三种股权转让收入的核定方法，即净资产核定法、类比法和其他合理方法。当净资产核定法和类比法无法适用时，可选择其他合理方法。在实务中，选择适用其他合理方法时，一般会存在很大争议。下面通过笔者解答的一件咨询案例说明如何确定其他合理方法。

【案情简述】A 公司是有限责任公司，注册资本 5000 万元，有两位自然人股东，即股东甲和股东乙。股东甲持有 60% 股权，认缴出资总额 3000 万元，已实缴出资 325 万元；股东乙持有 40% 股权，认缴出资总额 2000 万元，已实缴出资 175 万元。公司章程规定，股东乙因不参与公司日常经营活动，按 20% 分取红利。后股东乙与自然人丙签订股权转让协议，约定将其持有的 A 公司 40% 股权转让给丙。股东乙纳税申报时，主管税务机关认为，其申报的股权转让收入明显偏低且无正当理由，应依法核定其股权转让收入。股东乙提供的 A 公司财务报表、资产评估报告等相关资料记载：账面净资产价值为 1520 万元，其中实收资本 500 万元，资本公积 0，盈余公积 200 万元，未分配利润 820 万元；A 公司名下的一栋办公楼评估增值 480 万元。股东乙认为，A 公司章程明确约定，因其不参与公司日常经营活动，按 20% 分取红利，按净资产核定法，应以公司评估增值后的净资产总额 2000 万元（1520 + 480）的 20%，即 400 万元作为本次股权转让收入。对此，税务机关有不同意见。有观点认为，应当以评估增值后的净资产总额 2000 万元的 40%，即 800 万元作为本次股权转让收入。那么，如何核定股东乙股权转让收入才能做到合法、合理？

单纯采用净资产核定法难以做到既合法又合理，可以考虑适用其他合理方法。其他合理方法以净资产核定法为基础，即将 A 公司净资产分为三部分，一是账面未分配利润 820 万元，二是账面其他股东权益（实收资本、资本公积、盈余公积）700 万元，三是房地产评估增值 480 万元。对账面未分配利润按 A 公司章程规定的分红比例 20% 计，即 820 × 20% = 164 万元；对账面其他股东权益按实缴出资比例35%计，即700×35% =245万元；对房地产评估增值按认缴出资比例40%计，即480×40% =192万元。将三部分加总即164+245+192=601万元为该次股权转让收入。

依法对纳税人股权转让收入予以核定，是法律赋予税务机关的一项自由裁量权。行使自由裁量权，应当符合行政法上的合法与合理原则。如果按照股东乙的主张，按评估增值后净资产的20%（章程规定的分红比例）即400万元核定股权转让收入，法律依据不足；如果按照评估增值后净资产的40%（认缴出资比例）即800万元核定股权转让收入，合理性欠缺。笔者之所以提出以上处理意见，主要基于以下三点考虑。

1. 尊重意思自治。当事人意思自治，是民商事法律的基本原则。我国《公司法》（2018年修正）第三十四条规定，“股东按照实缴的出资比例分取红利；公司新增资本时，股东有权优先按照实缴的出资比例认缴出资。但是，全体股东约定不按照出资比例分取红利或者不按照出资比例认缴出资的除外”。公司章程体现全体股东的共同意思。按照企业会计准则规定，未分配利润是企业留待以后年度进行分配的结余。A公司章程规定，股东乙因不参与公司日常经营活动，按照20%的比例分取红利。股权转让后，受让股东丙对该报表记载的未分配利润的20%享有利润分配请求权。为此，应将未分配利润的20%核定为股权转让收入的一部分。

2. 尊重出资事实。在股权转让前，股东实缴出资共500万元，股东甲实缴325万元，占65%；股东乙实缴175万元，占35%。股东实缴出资后，其出资成为A公司的资产，股东对此享有相应的权益份额。享有权益份额的比例，在没有全体股东约定的情况下，应当按照实际出资比例确定。盈余公积一旦提取，将用于弥补亏损、转增资本或扩大公司生产经营，若无股东决议，不会用于利润分配。股东对盈余公积所享有的权益份额比例，在没有全体股东约定的情况下，可以考虑按照认缴出资的比例确定，也可以考虑尊重出资实际数额的事实，按照实际出资比例确定。由于股东乙认缴出资比例是40%，实缴出资比例是35%，基于尊重出资实际数额的事实，将实收资本和盈余公积部分按照35%核定股东乙股权转让收入，可以更好地维护纳税人的权益。

3. 依照法律法规。《公司法》（2018年修正）第三条规定，“公司是企业法人，有独立的法人财产，享有法人财产权。公司以其全部财产对公司的债务承担责任。有限责任公司的股东以其认缴的出资额为限对公司承担责任；股份有限公司的股东以其认购的股份为限对公司承担责任”。该法第一百八十六条第二款规定，“公司财产在分别支付清算费用、职工的工资、社会保险费用和法定补偿金，缴纳所欠税款，清偿公司债务后的剩余财产，有限责任公司按照股东的出资比例分配，股份有限公司按照股东持有的股份比例分配”。参照上述规定，在没有全体股东约定的情形下，股东权益份额的比例可以按照认缴出资的比例确定。考虑房地产评估增值部分为消极所得，且股东乙和受让股东丙签订的股权转让协议明确约定转让A公司40%股权，对于房地产评估增值可按持股比例（认缴出资比例）40%，即192万元（480×40%）核定该部分股权转让收入。

以上分析有地方税收文件予以佐证，如京地税个〔2017〕53号文件中对净资产份额审核要点的相关说明，“被投资企业注册资本中有股东认缴未出资的，根据资产负债表中个人的实缴出资额以及个人可参与分配的资本公积、盈余公积、未分配利润之和确定净资产份额”①。

对上述实务案例的处理，税务机关进行纳税调整、核定股权转让收入，体现了税法的独立性；纳税调整、核定股权转让收入要做到合法、合理，体现了税法的公法性；尊重民事主体意思自治，则体现了税法的依赖性。

36. 从民事法律关系的实质判断取得的款项是否纳税问题

违约金是合同约定的损失赔偿金；利息是资金占用的对价。依照税法规定，对违约金，可能征税，也可能不征税；对利息，应当征收增值税（营业税改增值税前为营业税）及附加、企业所得税或者个人所得税。一笔收入，当事人认为是违约金，不应征税；税务机关认为是利息，应当征税。如果发生争议，税务机关对取得收入以及取得收入背后的民事法律关系的性质是否

① 刘婧、刘颖：《个人股权转让个人所得税征管的思考》，载《北方经贸》2018年第6期。

具有认定权？最高人民法院在一件税务行政诉讼案的裁定中给出的结论，是税务机关依照实质课税原则在承担举证责任的前提下对民事法律关系的性质具有自行、独立的认定权。该结论体现了税法的独立性。

【案情简述】2013 年 3 月 20 日，自然人甲和自然人乙各与 A 公司签订一份商品房买卖合同，约定以价款 5500 万元购买建筑面积为 100,083.73 平方米的商铺，购房价款分 3 期支付，A 公司逾期交房或者办证应当向甲、乙支付违约金，等等。签订上述合同前，甲、乙已支付给 A 公司 6000 万元，签订合同时 A 公司返还给甲 500 万元。签订合同后至 2014 年 3 月 19 日前，甲、乙陆续收到 A 公司转入的资金共计 9328 万元。2014 年 3 月 18 日，A 公司向某仲裁委员会申请仲裁，2014 年 3 月 19 日某仲裁委员会作出调解书，确认双方达成协议如下：(1) 解除双方签订的《商品房买卖合同》；(2) A 公司应于 2014 年 3 月 21 日前返还被申请人甲、乙已付的购房款 1000 万元。后某市纪检部门接到举报，对甲、乙与 A 公司之间资金往来进行调查。纪检部门将案件线索转给莆田市地方税务局，莆田市地方税务局稽查局经过检查，在充分收集证据的基础上，认定甲、乙从 A 公司收取的资金，其中 5200 万元是甲、乙给 A 公司贷款本金，3328 万元是按每月 5% 的利率收取的利息，其中甲收取利息 2140.5 万元，于 2015 年 4 月 22 日对甲作出税务处理决定：①补缴营业税 1,070,250 元；②个人所得税 4,281,000 元；③城建税 53,512.5 元；④教育费附加 32,107.5 元；⑤地方教育费附加 21,405 元；⑥加收滞纳金 171,781.71 元。共计人民币 5,630,056.71 元。甲不服，认为其收取的 2140.5 万元是违约金，不是利息，不应当缴纳营业税及附加、个人所得税，遂向福建省地方税务局申请税务行政复议。福建省地方税务局维持莆田市地方税务局稽查局的税务处理决定。甲向莆田市中级人民法院提起行政诉讼，莆田市中级人民法院判决驳回其诉讼请求；后其上诉到福建省高级人民法院，福建省高级人民法院维持一审判决。甲向最高人民法院申请再审，最高人民法院作出（2018）最高法行申 209 号行政裁定书，驳回其再审申请。[①]

该案被评为 2019 年十大税收司法案例之一。最高人民法院的裁定书，就该案涉及的三个问题进行了阐述。其一，税务机关对民事法律关系性质的认

---

① 参见最高人民法院行政裁定书，（2018）最高法行申 209 号。

定权问题；其二，民间借贷利息征税问题；其三，税收公平原则的体现问题。最高人民法院从税收征管角度论述了税务机关在特定情形下对民事法律行为性质的独立认定权，体现了税法的独立性特征。

其一，税务机关一般不履行认定民事法律关系性质的职能。对于民事法律关系，当事人可以按照意思自治原则，自行设立、变更、终止。根据《税收征收管理法》以及相关规定，税务机关是主管税收工作的行政主体，承担管辖权范围内的各项税收、非税收入征管等法定职责，一般不履行认定民事法律关系性质的职能。税务机关应当尊重当事人的意思自治，按照当事人自行创设的民事法律关系进行税法评价。当事人之间若发生民事争议，其创设的民事法律关系的性质由人民法院或者仲裁机构予以认定。对人民法院或者仲裁机构的生效法律文书所认定的民事法律关系，税务机关一般应当尊重。在税收征管工作中，税务机关若发现生效的法律文书对民事法律关系性质的判定不当，应当通过法定渠道解决，而不宜径行否定。

其二，税务机关可以依照实质课税原则对民事法律关系的性质行使认定权。实质课税原则是税法的一项基本原则。实质课税，是指应根据事实确定是否符合课税要件，并根据纳税人负担能力决定纳税人的税负，而不能仅考虑相关外观和形式。经济活动中，税收是交易的成本之一，而交易双方当事人很可能通过一系列的安排，滥用民法上的意思自治，使其创设的法律形式外观与经济实质背离，从而达到规避或减少税收的目的。税务机关依照法律、行政法规的规定征收税款系其法定职权，其在征收税款过程中必然会涉及对相关应税行为性质的识别和判定。否定税务机关对名实不符的民事法律关系的认定权、不允许税务机关根据纳税人经营活动的实质内容依法征收税款，将不可避免地影响税收征收工作的正常开展，难以避免纳税人滥用私法自治以规避或减少纳税义务，从而造成国家法定税收收入流失，而有违税收公平原则。所以，法律并没有否定税务机关在履行征税职责时对相关民事关系性质的认定权。

其三，税务机关对民事法律关系行使认定权时应当承担举证责任。税务机关在征管工作中，应当同时考虑国家税收和公民自由。轻易否定当事人在经济活动中按意思自治原则创设的民事法律关系，很可能使国家征税权过度介入经济活动，对民事交易秩序的稳定性和当事人权益构成重大威胁。因此，税务机关否定当事人创设的民事法律外观，并根据相关税收法律，按照经济实质对民事法律关系的性质作出认定时，应当对其认定过程以及结果承担举证责任，并足以让人信服。该案中，某仲裁委员会虽作出调解书，但对于案件事实并未认定，调解内容仅基于当事人的陈述，选择仲裁与《商品房买卖合同》约定的争议解决方式不同，仲裁由违约方A公司申请，且A公司于2014年3月18日申请，3月19日该仲裁委员会即以调解书结案。同时，税务机关已经就该案件事实系民间借贷关系的实质认定举证证明。

由此，税务机关按照实质课税原则，认定甲、乙与A公司之间的法律关系名为商品房买卖而实为借贷，认定甲取得的2140.5万元不属于违约金，而是贷款利息，并对其认定承担了举证责任，提出了足以令人信服的理由，从而得到人民法院的支持。

37. 如何区分税法上的公平和民法上的公平

本书第五章谈到，民事主体在签订合同前应当进行税务筹划，预估对各方在交易中应缴纳的税款并作出合理安排。实务中，交易各方在签订合同前未进行合理筹划，在交易过程中发现税收负担不公平，进而发生争议并诉至法院，请求法院按照公平原则作出判决。

【案情简述】M公司是一家房地产开发公司，N公司是一家房地产销售代理公司。2017年3月31日，两家公司签订《滨江壹号房地产项目包销合同》，约定N公司采用包销方式代理M公司销售其开发的滨江壹号商品房，代理费按照销售溢价款计算。2018年9月18日，两家公司签订《滨江壹号项目结案协议》，确认提前终止包销合同，M公司尚欠N公司代理费120万元。后M公司仅支付44万元，剩余76万元未予支付。N公司多次催告未果，诉至法院，请求法院判决M公司支付剩余代理费及违约金。M公司答辩认为，其公司的确有76万元的代理费没有支付给N公司，主要原因是销售溢价款所对应的税款不应当由其公司负担。其公司只收到销售底价，没有收到销售溢价，应当负担的税款是销售底价部分对应的税款。销售溢价款是由N公司收取的，销售溢价部分对应的税款应当由N公司负担。其公司向税务机关缴纳的税款是按照销售总价计算的，既包括其公司按销售底价款应负担的税款，也包括N公司按照销售溢价款应负担的税款。所以，N公司应当把其公司缴纳的销售溢价款所对应的税款支付给其公司。其公司缴纳的销售溢价款所对应的税款金额大于其公司应当支付N公司的代理费76万元，因此，其公司不应当再向N公司支付代理费。N公司并不认可M公司的说法，认为应当按照税法规定各自承担各自的税款。一审、二审法院认为，销售溢价款是N公司收取的，而由M公司缴税，确实不公平，按照公平原则，M公司向税务机关缴纳的溢价款对应的增值税及附加56万元应当由N公司负担，扣除代缴的税款后，M公司向N公司支付代理费20万元（76－56）。2019年9月11日，二审法院作出终审判决：M公司向N公司支付代理费20万元。N公司不服终审判决，申请再审。再审法院认定终审判决适用法律错误，撤销终审判决，判决M公司向N公司支付代理费76万元。①

上述案例被有关机构评为2020年度有影响力的税务司法审判案例之一。笔者认为，江西省高级人民法院的再审判决是正确的，以下结合税法特性进行分析。

第一，一审和二审判决混淆了销售溢价款的性质。销售溢价究竟是什么，要以民事法律关系为基础去判断。该案涉及的民事法律关系，主要是两个合同关系。一个是商品房买卖合同关系，另一个是商品房销售代理合同关系。在商品房买卖合同中，M公司是销售方，购房人是购买方，销售标的物是商品房，合同对价是销售总价，销售总价包括销售底价和销售溢价。在商品房销售代理合同中，销售服务提供方是N公司，销售服务接受方是M公司，销售标的是N公司提供的服务，合同对价是代理费，代理费的计算方式是溢价款。一审、二审法院只看到在商品房买卖合同中，销售溢价是销售总价的组成部分，而没有认清在商品房销售代理合同中，销售溢价款仅仅是代理费的计算方式。

第二，一审和二审判决违背了税收实体法规定。按照相关税收实体法规定，在商品房买卖合同中，M公司作为商品房销售方，应当以销售总价为销售额计算缴纳印花税、增值税及附加、土地增值税、企业所得税，销售溢价

① 参见江西省高级人民法院民事判决书，（2020）赣民再88号。

应当和销售底价一并计入销售总价；在商品房销售代理合同中，N 公司作为服务销售方，应当以代理费为销售额计算缴纳印花税、增值税及附加、企业所得税，代理费的确定方式是销售溢价款。在税法上，两者按照不同的交易类型、不同的税种、不同的计税依据、不同的税率各自计算应当缴纳的税款（税法的依赖性）。N 公司只需要按照税法规定，以代理费为销售额计算缴纳应缴的税款，没有任何义务承担 M 公司以销售总额（销售底价 + 销售溢价）为销售收入计算缴纳的税款。一审和二审法院判决 N 公司负担 M 公司应承担的税款，这不符合税收实体法规定。

第三，一审和二审判决超越了民事审判权限。民事主体从事交易活动，是否纳税、纳多少税、何时纳税，都由税法规定。在纳税上发生的争议，一般由税务机关来处理。法院民事审判的中心内容是确认民事权利义务，当事人的纳税事宜不在其审判范围（税法的公法性）。只有在个别情形下，当事人在合同中对税款承担事项作出特别约定，税款承担转化为民事权利义务，由此引起的争议才有可能进入民事审判领域。该案中，M 公司和 N 公司并没有在合同中对税款承担事项作出特别约定，自然不能将 M 公司有关纳税公平的抗辩纳入民事审判范围。

第四，再审判决厘清了税法上的公平原则不同于民法上的公平原则。民法调整的是民事主体之间的权利义务关系，民法上的公平原则以利益的均衡作为价值判断标准来调整主体之间的经济利益关系。① 税法调整的是国家与纳税人之间的权利义务关系，税法上的公平原则是指税收公平，通常认为是"量能课税原则"，意即税收负担的轻重必须以纳税人实际负担能力为标准进行分配，纳税能力强者多纳税、纳税能力弱者少纳税、无纳税能力者不纳税。②

该案中，M 公司以民法上的公平原则对 N 公司的诉讼请求提出抗辩，再审法院对民法上的公平原则与税法上的公平原则予以区分，认为 M 公司的抗辩理由不成立，体现出税法的独立性特征。

---

① 参见王利明等：《民法学》（第 4 版），法律出版社 2015 年版，第 12 页。

② 参见刘剑文等：《财税法总论》，北京大学出版社 2016 年版，第 215 页。

第三节　税法的公法性

税法属于行政法范畴。公法性，是税法的根本特性。税收法定是税法的最高原则，也是税法公法性的最大体现。属于行政法范畴的税法，一方面强调其对税收秩序的维护，另一方面强调其对税收行政机关权力的限制。税务机关行使税收执法权力，制定税收行政解释，作出税务处理和处罚决定时，应当遵从行政行为的合法性原则与合理性原则。

38. 红线外配建支出在土地增值税清算时的扣除问题

2022 年 6 月，笔者参加了某市房地产协会举办的房地产企业涉税研讨会。研讨会中，有房地产企业提出红线外配建支出在土地增值税清算时可否作为扣除项目予以扣除的问题。

红线外配建支出，是指房地产开发企业在项目规划用地红线外建造基础设施、公共配套设施以及其他工程所发生的费用支出。红线外建造的基础设施、公共配套设施以及其他工程（以下简称红线外配建设施），一般有道路、桥梁、公园、学校、医院、绿化等。在红线外配建设施主要基于两种情形。第一种是承诺配建，是开发商为取得项目用地使用权在土地出让时承诺为政府（或者其他单位）在红线外配建设施，即红线外配建设施是“招拍挂”附带条件；第二种是自行配建，是开发商为提升开发楼盘品质经相关政府主管部门同意①自行在红线外配建设施且在项目完工后将红线外配建设施移交政府。

在土地增值税清算实务中，对于红线外配建支出是否允许扣除，各地税务机关的执法口径差异较大，主要有以下三种操作：第一种是无论是承诺配

① 应当取得主管行政机关表示批准或者同意的正式文件，否则可能涉嫌违法建造；涉嫌违法的自行配建在实务中比较少见，因此不在本书讨论范围之内。

建还是自行配建，红线外配建支出一律不得扣除，如山西省税务局、南昌市税务局等；[①] 第二种是承诺配建可以有条件地扣除，自行配建一律不得扣除，如湖北省税务局、重庆市税务局等；[②] 第三种是无论是承诺配建还是自行配建，只要符合客观性、真实性、合理性、相关性原则，均可扣除，如海南省税务局、广州市税务局等。[③] 土地增值税按超率累进税率征收，土地增值税额对扣除额的大小变化非常敏感。同等条件下，扣除额的增加或者减少，会对土地增值税额的增加或者减少产生重大影响。我国是法制统一的国家，按照税收法定原则，对纳税人纳税义务产生重大影响的课税要素，其规定应当是统一、确定且透明的。为什么各地对土地增值税扣除额的操作差异如此之大呢？

主要原因是法律规定不明确。《土地增值税暂行条例实施细则》第七条规定，"条例第六条所列的计算增值额的扣除项目，具体为：（一）取得土地使用权所支付的金额，是指纳税人为取得土地使用权所支付的地价款和按国

---

① 山西省地方税务局《关于发布〈房地产开发企业土地增值税清算管理办法〉的公告》第十九条第三项第四目规定，"土地红线外的绿化、修路、配套等支出，不得扣除"；国家税务总局南昌市税务局《对市十五届人大六次会议第98号建议的答复》第二条规定，"不论哪种情况，发生在红线外支出理论上均不是《土地增值税暂行条例实施细则》中规定的'本开发小区内'支出。综上，房地产开发企业的红线外支出，不列为土地增值税清算扣除项目，不予扣除"。

② 湖北省地方税务局《关于进一步规范土地增值税征管工作的若干意见》（鄂地税发〔2013〕44号，已失效）第七条规定，"……承诺为政府或其他单位建设公共设施或其他工程所发生的支出，能提供与本项目存在关联关系的直接依据的，可以计入本项目扣除项目金额；不能提供或者所提供依据不足的（如与建设项目开发无直接关联，仅为开发产品销售提升环境品质的支出，不得计入本项目扣除金额），不得计入本项目扣除金额"；重庆市财政局、重庆市地方税务局《关于印发〈土地增值税等财产行为税政策执行问题处理意见〉的通知》（渝财税〔2015〕93号）附件第一条第三项第一目规定，"房地产项目开发中，因统一规划、整体开发需要，在相邻地域建造公共设施，经土地出让合同约定的，发生的建造支出可作为'取得土地使用权所支付的金额'予以扣除。房地产企业应提供县级以上人民政府相关文件、决议以及规划证明材料"。

③ 海南省地方税务局《关于印发土地增值税清算有关业务问答的通知》（琼地税函〔2015〕917号，已失效）第八条规定，"……凡能提供政府有关部门出具的证明文件确认该项支出与建造本清算项目有直接关联的（含项目的土地使用权取得相关联的）支出，可以计入本项目扣除项目金额"；广州市地方税务局《关于印发2014年土地增值税清算工作有关问题的处理指引的通知》（穗地税函〔2014〕175号）第三条规定，"纳税人为取得土地使用权，在项目建设用地红线外为政府建设公共设施或其他工程发生的支出，根据《国家税务总局关于房地产开发企业土地增值税清算管理有关问题的通知》（国税发〔2006〕187号）第四条第一项确定的相关性原则，纳税人如果能提供国土房管部门的协议、补充协议，或者相关政府主管部门出具的证明文件的，允许作为取得土地使用权所支付的金额予以扣除"。

家统一规定交纳的有关费用。（二）开发土地和新建房及配套设施（以下简称房地产开发）的成本，是指纳税人房地产开发项目实际发生的成本（以下简称房地产开发成本），包括土地征用及拆迁补偿费、前期工程费、建筑安装工程费、基础设施费、公共配套设施费、开发间接费用……基础设施费，包括开发小区内道路、供水、供电、供气、排污、排洪、通讯、照明、环卫、绿化等工程发生的支出。公共配套设施费，包括不能有偿转让的开发小区内公共配套设施发生的支出……"《土地增值税暂行条例实施细则》第七条是迄今为止我国立法层面对于扣除项目最为详细的规定。但是，该条并没有明确"为取得土地使用权所支付的地价款"是否包含房地产开发企业为取得土地承诺配建设施所支付的费用，也没有在定义基础设施费、公共配套设施费时对"开发小区内"的外延作出明确界定，即没有明确"开发小区内"是否指"项目用地红线内"。《土地增值税暂行条例实施细则》第二十二条规定，"本细则由财政部解释，或者由国家税务总局解释"。然而，有权机关对这些至关重要的法律概念至今尚未作出明确解释，由此导致各地税务机关在实务中执法口径不一。

红线外配建支出可否在土地增值税清算时扣除？笔者认为，凡在项目开发过程中实际发生的且与获得增值额有关的合理的红线外配建支出，依法均应在土地增值税清算时扣除。所谓实际发生，是指物理形态的配建设施客观存在且能够提供相应的凭证以证明费用发生的真实性；所谓与增值额有关，是指费用发生与增值额的获得具有强相关性；所谓合理，是指符合商业常规，不以减少、迟延或者免除缴纳税款为主要目的。

笔者持此观点的主要理由是：土地增值税的征税对象是纳税人转让国有土地使用权、地上的建筑物及其附着物所取得的增值额；① 增值额是开发项目取得的全部收入减去税法规定的扣除项目金额后的余额；② 税法并未明确规定红线外配建支出不得作为土地增值税计算的扣除项目；③ 既无禁止，则只要符合客观性、真实性、合理性、相关性原则，即可扣除。所以，笔者赞

① 参见国家税务总局《关于印发〈土地增值税宣传提纲〉的通知》（国税函发〔1995〕110号）第五点。

② 参见《土地增值税暂行条例》第四条。

③ 参见《土地增值税暂行条例》第六条第一、二项，《土地增值税暂行条例实施细则》第七条第一、二项。

同部分税务机关的第三种操作，同时认为，第一种操作和第二种操作在合法性、合理性方面均有可商榷之处。

有关合法性问题。一是法定依据不足。“开发小区内”和“项目用地红线内”是两个不同的概念。迄今为止，尚无任何税收法律、税收行政法规或者财政部、国家税务总局的税收规章及税收规范性文件将“开发小区内”确定为“项目用地红线内”。各地税务机关的第一种操作和第二种操作实际上是把《土地增值税暂行条例实施细则》第七条中的“开发小区内”解释为“项目用地红线内”，这种解释没有法定依据。二是超越法定职权。《土地增值税暂行条例实施细则》第二十二条规定，“本细则由财政部解释，或者由国家税务总局解释”。在财政部或者国家税务总局对《土地增值税暂行条例实施细则》扣除项目中“为取得土地使用权所支付的地价款”和“开发小区内”的外延没有作出明确解释的情况下，各地税务机关，包括省、市、县（区）税务机关，都无权把“开发小区内”解释为“项目用地红线内”。三是与《立法法》规定相抵触。我国《立法法》（2023 年修正）第九十一条第二款规定，“……没有法律或者国务院的行政法规、决定、命令的依据，部门规章不得设定减损公民、法人和其他组织权利或者增加其义务的规范……”按举重以明轻的原则，税收规范性文件在没有上位法依据的情况下，同样不得设定减损纳税人权利或者增加其义务的规范。在《土地增值税暂行条例实施细则》没有对“为取得土地使用权所支付的地价款”和“开发小区内”的外延作出明确规定的情况下，部分税务机关的第一种和第二种操作，实质上是自行设定了增加纳税人义务的规范。[①]

有关合理性问题。一是没有考虑相关因素。无论是开发商承诺配建的资金投入还是开发商自行配建的资金投入，其目的都是取得土地使用权并通过土地开发获得增值收益。增值收益与红线外配建设施的投入具有很强的相关

---

① 国家税务总局《税务规范性文件制定管理办法》第二条规定，“本办法所称税务规范性文件，是指县以上税务机关依照法定职权和规定程序制定并发布的，影响纳税人、缴费人、扣缴义务人等税务行政相对人权利、义务，在本辖区内具有普遍约束力并在一定期限内反复适用的文件”。目前，税务机关对土地增值税清算（或者计算）有的以规范性文件公布，有的以内部指引未予公开。按照行政法相关原则，即便未予公开，也因影响纳税人权利、义务并在一定范围内具有普遍约束力且反复适用，而应归入规范性文件范畴。

性。如果计算增值额时，全部收益（包括货币性的收益和非货币性的收益）要计入收入，则理所当然地，凡具有客观性、真实性、合理性以及相关性的全部支出都应当予以扣除。如果不考虑实际发生的、合理的红线外配建设施支出与获得的收益的相关性并将其予以扣除，就背离了行政行为的合理性原则。二是不符合立法原则。《土地增值税暂行条例》的制定原则有三。其一，有效抑制炒买"地皮""楼花"等牟取暴利的投机行为；其二，维护国家权益，防止国家土地增值收益流失，增加国家财政收入；其三，保护从事正当房地产开发者的合法利益，使其得到一定的投资回报。[①] 红线外配建设施支出，显然不是炒买"地皮""楼花"等牟取暴利的投机行为，也不是为牟取土地自然增值收益的行为，因此，更应注重保护纳税人承诺资金投入或者自行额外资金投入所带来的收益。部分税务机关的第一种和第二种操作，片面强调增加国家财政收入，而没有从整体上考虑《土地增值税暂行条例》的立法原则。

最后，就如何解决实务中确实存在的各地税务机关执法口径不一的问题，笔者尝试提出以下三点参考建议。第一，结合"土地增值税法"的制订，在立法层面，明确规定立法原则、扣除项目，并对扣除项目作出相对具体的规定，或者对扣除项目的解释作出限制性规定。第二，财政部或者国家税务总局尽快对"为取得土地使用权所支付的地价款"是否包含房地产开发商为取得土地承诺配建设施所支付的费用以及"开发小区内"的外延予以明确，以统一执法口径。第三，企业若在"可否扣除"问题上产生分歧，可以依据税收法律法规，援引其他税务机关的做法，积极主动地与主管税务机关进行沟通，维护自身合法权益。

39. 民事案件中对扣缴义务人代扣代缴个人所得税的处理

依据税法的公法性原理，税法是强行法，人民法院在民事案件审判或者

① 参见国家税务总局《关于印发〈土地增值税宣传提纲〉的通知》（国税函发〔1995〕110号）第二点第三项。

执行程序中，应当遵从税法。《个人所得税法》第九条规定，个人所得税以所得人为纳税人，以支付所得的单位或者个人为扣缴义务人。在民事案件中，扣缴义务人履行代扣代缴义务时却常常受阻。

【案情简述】M公司与自然人甲劳动争议纠纷一案，法院于2016年5月24日对其作出判决：（1）M公司于本判决生效之日起七日内支付给甲解除劳动关系经济补偿金18,827.90元；（2）M公司于本判决生效之日起七日内支付给甲未签订书面劳动合同二倍工资差额76,412.35元；（3）M公司于本判决生效之日起七日内支付给甲四天未休年休假工资2718.80元。判决生效后，甲申请强制执行，M公司收到法院执行通知后，将76,993.15元汇到法院指定的银行账户。法院要求M公司按判决主文缴纳全额款项和执行费。M公司按法院要求将剩余款项20,965.9元和执行费241.49元汇到法院指定的银行账户。为此，M公司提出执行异议：M公司之前扣除的20,965.9元其是向税务机关代扣代缴甲的个人所得税款，法院执行行为有误，应予撤销。法院认为，生效判决确定M公司应给付的款项总额是97,959.05元，现M公司以其应履行甲个人所得税代扣代缴义务为由，对法院发出的执行通知书提出异议，实质上是其认为生效判决确认款项系税前数额，故代扣代缴的税款在判决金额中应予扣除，此异议属于对生效判决内容的异议，不应属于本案审查范围，M公司应通过其他途径解决，故对其异议请求不予支持。M公司不服，向上级法院申请复议但被驳回；再向上一级法院申诉，仍被驳回。①

笔者认为，法院驳回M公司的执行异议请求欠妥。

依照我国《个人所得税法》及其实施条例以及相关税收规范性文件规定，法院判决M公司向甲支付的解除劳动关系经济补偿金、未签订书面劳动合同二倍工资差额以及四天未休年休假工资都属于“工资、薪金所得”，甲是纳税人，应当缴纳个人所得税。②

法院判决M公司支付给甲的97,959.05元属于甲的税前收入额。税法规

① 参见北京市第二中级人民法院执行裁定书，（2017）京02执复65号；北京市高级人民法院执行裁定书，（2018）京执监7号。

② 《个人所得税法实施条例》（2011年修订）第八条第一款第一项规定，“工资、薪金所得，是指个人因任职或者受雇而取得的工资、薪金、奖金、年终加薪、劳动分红、津贴、补贴以及与任职或者受雇有关的其他所得”。

定的个人所得税计算方式，可以简化为：应纳个人所得税税额 = 应纳税所得额 × 税率；应纳税所得额 = 收入额 - 扣除额。可见，应纳税所得额是收入额的一部分，应纳个人所得税税额是应纳税所得额的一部分。由此推导出，应纳个人所得税税额是收入额的一部分。① 个人所得税是以税前收入额来计算的。即便当事人的合同约定支付的款项属于税后收入额，也应当换算为税前收入额以计算个人所得税。② 因此，如果当事人没有明确约定支付的金额属于税后收入额，或者法院判决书、调解书等法律文书没有明确支付的金额属于税后收入额，纳税人取得的收入额均为税前收入额。

M 公司应当依照税法规定履行代扣代缴义务。《个人所得税法》自 1980 年立法以来，虽经多次修正或者修订，但有关纳税人以及扣缴义务人的规定基本没有改变，即个人所得税，以所得人为纳税义务人，以支付所得的单位或者个人为扣缴义务人。《税收征收管理法》第六十九条规定，“扣缴义务人应扣未扣、应收而不收税款的，由税务机关向纳税人追缴税款，对扣缴义务人处应扣未扣、应收未收税款百分之五十以上三倍以下罚款”。M 公司是《个人所得税法》规定的扣缴义务人，应当依照税法规定履行代扣代缴税款义务，否则税务机关有权对 M 公司处以应扣未扣税款百分之五十以上三倍以下罚款。

法院在民事审判或者民事执行程序中应当遵守税法。税法是强行法规范，一切国家机关、社会组织、企事业单位和个人等都应当遵守。该案中，执行法院所谓“现 M 公司……提出异议，实质上是其认为生效判决确认款项系税前数额……属于对生效判决内容的异议，不应属于本案审查范围”的观点是不成立的。如前所述，如判决书未明确指出给付金额属于税后收入，则其应当属于税前收入。况且，M 公司也并未对判决确认的款项是税前还是税后收入额提出异议。问题的核心在于，M 公司依照税法规定履行代扣代缴义务，是否能够得到执行法院的支持？毫无疑问，应当得到执行法院的支持。我国

---

① 参见《个人所得税法》（2011 年修正）第六条第一款第一项；《个人所得税法》（2018 年修正）第六条第一款第一项、第二项。

② 参见国家税务总局《关于印发〈征收个人所得税若干问题的规定〉的通知》（国税发〔1994〕089 号）第十四条；国家税务总局《关于雇主为雇员承担全年一次性奖金部分税款有关个人所得税计算方法问题的公告》（国家税务总局公告 2011 年第 28 号）。

《民事诉讼法》以及最高人民法院的相关司法解释没有对如何处理扣缴义务人履行代扣代缴义务作出直接规定。尽管如此，近年来许多地方人民法院作出了有益尝试。比如，在扣缴义务人提出异议后，法院向税务机关发函，确认扣缴义务的履行情况，在得到税务机关确切答复后，对于确已代扣代缴的税款，视同扣缴义务人履行了相应的给付义务。①

40. 非纳税人原因产生的税款滞纳金的处理

税收征管网络系统具有强大的功能，在税务执法中起到非常重要的作用。将交易的涉税信息输入系统，系统会自动计算并输出涉税数据。一般情况下，征管人员只需按系统输出的数据进行税务处理即可。但是，有些交易可能有其特殊性，存在系统难以处理的相关因素。在此情形下，税务机关可能需要根据税法的公法性原理，在合法性与合理性之中进行权衡并作出决定。

【案情简述】2016 年 8 月自然人甲参加×省×县人民法院网络司法拍卖，竞得位于 G 省 F 市×区商品房 1 套，成交价款 255.8 万元。2016 年 8 月 9 日签订成交确认书，并于当日将价款汇入拍卖法院指定的银行账户。2016 年 9 月 7 日拍卖法院作出执行裁定书，裁定拍卖商品房归甲所有。甲持拍卖法院裁定书等到房产登记机构办理过户手续时被告知，该套房产对应的土地使用权被 G 省 F 市中级人民法院查封。甲和拍卖法院联系，了解到 G 省 F 市尚未实行房地一体登记，房产在住建局登记，土地在国土局登记。拍卖前，拍卖法院在住建局对房产所有权查封，没有在国土局对土地使用权查封，而土地

① 参见上海市第一中级人民法院执行裁定书，（2020）沪 01 执复 119 号。该案中，法院判决可口可乐饮料（上海）有限公司（以下简称可口可乐公司）支付陈某违法解除劳动合同赔偿金、额外经济补偿金等 150 万元，可口可乐公司代扣代缴 378,504.30 元后，将剩余款项支付给陈某。陈某以可口可乐公司未足额履行判决书确定的义务为由向法院申请强制执行，要求可口可乐公司向其支付 378,504.30 元。执行法院向税务机关发出《商请征询相关涉税问题的函》。税务机关回函："一、关于扣缴依据，可口可乐公司是生效判决确定的所得支付人，具有代扣代缴义务；二、关于金额计算与缴纳，可口可乐公司依据生效判决支付陈某的 150 万元，按照规定计算个人所得税为 378504.30 元，并已实际代扣代缴 378504.30 元，符合规定。"执行法院据此认定，被执行人可口可乐公司已履行完毕判决确定的义务，裁定驳回陈某的执行申请。

使用权被G省F市中级人民法院查封，这种情形下不能办理房产过户手续。甲请求拍卖法院和G省F市中级人民法院进行协调，2019年8月两个法院达成一致，拍卖法院将部分拍卖价款分配给G省F市中级人民法院，G省F市中级人民法院解除对土地使用权的查封，使得甲可以办理拍卖房产过户手续。办理过户前甲在税务机关办理纳税申报并缴纳税款，因拍卖成交确认书有包税条款，甲缴纳了房产过户涉及的增值税及附加、所得税等税款，另按征管系统计算被加收滞纳金72,502.22元。办完房产过户手续后，甲向税务机关申请税务行政复议，认为加收滞纳金不合法，请求税务机关退还加收的滞纳金72,502.22元。

笔者认为，税务机关应当撤销原具体行政行为，退还加收的滞纳税72,502.22元。理由如下。

1. 从表面上看，加收滞纳金具有合法性。《增值税暂行条例》第十九条第一款第一项规定，发生应税销售行为，增值税纳税义务发生时间为“收讫销售款项或者取得索取销售款项凭据的当天；先开具发票的，为开具发票的当天”。2016年8月9日甲签署成交确认书，当日将拍卖款项全部支付到法院指定的银行账户，当日增值税纳税义务发生。依照《税收征收管理法》第三十二条规定，纳税人未按照规定期限缴纳税款的，税务机关“从滞纳税款之日起，按日加收滞纳税款万分之五的滞纳金”。

2. 从实质上看，加收滞纳金不具有合理性。行政行为的合理性，是行政行为合法性的内在要求。它要求行政机关作出行政行为必须符合法律的目的，有合理的动机，符合情理，应考虑相关因素。房地分开登记的制度造成两个法院分别对房地进行查封，拍卖房产的法院事先仅查封了房屋所有权，没有查封对应的土地使用权，导致拍卖能否过户具有不确定性。同时，由于拍卖法院不能确定拍卖房产将来是否可以办理过户手续，拍卖价款一直冻结在法院账户，没有分配给申请执行人，严格来说不算是“收讫销售款项”，增值税纳税义务是否发生也存在争议。考虑上述因素，加收滞纳金不具有合理性。

41. 产品出口错报品名按视同内销或者差额返纳的处理

视同内销和差额返纳是办理出口退税业务所涉及的问题。出口退税，是指产品在出口前已在制造和其他环节负担了出口国的税收，为了贯彻出口国不征税而由进口国征税的消费地原则，应在产品出口时将产品负担的税收予以退还。我国从1985年开始按照消费地原则实行出口退税制度，而后随着税制改革和经济发展，出口退税制度不断调整和完善。[①] 该项制度的实施，为我国商品和服务走出国门参与国际竞争提供了坚实的保障；同时，许多企业在出口退税中出现了舞弊行为，甚至有大量不法分子利用该制度大肆骗取出口退税。对此，国家在法律和政策层面予以规制。在此过程中，有一部分企业因为违法行为受到视同内销的待遇，从而遭受非常严重的损失。下面通过一则案例，讨论视同内销的合法性、合理性以及受此待遇的企业如何救济其权利。

【案情简述】 2017年11月17日，A市海关向M公司送达《行政处罚决定书》。《行政处罚决定书》记载，2014年3月至2016年5月，M公司以一般贸易方式向A市海关申报某设备生产线11票，出口退税率为17%。海关经检查并归类，确认为某设备生产线下零部件，出口退税率为15%—17%。出口货物品名申报不实，影响国家出口退税管理，依法从轻处罚人民币354,000元。签收《行政处罚决定书》后，M公司没有在法定期间申请行政复议，也没有提起行政诉讼，按期缴纳了罚款。2018年3月，M公司收到主管税务机关通知，依据国家税务总局《关于出口货物劳务增值税和消费税有关问题的公告》（国家税务总局公告2013年第65号）第十三条及有关规定，对被海关处罚已办理出口退税的11票货物不适用增值税退（免）税政策，适用增值税征税政策，要求M公司在2018年4月16日前对上述已办理出口退（免）税数据自行冲减，并按适用增值税税率补申报。M公司经与主管税务机关沟通，自行冲减并补充申报后，须全额冲减免抵退税额（全额返纳）3,012,453.2元，视同内销销项税额2,451,233.9元。如果不视同内销，M

① 参见朱青编著：《国际税收》（第9版），中国人民大学出版社2018年版，第301页。

公司按差额冲减须冲减免抵退税额（差额返纳）358,036.3元。M公司愿意按差额返纳358,036.3元，不同意按全额返纳3,012,453.2元并视同内销计销项税额2,451,233.9元。争议由此而起。

视同内销，是出口货物（含服务，下同）已经真实报关出口的情况下，发现其存在某些违法行为，依照相关规定不适用出口增值税退税政策，而适用增值税征税政策。出口货物被视同内销后，销项税额以离岸价格计算，购进货物或者原材料不得退税，进项税额有条件地予以抵扣。视同内销相关规定源于财政部、国家税务总局《关于出口货物劳务增值税和消费税政策的通知》（财税〔2012〕39号），国家税务总局《关于出口货物劳务增值税和消费税有关问题的公告》（国家税务总局公告2013年第65号），国家税务总局《关于〈出口货物劳务增值税和消费税管理办法〉有关问题的公告》（国家税务总局公告2013年第12号）等规范性文件。

1. 视同内销规定的合法性存疑。《增值税暂行条例》第二条第一款第四、五项规定："纳税人出口货物，税率为零；但是，国务院另有规定的除外"；"境内单位和个人跨境销售国务院规定范围内的服务、无形资产，税率为零"。这是出口退税的法律依据。《增值税暂行条例》第二十五条第一款规定，"纳税人出口货物适用退（免）税规定的，应当向海关办理出口手续，凭出口报关单等有关凭证，在规定的出口退（免）税申报期内按月向主管税务机关申报办理该项出口货物的退（免）税；境内单位和个人跨境销售服务和无形资产适用退（免）税规定的，应当按期向主管税务机关申报办理退（免）税。具体办法由国务院财政、税务主管部门制定"。该条规定虽然授权国务院财政、税务主管部门制定出口退税具体管理办法，但没有授权其制定视同内销的规定。以规范性文件形式规定视同内销，实质上是有条件地否定了《增值税暂行条例》关于出口退税的规定，这种做法超出了法律授权范围。因此，视同销售规定的合法性存疑。

2. 视同内销规定不合理。行政行为合理性原则要求，行政机关作出行政行为，应当具有正当性、平衡性和情理性。正当性是指行政机关作出行政行为，在主观上必须出于正当的动机，在客观上必须符合正当的目的。平衡性是指行政机关在选择作出某种行为时，必须注意权利与义务、个人所受损害与社会所获利益、个人利益与国家集体利益之间的平衡。情理性是指行政机关作出行政行为，必须符合客观规律，合乎情理，不能要求行政相对人承担其无法履行或者违背情理的义务。如果企业在货物出口过程中有违法行为，行政机关对其违法行为所采取的措施应当与其违法行为的程度相匹配。上述案例中，企业的违法行为导致国家损失出口退税款358,036.3元。依据行政行为合理性原则，应当要求企业返纳358,036.3元，再施以适当的处罚措施，国家损失即可弥补，正常的管理秩序得以恢复。而出口货物一旦被视同内销，则出口环节的销项税额不能免，购进（货物或者原材料等）环节的进项税额不但不能退，而且很有可能不能作为正常内销予以抵扣，企业遭受的损失是5,463,687.1元（2,451,233.9+3,012,453.2）。国家的收益是其遭受损失的15.26倍（5,463,687.1/358,036.3），这种情形与行政行为合理性要求格格不入。关于适用视同内销（适用增值税征税政策），财税〔2012〕39号文第七条第一项列举的七种情形、国家税务总局公告2013年第12号第五条第九项列举的十五种情形、国家税务总局公告2013年第65号第十三条指出的一种情形，性质各不相同，在每个案例中表现出来的特征又有所不同，对囊括于这二十三种情形的所有案件一概适用视同内销，有违行政行为合理性原则。

3. 视同内销的规定对营商环境产生较大负面影响。为持续优化营商环境，国家层面和地方政府都做出了诸多努力。然而，营商环境的优劣，市场主体对其的感知度最强。上述案例中，企业除被税务机关视同内销外，还被海关处以行政处罚，罚款354,000元。被海关处罚的法律依据是《海关行政处罚实施条例》第十五条，“进出口货物的品名、税则号列、数量、规格、价格、贸易方式、原产地、启运地、运抵地、最终目的地或者其他应当申报的项目未申报或者申报不实的，分别依照下列规定予以处罚，有违法所得的，没收违法所得：……（五）影响国家外汇、出口退税管理的，处申报价格10%以上50%以下罚款”。可见，因为“影响国家出口退税管理”，被海关罚一道，再被税务机关视同内销罚一道，[①] 一个违法行为在不同国家机关被处罚，且累计处罚的金额是企业违法所得的16.25倍［（354,000+5,463,687.1）/358,036.3］，这与《优化营商环境条例》第四条所规定的“坚持市场化、法治化、国际化原则”“完善法治保障”“为各类市场主体投资兴业营造稳定、

① 视同内销不是行政处罚，而实质上比行政处罚更为严苛，所以此处用“罚一道”的表述。

公平、透明、可预期的良好环境”背道而驰。

上述案例中的M公司，从最严重的方向去讲，可能被认为假报出口货物品名，骗取出口退税，被处以骗取税款1倍以上5倍以下罚款；甚至涉嫌构成骗取出口退税罪，招致企业以及相关主管人员承担刑事责任，被处以骗取税款1倍以上5倍以下罚金。① 如果仅给予视同内销待遇，虽然企业觉得非常难以接受，但也说明税务机关已经考虑相关因素而没有顶格处理。国家为鼓励出口，依照世贸规则及国际惯例，制定出口退税政策，作为企业，应当诚信经营，依法纳税和取得出口退税。如果企业因违法即将受到视同内销待遇，笔者提出以下应对策略，可供企业参考。

1. 慎启复议或者诉讼法律程序。依照《行政复议法》第二条和《行政诉讼法》第二条规定，企业不服行政机关对其作出的行政行为，可以申请行政复议或者提起行政诉讼，请求上级行政机关或者法院予以撤销（在复议程序可以申请变更）。但是，企业遭遇类似上述案例的行政行为，如果考虑申请行政复议或者提起行政诉讼，应当慎之又慎。其一，企业出口货物被视同内销，主要原因是财政部、国家税务总局的规范性文件有此明确规定，税务机关只能依据规范性文件执行，否则，会存在执法风险。其二，虽然法律规定在行政复议和行政诉讼中，可以附带申请对财政部、国家税务总局制定的规范性文件的合法性予以审查，但是，迄今为止未见成功的案例。其三，依照《税收征收管理法》第八十八条第一款规定，如果与税务机关有纳税方面的争议，提起行政诉讼之前应当先申请税务行政复议，在申请税务行政复议之前，应当先缴纳或者解缴税款和滞纳金或者提供为税务机关所认可的担保。假定满足了申请税务行政复议的条件，申请行政复议以及提起行政诉讼，也殊难取得满意的效果。所以，启动复议和诉讼法律程序，是在万不得已的情况下才去考虑。

---

① 《税收征收管理法》第六十六条第一款规定，“以假报出口或者其他欺骗手段，骗取国家出口退税款的，由税务机关追缴其骗取的退税款，并处骗取税款一倍以上五倍以下的罚款；构成犯罪的，依法追究刑事责任”；《刑法》第二百零四条第一款规定，“以假报出口或者其他欺骗手段，骗取国家出口退税款，数额较大的，处五年以下有期徒刑或者拘役，并处骗取税款一倍以上五倍以下罚金；数额巨大或者有其他严重情节的，处五年以上十年以下有期徒刑，并处骗取税款一倍以上五倍以下罚金；数额特别巨大或者有其他特别严重情节的，处十年以上有期徒刑或者无期徒刑，并处骗取税款一倍以上五倍以下罚金或者没收财产”。

2. 及时、主动申请调整出口退税申报数据。纳税申报有错的，企业及时申请更正，主动消除违法行为的后果，都是法律法规和规范性文件鼓励的行为。税务行政机关很可能会基于维护营商环境等多种考虑，有条件地允许企业自行纠错，撤销之前的申报数据，重新申报更正后的数据，由此实现按差额返纳。这里需要强调的是，企业申请更正重在及时，一旦发现错误，马上考虑纠正。

3. 积极与税务机关沟通，实现进项税额抵扣。在穷尽其他方式无法按差额返纳的情况下，企业可主动与税务机关沟通，请求在视同内销时，准予抵扣进项税额。按现行规范性文件规定以及税收征管实务惯例，出口货物被视同内销，返纳全部出口退税后，购进货物所发生的进项税额如要抵扣，应当按照国家税务总局公告 2013 年第 65 号第十二条第一款规定，向税务机关申请开具《出口货物转内销证明》。值得注意的是，该条第二款列举了六种不得开具《出口货物转内销证明》的情形。[①] 如果税务机关认为存在该六种情形，企业不可盲从，应当自行甄别。企业如果认为税务机关的判断不符合事实，则应提供相应的证据，进行有效沟通。另外，上述规定是针对外贸出口企业的，生产出口企业也可商请税务机关从行政行为的合理性以及保护营商环境角度考虑，参照上述规定对购进货物发生的进项税额准予抵扣，从而大幅减少企业损失。上述案例中，如果购进货物进项税额可以抵扣，企业的损失就是海关处罚额加上反纳的出口退税款减去本应反纳的差额共计 3,008,416.9 元（3,012,453.2 + 354,000 - 358,036.3）。这样的结果虽然未必公平，但毕竟为企业减少了很大一部分损失。

上述案例发生在 2018 年，争议发生时适用最高人民法院《关于审理骗取

---

① 国家税务总局《关于出口货物劳务增值税和消费税有关问题的公告》（国家税务总局公告 2013 年第 65 号）第十二条第二款规定："主管税务机关在审核外贸企业《出口货物转内销证明申报表》时，对增值税专用发票交叉稽核信息比对不符，以及发现提供的增值税专用发票或者其他增值税扣税凭证存在以下情形之一的，不得出具《出口货物转内销证明》：（一）提供的增值税专用发票或海关进口增值税专用缴款书为虚开、伪造或内容不实；（二）提供的增值税专用发票是在供货企业税务登记被注销或被认定为非正常户之后开具；（三）外贸企业出口货物转内销时申报的《出口货物转内销证明申报表》的进货凭证上载明的货物与申报免退税匹配的出口货物报关单上载明的出口货物名称不符。属于同一货物的多种零部件合并报关为同一商品名称的除外；（四）供货企业销售的自产货物，其生产设备、工具不能生产该种货物；（五）供货企业销售的外购货物，其购进业务为虚假业务；（六）供货企业销售的委托加工收回货物，其委托加工业务为虚假业务。"

出口退税刑事案件具体应用法律若干问题的解释》（法释〔2002〕30号，以下简称《出口退税解释》，已失效）。《出口退税解释》第一条和第二条列举了八种属于“假报出口或者其他欺骗手段”的情形。上述案例中M公司的行为如果被刑事追诉，只能落入“以其他手段骗取国家出口退税款”的兜底条款。这就使得M公司的行为游走于罪与非罪的边缘，所以上文对于M公司可能承担的刑事责任并没有详细论述。2024年3月15日，最高人民法院、最高人民检察院发布《关于办理危害税收征管刑事案件适用法律若干问题的解释》（法释〔2024〕4号，以下简称《危害税收征管解释》）。《危害税收征管解释》第七条列举了八种属于“假报出口或者其他欺骗手段”的情形，其中第四种情形是“虽有出口，但虚构应退税出口业务的品名、数量、单价等要素，以虚增出口退税额申报出口退税的”。上述案例中M公司属于虚构“应退税出口业务的品名”且落入“骗取国家出口退税款数额十万元以上不足五十万元”的“数额较大”区间，极有可能构成骗取出口退税罪。因此，如果《危害税收征管解释》生效后，M公司实施上述案例中的行为，应当在新的司法环境、执法环境中重新进行法律分析并制定有效的应对策略。

42. 未申报城镇土地使用税的税款追征期的认定[①]

虽然税收征管法规定了税款追征期，但法律规定不足以涵盖实务中的各种情形，因此常常发生有关税款追征期的争议。

【案情简述】2004年3月1日，自然人甲和A市某区政府国土管理部门签署《工业用地使用权出让合同》，以出让方式取得一幅坐落于A市某区面积为2384平方米的工业用地，支付土地出让金及相关税费100万元。2004年3月3日出让方和受让方办理该幅工业用地交接手续。取得该幅工业用地后，甲在地上建成简易工业用房（未办房产证），并将其向外出租。2015年11月8日，甲与自然人乙签署《土地使用权转让合同》，将该幅工业用地使用权及

① 本部分刊载于《广东律师》2016年第2期，编入本书作少量修订。

地上建筑物转让给乙，转让价款178万元。在办理土地使用权过户登记手续时，主管税务机关确定了甲在本次转让中应当缴纳的营业税及附加、土地增值税、个人所得税、印花税税款金额，确定了乙应当缴纳的契税税款金额。在办税过程中，税务机关发现甲自2004年3月3日取得该工业用地使用权至本次转让，从未申报缴纳城镇土地使用税，遂通知甲应当缴纳2004年4月至2015年9月城镇土地使用税155,012元，滞纳金155,012元。甲咨询专业人员后，对税务机关确定的本次转让须缴纳的税费没有异议，但对通知缴纳的城镇土地使用税以及滞纳金有异议。理由是2004年4月至2010年9月的城镇土地使用税已过追征期，税务机关不应追征；甲仅应缴纳2010年10月至2015年9月的城镇土地使用税及相应的滞纳金。税务机关并不认可甲的观点，并告知甲，如果不缴纳税务机关核定的城镇土地使用税及滞纳金，则不予办理本次土地使用权转让纳税申报手续。甲就税务机关的征税行为向律师咨询。对甲未申报缴纳的2004年4月至2015年9月的城镇土地使用税，税务机关如何确定追征期？

上述案例，甲之所以对税务机关确定的城镇土地使用税征收期间有异议，主要基于税法关于税款追征期的规定。

1. 有关税款追征期的规定。税款追征期是指因纳税人、扣缴义务人未缴或者少缴应缴纳的税款，税务机关有权向纳税人追征税款的期限。我国现行《税收征收管理法》第五十二条第一款规定，“因税务机关的责任，致使纳税人、扣缴义务人未缴或者少缴税款的，税务机关在三年内可以要求纳税人、扣缴义务人补缴税款，但是不得加收滞纳金”；该条第二款规定，“因纳税人、扣缴义务人计算错误等失误，未缴或者少缴税款的，税务机关在三年内可以追征税款、滞纳金；有特殊情况的，追征期可以延长到五年”；该条第三款规定，“对偷税、抗税、骗税的，税务机关追征其未缴或者少缴的税款、滞纳金或者所骗取的税款，不受前款规定期限的限制”。《税收征收管理法实施细则》第八十二条规定，“税收征管法第五十二条所称特殊情况，是指纳税人或者扣缴义务人因计算错误等失误，未缴或者少缴、未扣或者少扣、未收或者少收税款，累计数额在10万元以上的”。上述法条，列举了三种情形，规定的税款追征期有三年、五年和无限期。但是，上述法条仅列举了纳税人、扣缴义务人未缴、少缴税款的三种情形，并未涵盖全部情形。尤其是对于既不属于纳税人、扣缴义务人计算错误等失误，又不属于偷税、抗税、骗税的情形，《税收征收管理法》以及《税收征收管理法实施细则》均未明确税款追征期。国家税务总局在2009年6月15日作出《关于未申报税款追缴期限问题的批复》(国税函〔2009〕326号)。该批复指出，“税收征管法第六十四条第二款规定的纳税人不进行纳税申报造成不缴或少缴应纳税款的情形不属于偷税、抗税、骗税，其追征期按照税收征管法第五十二条规定的精神，一般为三年，特殊情况可以延长至五年”。由此，明确了“不进行纳税申报造成不缴或少缴应纳税款”情形下的追征期问题。

2. 关于国税函〔2009〕326号文的适用。在税收征管工作中，有的税务机关对执行国税函〔2009〕326号文心存疑虑。理由是该文仅是一个批复，在法律体系中，效力等级过低；而且，该文仅是对新疆维吾尔自治区地方税务局的批复，并没有转发其他省税务局，在其他省是否适用，也难以把握。笔者认为，在税收征管工作中，税务机关应当适用国税函〔2009〕326号文。第一，国家税务总局作为指导全国税收征管工作的执法机关，有权对税收执法工作中遇到的问题，作出行政解释。国税函〔2009〕326文属于税收征管文件，该文件正是对税收法律、法规、规章未明确而在实际税收征管工作中需要解决的问题作出的行政解释。[①] 第二，国税函〔2009〕326文不与上位法相抵触。我国《立法法》(2015年修正)第八十条第二款规定，“没有法律或者国务院的行政法规、决定、命令的依据，部门规章不得设定减损公民、法人和其他组织权利或者增加其义务的规范”。按照“举重以明轻”的法律解释原则，部门规章以下的规范性文件、其他文件没有法律或者国务院的行政法规、决定、命令的依据，也不得设定减损公民、法人和其他组织权利或者增加其义务的规范。国家税务总局的国税函〔2009〕326文是对公民、法人和其他组织的权利的保障，有利于行政相对人，该文与《立法法》等上位法的规定不相抵触。第三，在司法实务中，国税函〔2009〕326文应当成为司法机关认定行政行为是否合法的依据。我国《行政诉讼法》第五十三条第一款规定，“公民、法人或者其他组织认为行政行为所依据的国务院部门和

---

① 参见袁森庚：《有关税款追征期的理解——国税函〔2009〕326号文解读》，载《湖南税务高等专科学校学报》2009年第6期。

地方人民政府及其部门制定的规范性文件不合法，在对行政行为提起诉讼时，可以一并请求对该规范性文件进行审查”；第六十四条规定，“人民法院在审理行政案件中，经审查认为本法第五十三条规定的规范性文件不合法的，不作为认定行政行为合法的依据，并向制定机关提出处理建议”。据上述规定，对于规范性文件是否可以作为行政行为合法的依据，《行政诉讼法》从背面予以明晰，即国务院部门和地方人民政府及其部门制定的规范性文件合法，可以作为行政行为合法的依据。

通过以上分析，可以得出以下结论：上述案例中，纳税人甲的异议是成立的；税务机关可适用五年追征期规定，要求甲补缴2010年10月至2015年9月的城镇土地使用税，并要求缴纳该期间税款滞纳金；对2004年4月至2010年9月的城镇土地使用税，因超过追征期限，不再追征。

43. 企业破产清算申报预缴清算企业所得税问题

若企业进入破产清算程序，拍卖或者变卖土地、厂房、机器设备等资产，则应当依照税法规定申报缴纳印花税、增值税及附加、土地增值税等流转税，是否需要申报预缴清算企业所得税？这是破产管理人履职过程中常常遇到的一个有争议的问题。

【案情简述】某破产企业注册资本是1000万元，出资人已实际出资。法院受理破产案件之前，该企业多年经营亏损，严重资不抵债，无法清偿到期债务。该企业主要财产是登记在其名下一幅土地的使用权，该幅土地上设定了抵押权，抵押权人是银行，抵押债权9500万元。该企业尚欠职工工资及补偿金350万元，欠普通债权人的债务金额为7000万元。法院宣告该企业破产后，破产管理人依法处置企业财产。土地拍卖成交价是10,500万元，破产管理人已经缴纳增值税500万元，印花税、城建税、教育费附加、地方教育费附加以及土地增值税等770万元。税务机关还要求破产管理人申报预缴清算企业所得税，否则不予出具完税证明。没有税务机关出具的完税证明，将无法办理产权变更登记手续。此时，破产管理人咨询，由于土地使用权尚未完成权属变更登记手续，破产财产分配方案无法确定，在此情形下，是否应当按税务机关的要求申报预缴清算企业所得税？

笔者的观点是税务机关的要求不合法也不可行，分析如下。

1. 与《企业破产法》相抵触。《企业破产法》第一百零九条规定，“对破产人的特定财产享有担保权的权利人，对该特定财产享有优先受偿的权利”。该法第一百一十三条第一款规定，“破产财产在优先清偿破产费用和共益债务后，依照下列顺序清偿：（一）破产人所欠职工的工资和医疗、伤残补助、抚恤费用，所欠的应当划入职工个人账户的基本养老保险、基本医疗保险费用，以及法律、行政法规规定应当支付给职工的补偿金；（二）破产人欠缴的除前项规定以外的社会保险费用和破产人所欠税款；（三）普通破产债权”。上述两个条文确定了债权清偿顺序。结合该案，除优先清偿破产费用和共益债务外，清偿顺序应当是：（1）银行的抵押债权 9500 万元；（2）职工工资及补偿金 350 万元；（3）所欠税款；[①]（4）普通债权 7000 万元。如果按照税务机关的要求申报预缴清算所得税，即将上述第三顺位的税收债权提升到抵押债权之前，违反了《企业破产法》关于破产财产清偿债权的顺位的规定。假定暂不考虑清算费用，只考虑已清偿资产变价产生的共益债务 1270 万元（增值税及附加、印花税、土地增值税等），拍卖土地后，可用于清偿债权的剩余资金为 9230 万元（10,500 - 1270）。该资金已不足以清偿上述第一顺位和第二顺位的债权总额 9850 万元（9500 + 350）。在此情形下，如果按税务机关的要求申报预缴清算所得税，则损害了企业职工的合法权益，甚至侵害到抵押权人的抵押债权。

2. 没有税法上的依据。《企业所得税法》第五十三、五十四和五十五条分别规定了企业所得税纳税期间、税款预缴、汇算清缴以及清算所得税。综合三个条文可知，企业持续经营期间，一般以公历年为企业所得税纳税年度；税款分月或者分季申报预缴，纳税年度终结后五个月内汇算清缴。对于企业非持续经营的清算程序中企业所得税纳税期间，《企业所得税法》第五十三

---

① 财政部、国家税务总局《关于企业清算业务企业所得税处理若干问题的通知》（财税〔2009〕60 号）第五条第一款规定，“企业全部资产的可变现价值或交易价格减除清算费用，职工的工资、社会保险费用和法定补偿金，结清清算所得税、以前年度欠税等税款，清偿企业债务，按规定计算可以向所有者分配的剩余资产”。据此规定，清算所得税应当在第三清偿顺位。

条第三款规定："企业依法清算时，应当以清算期间作为一个纳税年度。"在清算纳税年度期间，是否应当分月或者分季预缴清算企业所得税款？第五十五条第二款规定，"企业应当在办理注销登记前，就其清算所得向税务机关申报并依法缴纳企业所得税"。值得注意的是，该条规定了清算企业所得税缴纳时限为办理注销登记前，并没有提及清算所得税预缴及汇算清缴问题。除《企业所得税法》外，《企业所得税法实施条例》甚至国家税务总局的规范性文件也没有对清算所得税预缴规定。因此，税务机关要求破产管理人在拍卖土地办理权属变更登记前申报预缴清算企业所得税，在税法上并无依据。

3. 操作上不可行。《企业所得税法实施条例》第十一条第一款规定，"企业所得税法第五十五条所称清算所得，是指企业的全部资产可变现价值或者交易价格减除资产净值、清算费用以及相关税费等后的余额"。财政部、国家税务总局《关于企业清算业务企业所得税处理若干问题的通知》（财税〔2009〕60 号）对上述规定进一步解释，确定了清算企业所得税的处理规则。按照财税〔2009〕60 号文第四条规定，清算所得 = 企业全部资产可变现或者交易价格 – 资产的计税基础 – 清算费用 – 相关税费 + 债务清偿损益等后的余额。其中，债务清偿损益等后的余额 = 债务总额 – 实际清偿总额。企业被法院宣告破产，是由于企业不能清偿到期债务，并且资产不足以清偿全部债务或者明显缺乏清偿能力（《企业破产法》第二条）。破产清算中，破产债权一般难以足额清偿，即债务总额 > 实际清偿总额，因此会产生债务清偿损益。而且，债务清偿率越低，债务清偿损益越高。因此，债务清偿损益是计算破产清算所得的重要组成部分。在破产清算实务中，债权申报可能并非一次完成、破产财产可能分批次变卖、破产债权可能分批次清偿、清算费用以及共益债务可能持续发生，一宗破产案件从受理到审结可能持续数年甚至十年以上。由于上述多种因素共同影响，在全部破产财产分配完毕之前，债务清偿数额以及清偿率根本无法确定，债务清偿损益也无法确定，因此，清算所得自然也无从计算。该案中，破产管理人依法拍卖土地使用权，正在办理权属变更登记手续，依法缴纳了土地使用权流转过程中的税费，土地使用权还没有变更登记到买受人名下，尚未开始编制财产分配表，债权清偿数额及清偿率都还是未知数，债务清偿损益及清算所得也都是未知数。在此情形下，破产管理人根本无法申报预缴清算企业所得税。

税收债权是公法之债，有其特殊性。为保障税收足额征收，国家以法律形式对税收债权的发生、行使、终止予以确定。在破产清算中，作为公法之债的税收与私法之债（清算费用、共益债务、担保债权、普通债权）共存于破产程序之中。税收债权的行使应当于法有据，恰如其分，既不越位，也不缺位。

44. 起诉税务机关要求核定征收的正当性问题

《税收征收管理法》第三十五条规定，税务机关在该条列举的六种情形下有权核定征收。研读该条文，可以发现，除第一种情形外，其他五种情形都具有税收违法性。[①] 因此，核定征收对纳税人应当具有一定的惩戒性。而在税收征管实务中，很多税种的纳税人都希望税务机关核定征收，土地增值税尤甚。也有纳税人为实现核定征收，提起税务行政诉讼。

【案情简述】2015年9月23日，重庆市第五中级人民法院依法拍卖M公司名下国有土地使用权及地上建筑物、构筑物、机器设备等，N公司竞得，拍卖成交价170,389,536元，其中不动产134,547,136元，动产35,842,400元。2015年10月8日，忠县地方税务局忠州第一税务所（以下简称忠州一所）了解到上述情况，向N公司调查收集M公司资产被拍卖相关资料。2015年10月15日，忠州一所作出并向M公司送达《税务事项通知书》（忠地税一所税通〔2015〕15号），限M公司于2015年10月30日前缴纳土地增值税33,925,469.52元（后变更为32,125,469.52元）。同日，忠州一所作出《税务事务通知书》（忠地税一所税通〔2015〕12号），并于次日送达M公司。

---

① 《税收征收管理法》第三十五条第一款规定，“纳税人有下列情形之一的，税务机关有权核定其应纳税额：（一）依照法律、行政法规的规定可以不设置账簿的；（二）依照法律、行政法规的规定应当设置账簿但未设置的；（三）擅自销毁账簿或者拒不提供纳税资料的；（四）虽设置账簿，但账目混乱或者成本资料、收入凭证、费用凭证残缺不全，难以查账的；（五）发生纳税义务，未按照规定的期限办理纳税申报，经税务机关责令限期申报，逾期仍不申报的；（六）纳税人申报的计税依据明显偏低，又无正当理由的”。

该通知书要求M公司在2015年10月20日前提交土地增值税扣除项目的相关资料，M公司未在指定的期限提交。2015年11月27日，买受人N公司代M公司缴纳土地增值税32,125,469.52元。之后，M公司向忠州一所上级税务机关申请行政复议，请求撤销忠州一所征税决定，其中一个理由是本案符合核定征收情形，但忠州一所没有采用核定征收，而是采用查账征收，这属于认定事实不清，适用法律错误。复议机关作出复议决定，维持忠州一所的征税行为。M公司不服，于2016年4月5日向法院提起行政诉讼，请求撤销忠县地方税务局复议决定。法院经审理，判决驳回M公司诉讼请求。①

M公司以税务机关未予核定征收的理由不成立，分析如下。

1. 核定征收是税务机关的权力。《税收征收管理法》第三十五条规定，"纳税人有下列情形之一的，税务机关有权核定其应纳税额"。此处规定税务机关"有权核定"，而不是"应当核定"。"有权核定"是权力，"应当核定"是义务。"有权核定"是赋予税务机关核定征收的权力，而不是为税务机关设定义务。换句话说，在个案中，税务机关可以在遵循统一尺度的前提下，依职权判定是否采用核定征收，如果认为不宜采用核定征收，可以采用查账征收。

2. 核定征收可能使税款减少。M公司在收到《税务事务通知书》（忠地税一所税通〔2015〕12号）后，没有在税务机关指定的期限提交土地增值税扣除项目相关资料。税务机关采用查账征收，依据其从N公司以及执行法院调取的相关资料，确定M公司应缴土地增值税32,125,496.52元。计算过程：(转让不动产收入134,547,136元－取得土地使用权所支付7,133,521.00元－旧房及建筑物评估价格38,961,000元－转让不动产缴纳税费7,547,715.67元－房屋评估费431,761元）×税率50%－（取得土地使用权所支付7,133,521.00元＋旧房及建筑物评估价格38,961,000元＋转让不动产缴纳税费7,547,715.67元＋房屋评估费431,761元）×速算扣除系数15%。税务机关如果采用核定征收，可以征收的土地增值税款是10,763,770.88元。计算过程：转让不动产收入134,547,136元×核定征收率8%。上述核定征收率依据重庆市地方税务局《关于土地增值税核定征收率的公告》（重庆市地方税务局公告2014年

① 参见重庆市第二中级人民法院行政判决书，(2017）渝02行终118号。

第3号）确定。也就是说，若采用查账征收，税款是32,125,496.52元，若采用核定征收，税款是10,763,770.88元，前者几乎是后者的三倍。①

3. 核定征收漏洞较多。该案中，不排除M公司为了达到核定征收的目的，没有在忠州一所指定的期间提供土地增值税扣除项目相关资料，故意“符合”税法规定的核定征收的情形。实务中，确有纳税人为了“符合”税法规定的核定征收情形，使用各税手段进行“税务筹划”，造成国家税款流失。为了堵塞漏洞，税务机关对核定征收会审慎适用。从严适用核定征收，符合《税收征收管理法》“加强税收征收管理，保证国家税收收入”的立法目的。

因此，M公司起诉税务机关并请求其采用核定征收不具有正当性。

45. 企业承诺与退税申请权行使的问题

纳税人发现多缴税款的，有权依照法律规定申请退还。实务中，常有因纳税人行使退税申请权而引发争议、最终以行政诉讼方式解决的情形。

【案情简述】 甲公司从2003年下半年整体搬入兴城市羊安乡刘八斗村经营，工商登记住所地也是兴城市羊安乡刘八斗村。2016年甲公司的主管税务机关A市税务局在工作中发现，甲公司被划归的纳税范围地为“兴城市曹庄工业园区范围”，与实际经营地、注册地不符，2004年1月以来，甲公司被错征房产税2,526,019.85元、城镇土地使用税5,771,121.44元，多征城建税1,780,167.60元。甲公司得知其被错征、多征税款后，与A市税务局协商，请求停征房产税、城镇土地使用税，把城建税税率调低到1%。A市税务局回复：“要想停征、减征税款，必须不许追以前已经缴纳的税款。”甲公司承诺，“只要能停征、减征，就不要求退税”。2016年3月14日，A市税务局对甲公司停征房产税、城镇土地使用税，把城建税税率从原来的7%调减到1%。甲公司随即向A市税务局申请退还错征、多征的税款。A市税务

① 相关数据来源于该案判决书。

局基于甲公司之前的承诺，不予准许。甲公司申请税务行政复议，被驳回，后向法院提起税务行政诉讼。经过一审、二审，法院判决A市税务局向甲公司退还全部错征、多征的税款，并按同期银行活期存款利率加算利息。[①]

A市税务局不能以甲公司之前作出的“只要能停征、减征，就不要求退税”承诺为依据，作出不予退税的决定。

1. 甲公司有权依照税法规定纳税。《房产税暂行条例》第一条规定，“房产税在城市、县城、建制镇和工矿区征收”。《城镇土地使用税暂行条例》第二条第一款规定，“在城市、县城、建制镇、工矿区范围内使用土地的单位和个人，为城镇土地使用税（以下简称土地使用税）的纳税人”。《城市维护建设税暂行条例》（1985年公布）第四条规定，纳税人所在地在市区的，税率为7%；纳税人所在地在县城、镇的，税率为5%；纳税人所在地不在市区、县城或镇的，税率为1%。据此规定，甲公司在2003年整体搬入兴城市羊安乡刘八斗村之后，不是房产税和城镇土地使用税的纳税人，城建税应当适用的税率为1%。2004年1月以来，A市税务局对其征收房产税、城镇土地使用税，系错征；城建税适用7%的税率征收，系多征。

2. A市税务机关有义务依照税法规定退还甲公司被错征、多征的税款。《税收征收管理法》第五十一条规定，“纳税人超过应纳税额缴纳的税款，税务机关发现后应当立即退还；纳税人自结算缴纳税款之日起三年内发现的，可以向税务机关要求退还多缴的税款并加算银行同期存款利息，税务机关及时查实后应当立即退还”。A市税务局对于错征、多征的税款，一经发现，理应立即自行纠正。一方面，对房产税、城镇土地使用税立即停征，把城建税的税率从7%调整为1%；另一方面，按上述规定，立即退还错征、多征的税款。

3. 甲公司的承诺不构成其行使申请退税权的障碍。甲公司得知A市税务局错征、多征税款后，提出停征、减征的请求，是其遵守税法、维护其权益的正当行为。A市税务局回复称，“要想停征、减征税款，必须不许追以前已经缴纳的税款”。面对这样的回复，为了达到停征、减征的目的，甲公司承诺“只要能停征、减征，就不要求退税”。这种承诺是在其受到胁迫的情

① 参见辽宁省葫芦岛市中级人民法院行政判决书，（2020）辽14行终12号。

况下作出的，违背甲公司真实意思，应属无效。甲公司要求退还错征、多征的税款，系依照《税收征收管理法》第五十一条规定行使申请退税权的行为。申请退税权是法律赋予纳税人的权利，之前的承诺不能阻止其行使法定权利。

本章结语

本章结语部分，谈谈纳税人的退税权①问题。本章涉及纳税人获得退税权利问题的实务案例有六个。这些实务案例中，有税务机关依纳税人申请履行了退税义务的；有税务机关认为纳税人的退税申请没有事实与法律依据，拒绝退税的；有纳税人申请退税不成诉至法院，法院判决税务机关胜诉或判决税务机关败诉的。纳税人行使退税申请权在实务中易发生争议，主要原因有三个。

一是法律规定对纳税人获得退税权利保护不足。《税收征收管理法》第五十一条以及《税收征收管理法实施细则》第七十八条虽然规定了纳税人的退税申请权，但相关概念不够清晰。比如，法条中规定纳税人“可以向税务机关要求退还多缴的税款”，但什么是“多缴的税款”，法律没有作出界定，实务中有不同理解，又如合同被撤销、解除或者变更导致征税对象不存在、计税依据降低，之前已缴纳的税款是否属于“多缴的税款”的问题。

二是税务机关的行政解释模棱两可。比如国税函〔2005〕130 号文，所表述的“转让行为结束”“是另一次股权转让行为”“执行仲裁委员会作出的解除股权转让合同及补充协议的裁决”“收入未完全实现”“根据个人所得税法和征管法的有关规定”等，存在与民法规定相脱离、含混不清的问题。

三是部分实务工作人员按照文件征税的意识较强。对于纳税人行使退税申请权，凡有文件规定可以退税的则按执行文件规定办理，凡文件没有规定可以退税的则不予退税，凡文件规定模糊的，则按各自理解执行。比如，在执行国税函〔2005〕130 号文的过程中，有的人认为既然文件规定了“执行

① 此处讨论的获得退税的权利，是基于民事法律行为或者事实行为引起的征税对象不存在或者计税依据降低而导致纳税人行使退税申请权并获得退税的权利的情形，不包括出口退税和增留抵退税。

仲裁委员会作出的解除股权转让合同及补充协议的裁决”的，可以退税，那么“执行人民法院解除股权转让合同及补充协议的判决书、裁定书”的，也可以退税，但“执行人民法院解除股权转让合同及补充协议的调解书”的，就不能退税等。

除以上三个原因外，也存在部分纳税人误解法律的问题，比如在借名买房的房产转回的税务处理中，如何保障纳税人的退税申请权、降低执法风险？笔者认为，应当建立税法思维。纳税人的退税申请权、获得退税权属于公法的范畴，体现税法的公法性；退税申请权的行使一般是基于民事法律行为的变更（比如合同解除、变更等）或者事实行为（比如合同被宣告无效、法人营业地的迁移等），着眼于民事法律行为变更的效力以及事实行为引起的法律后果，然后在税法上进行评价，体现税法的依赖性；如果民事主体的法律行为在民法上的评价存在瑕疵（如借名买房的房产所有权回转）或者不具有合理的商业目的，驳回其退税申请，体现税法的独立性。

第七章

程序权利维护

纳税人与税务机关发生争议，可以行使法律赋予的程序权利，包括陈述权、申辩权、申请行政复议权、提起行政诉讼权等。行使程序权利，应当符合法律规定的期限和条件。期限有起始日与终止日，耽误了期限，会导致权利消灭；条件有满足与不满足，不满足法律规定的条件，有权受理的机关将不予受理。税收程序权利维护，凸显税法的公法性。

46. 如何认定税务文书送达日期

税务机关作出税务处理决定书、税务行政处罚决定书，复议机关作出行政复议决定书，法院作出司法裁判文书，这些代表公权力的机关作出的种种法律文书，都必须送达当事人，才能发生法律效力。法律规定了多种送达方式，有直接送达、留置送达、委托送达、邮寄送达等。文书送达之日，往往是被送达人行使程序权利的起始日。只有正确认定起始日，才能正确确定终止日。起始日认定错误，会导致终止日确定错误，从而导致程序权利丧失。

【案情简述】 M公司认为自己不构成偷税，不服A市B税务局稽查局作出的税务行政处罚决定，向A市人民政府申请行政复议。A市人民政府作出行政复议决定，认为M公司构成偷税，维持A市B税务局稽查局的处罚决定。2015年9月10日，A市人民政府用挂号信向M公司的法定代表人甲邮寄《行政复议决定书》以及《送达回证》。2015年9月11日，挂号信被签收，邮件系统回单显示“他人收”。2015 年 9 月 15 日，M 公司法定代表人甲从外地出差回来，打开办公室门后，发现门下方有份邮件，拆开后方知里面是《行政复议决定书》和《送达回证》。甲带着《行政复议决定书》和《送达回证》赶到 A 市行政复议机构，向复议经办人员讲明今天刚从外地出差回来，看到办公室门下方的邮件，询问是否可以将《送达回证》上的送达日期填写为今天（2015 年 9 月 15 日）？复议经办人同意后，甲就在《送达回证》上送达日期处填写“2015 年 9 月 15 日”，并签名，然后将《送达回证》交给复议经办人。M 公司不服 A 市人民政府的行政复议决定，于 2015 年 9 月 29 日向 A 市某区人民法院提起行政诉讼，请求撤销 A 市 B 税务局稽查局作出的《税务行政处罚决定书》和 A 市人民政府作出的《行政复议决定书》。A 市某区人民法院认为 M 公司构成偷税，稽查局、复议机关定性准确、程序合法，判决维持税务行政处罚决定和行政复议决定。M 公司不服，向 A 市中级人民法院提起上诉。A 市中级人民法院审理后作出行政裁定，撤销一审判决，驳回 M 公司起诉。理由是按照《行政诉讼法》第四十五条规定，M 公司应当在收到《行政复议决定书》之日起 15 日内向人民法院起诉；《行政复议决定书》于 2015 年 9 月 11 日送达 M 公司，M 公司在 2015 年 9 月 29 日提起诉讼，超过了法律规定的起诉期限，依法应当不予受理。M 公司不服，认为《送达回证》上法定代表人甲填写的 2015 年 9 月 15 日是送达日期，从 2015 年 9 月 16 日（送达次日）起计算至 2015 年 9 月 29 日止，经过 14 天，没有超出法律规定的 15 天。遂向浙江省高级人民法院申请再审。浙江省高级人民法院经审理作出行政裁定，认为送达日期是 2015 年 9 月 11 日，M 公司超过法定起诉期间，依法不予受理，驳回 M 公司的再审申请。①

《行政诉讼法》（2014 年修正）第四十五条规定，“公民、法人或者其他组织不服复议决定的，可以在收到复议决定书之日起十五日内向人民法院提起诉讼”。该案中，如果送达日期是 2015 年 9 月 15 日，即 M 公司法定代表人在送达回证上签署的日期，M 公司于 2015 年 9 月 29 日向法院提起行政诉讼，就没有超出《行政诉讼法》规定的 15 日的期限，就没有丧失起诉的权利。如果送达日期是 2015 年 9 月 11 日，即邮件系统显示“他人收”的回单

---

① 参见浙江省高级人民法院行政裁定书，（2017）浙行申 269 号。

日期，M公司于2015年9月29日向法院提起行政诉讼，就超过《行政诉讼法》规定的15日期限，就丧失了起诉的权利。所以，该案争议焦点集中在《行政复议决定书》到底是哪天送达给M公司的。复议机关、一审法院和M公司都认为，送达日期是2015年9月15日，二审法院和再审法院认定，送达日期是2015年9月11日。

送达制度是强制性规定。《民事诉讼法》[①]《税收征收管理法实施细则》等法律法规规定，若采用邮寄方式送达，邮件被签收，回单上记载的签收日期就是送达日期。[②] 上述案例中，复议机关按照M公司在复议过程中自己提供的地址，采用邮寄方式向M公司送达。尽管邮件回单显示“他人收”而不是甲本人收，回单上记载的签收日期依然是送达日期。

邮寄送达的日期是法律强制规定的。就算M公司的法定代表人甲与复议机构经办人达成共识，复议机构经办人同意M公司法定代表人甲在《送达回证》上填写晚于邮件被签收的日期，也不能改变法律规定的送达日期。若《送达回证》上填写的日期晚于邮件回单上记载的邮件被签收日期，应当以邮件回单上记载的签收日期为准。

该案例中，M公司因对有关送达日期的法律规定理解错误，而丧失提起行政诉讼的权利。从该案例中，可以获得以下两点启示。

1. 准确理解邮寄送达和直接送达之间的关系。《民事诉讼法》《税收征收管理法实施细则》等法律法规都规定，法律文书应当直接送达，直接送达有困难的，可以邮寄送达。[③] 据此，有一种观点认为，法律文书应当首先选择直接送达的方式，直接送达不成的，采用邮寄送达。上述案例中，M公司在

---

① 《行政诉讼法》（2014年修正）第一百零一条规定，“人民法院审理行政案件，关于期间、送达、财产保全、开庭审理、调解、中止诉讼、终结诉讼、简易程序、执行等，以及人民检察院对行政案件受理、审理、裁判、执行的监督，本法没有规定的，适用《中华人民共和国民事诉讼法》的相关规定”。

② 《税收征收管理法实施细则》（2013年修订）第一百零一条第一款规定，“税务机关送达税务文书，应当直接送交受送达人”；第一百零二条规定，“送达税务文书应当有送达回证，并由受送达人或者本细则规定的其他签收人在送达回证上记明收到日期，签名或者盖章，即为送达”；第一百零四条规定，“直接送达税务文书有困难的，可以委托其他有关机关或者其他单位代为送达，或者邮寄送达”。

③ 《民事诉讼法》（2012年修正）第八十八条规定，“直接送达诉讼文书有困难的，可以委托其他人民法院代为送达，或者邮寄送达。邮寄送达的，以回执上注明的收件日期为送达日期”。

诉讼中也曾提出这样的观点，认为复议机关没有先行直接送达，这不符合法定程序。笔者认为，在实务中，这种观点很可能不被法院支持。理由之一是，法律虽然规定直接送达有困难的，可以邮寄送达，但并没有对什么是“直接送达有困难”作出解释。既然没有解释，一切“困难”都可能是困难。比如，行政、司法机关人手不够、经费不足甚至直接送达费时费力都可以成为困难。世上哪有不困难的事？如果一切“困难”都是困难，结论就是直接送达可以，邮寄送达亦可以。理由之二是，现代社会物流发达，邮寄送达的确经济、高效、便民。理由之三是，司法实务一般认为，直接送达不是邮寄送达的前提条件。笔者检索税务行政诉讼案例，其中原告指责行政机关没有直接送达即采用邮寄送达，程序不合法的情形中，法院在判决时，对“直接送达有困难”不作解释，径行认定税务机关采用邮寄送达的程序合法。由此可见，实务中，不必过分拘泥于“直接送达有困难”这样的规定。

2. 谨慎行事，不可耽误期限。对实体问题的判断往往见仁见智，而期限是法律作出的刚性规定。耽误了期限，丧失了诉权，法院不管了，你纵有千般道理，也只能万般无奈。该案例中，M公司法定代表人甲，于2015年9月15日发现办公室门下的那份邮件后，可以在当天去行政复议机构与复议经办人讨论，也可以经复议经办人同意后把《送达回证》的日期填写为2015年9月15日。但是，绝不可以在2015年9月29日才提起诉讼。正确的做法是在律师的协助下，M公司对送达日期保持足够的警惕，谨慎地把送达日期视为2015年9月11日。从2015年9月11日起算15日，期满之日是2015年9月26日。为稳妥起见，M公司一定要在2015年9月26日之前到法院提起诉讼。况且，从2015年9月15日发现邮件到2015年9月26日，还有11天。这11天，准备起诉已经足够。

47. 如何认定存在利害关系

《行政复议法》第三十条第一款第二项和《行政诉讼法》第二十五条第一款规定，公民、法人或者其他组织，申请行政复议或者提起行政诉讼，应当与案件有利害关系。因此，与案件存在利害关系，是申请行政复议或者提起行政诉讼的重要条件。实务中，存在利害关系的认定时常存在争议。

【案情简述】在本书第五章的“股权收购交易中规避税收风险问题”列举的案例中，M公司的6个股权所有人将所持有的M公司100%股权转让给F公司后，M公司向某税务局稽查局举报自己可能存在偷逃税行为，请求该税务局稽查局对其2006年到2012年的财务进行全面检查。经检查，该税务局稽查局在2015年10月作出《税务处理决定书》，要求M公司补缴增值税、企业所得税4,976,293.35元，并支付迟延缴纳税款期间的滞纳金。2015年11月，新股东F公司以原股东A公司为被告，以上述《税务处理决定书》为主要证据，向法院提起股权转让纠纷民事诉讼。法院经依法审理，判决A公司赔偿F公司增值税、企业所得税以及滞纳金损失共计1,891,514.71元。A公司认为，其之所以在股权转让纠纷民事诉讼中败诉，主要是因为该税务局稽查局作出上述《税务处理决定书》，而《税务处理决定书》没有事实和法律依据，是不妥当的。为此，A公司于2018年11月向该税务局稽查局所属的宁波市税务局申请行政复议，请求撤销《税务处理决定书》。宁波市税务局认为，《税务处理决定书》是针对纳税人M公司作出的，不是针对A公司作出的，A公司与《税务处理决定书》没有“利害关系”，不具有复议申请人的资格，从而作出《行政复议不予受理的决定书》。A公司不服，于2018年12月向宁波市江北区人民法院提起行政诉讼，请求撤销《行政复议不予受理的决定书》。宁波市江北区人民法院并不认同宁波市税务局的观点，认定该税务局稽查局作出的《税务处理决定书》与A公司存在“利害关系”。①

《行政复议法实施条例》第二十八条第二项规定，行政复议的申请人应当与具体行政行为存在利害关系。是否存在“利害关系”，可以参照最高人民法院《关于适用〈中华人民共和国行政诉讼法〉的解释》第十二条来理解。该条采用“列举＋兜底”的表述模式，列举了应当认定与行政行为有“利害关系”的五种情形，最后以“其他与行政行为有利害关系的情形”兜

---

① 参见浙江省宁波市江北区人民法院行政判决书，(2018)浙0205行初84号。

底。这种表述难以解决实务中存在的各种问题。[①] 是否存在“利害关系”，在理论界和实务界存在两种观点。

一种观点认为，“利害关系”应当是行政法上（或者公法上）的利害关系；有利害关系的公民、法人或者其他组织不应扩大到所有直接或者间接受行政行为影响的公民、法人或者其他组织；公法上的利害关系不包括反射性利益受到影响的公民、法人或者其他组织；除特殊情形或者法律另有规定外，一般不包括私法上的利害关系。[②] 具体到该案，该税务局稽查局作出《税务处理决定书》的对象是 M 公司，该税务局稽查局是行政主体，M 公司是行政相对人，该税务局稽查局的行政行为对 M 公司产生直接影响，存在公法（税法）上的利害关系。虽然《税务处理决定书》也对 A 公司的权益产生了影响，但这属于其反射性利益受到影响，A 公司与该税务局稽查局的行政行为不存在公法（税法）上的利害关系，因此，A 公司与该税务局稽查局作出的《税务处理决定书》没有利害关系，不具有申请行政复议的资格。

另一种观点认为，“利害关系”应当指法律上的利害关系，而不仅仅是行政法（公法）上的利害关系。判断法律上的利害关系，可以从三个方面进行考虑，第一，存在具体的合法权益；第二，存在确定的具体行政行为；第三，合法权益受到影响和具体行政行为之间存在明确内在联系。而所谓明确的内在联系，是指损害是由具体行政行为造成的，具体行政行为必然导致损害。[③] 有学者认为，根据最高人民法院释义，“法律上的利害关系”，是指行政行为对公民、法人和其他组织的权利义务已经或者必将产生实际影响，这种观点称为“权益实际影响说”。[④]

---

① 最高人民法院《关于适用〈中华人民共和国行政诉讼法〉的解释》第十二条规定，“有下列情形之一的，属于行政诉讼法第二十五条第一款规定的‘与行政行为有利害关系’：（一）被诉的行政行为涉及其相邻权或者公平竞争权的；（二）在行政复议等行政程序中被追加为第三人的；（三）要求行政机关依法追究加害人法律责任的；（四）撤销或者变更行政行为涉及其合法权益的；（五）为维护自身合法权益向行政机关投诉，具有处理投诉职责的行政机关作出或者未作出处理的；（六）其他与行政行为有利害关系的情形”。最后一种情形是一个兜底条款。

② 参见最高人民法院行政裁定书，（2017）最高法行申 169 号。

③ 参见王贵松：《行政法上利害关系的判断基准——黄陆军等人不服金华市工商局工商登记行政复议案评析》，载《交大法学》2016 年第 3 期。

④ 参见汤军：《论行政诉讼原告资格认定的“权益保护”路径》，载《政治与法律》2013 年第 9 期。

就该案而言，该税务局稽查局于2015年10月作出《税务处理决定书》，决定对M公司追缴税款并加收滞纳金，对M公司的权益造成直接影响。此时，具体行政行为对A公司并没有产生实际影响，《税务处理决定书》与A公司之间不存在“利害关系”。F公司于2015年11月提起股权纠纷民事诉讼，将《税务处理决定书》作为主要证据提交受诉法院，受诉法院依据《税务处理决定书》这份主要证据所认定的事实，于2018年1月作出A公司向F公司赔偿税款及滞纳金损失的终审判决，这时，《税务处理决定书》对A公司的权利义务产生了实际影响，即A公司权益受损与具体行政行为之间存在内在的因果关系，该税务局稽查局作出的《税务处理决定书》与A公司存在利害关系。据此，A公司具有申请行政复议的资格。

以上两种观点截然相反。第一种观点是复议机关宁波市税务局所持的观点；第二种观点是宁波市江北区人民法院在其（2018）浙0205行初84号行政判决书中所持的观点。既然法律对“利害关系”没有明确规定，那么这两种观点孰是孰非，自然很难判定。从社会发展趋势来讲，第二种观点“权益实际影响说”越来越为更多的人所接受。笔者认同第二种观点。

48. 被税务机关行政处罚前书面陈述和申辩问题

税务机关是国家税收征收管理机关，有权依法对违反税收法律法规的当事人作出罚款、没收违法所得、没收非法财物、停止出口退税权以及法律法规、规章规定的其他行政处罚。同时，在行政程序中，当事人有权进行陈述和申辩。陈述和申辩，是法律赋予当事人的一项重要权利。陈述与申辩，应当贯穿于税务行政处罚程序的全过程。其中一个环节的陈述和申辩最为重要，即在税务行政处罚决定作出前，税务机关应当向当事人送达《税务行政处罚事项告知书》，收到该告知书后，当事人针对告知的违法事实、法律依据、拟作出的处罚等，可以进行口头或者书面陈述和申辩。口头陈述和申辩固不可少，但书面陈述和申辩更为重要。下面通过一则典型案例，阐述当事人被税务机关行政处罚前，提交书面陈述和申辩材料的重要性。

【案情简述】 某市税务局稽查局（以下简称A稽查局）于2016年11月25日作出《税务处罚决定书》，认定纳税人甲公司为了取得虚开增值税专用发票，编造票货款一致的假象，通过申请办理大金额银行承兑汇票和银行存款支付货款，掩盖其以退款或还款名义返回银行存款资金（实际是资金回流）以及通过中间人转让银行承兑汇票实现资金回转。甲公司取得虚开的增值税专用发票1255份，金额238,261,235.71元，税额30,973,961.41元，价税合计269,235,197.12元。甲公司将取得的虚开的增值税专用发票1255份全部作进项税额抵扣，应当追缴其已抵扣的进项税额30,973,961.41元，调增其2010—2015年企业所得税应纳税所得额，追缴其少缴的企业所得税59,565,308.93元。上述问题导致少缴税款共计90,539,270.34元，应当依据《税收征收管理法》第六十三条第一款认定为偷税，并决定对甲公司处以所偷税额一倍罚款，即90,539,270.34元。上述《税务处罚决定书》于2016年11月29日送达甲公司，甲公司不服，向法院提起行政诉讼。法院经依法审理认为，A稽查局作出行政处罚决定存在认定事实不清，主要证据不足，违反法定程序等问题，判决撤销A稽查局于2016年11月25日作出的《税务处罚决定书》。法院查明，A稽查局在作出《税务处罚决定书》前，曾于2016年11月21日向甲公司送达《税务行政处罚事项告知书》；甲公司于2016年11月23日向A稽查局提交了《关于对税务行政处罚事项告知书的陈述与申辩意见》（以下简称《陈述与申辩意见》）。法院认为，被告A稽查局没有依法对甲公司《陈述与申辩意见》提出的事实、理由和证据进行复核，也没有提出判断意见，属于严重违反法定程序。①

此处程序严重违法，虽然不是导致A稽查局败诉的全部原因，但是其败诉的主要原因之一，分析如下。

1. 在应对税务稽查程序时，甲公司积极行使法律赋予的权利，及时向税务机关提交书面《陈述与申辩意见》。《行政处罚法》（2009年修正）第三十一条规定，“行政机关在作出行政处罚决定之前，应当告知当事人作出行政处罚决定的事实、理由及依据，并告知当事人依法享有的权利”。据此，A稽查局在作出行政处罚决定前，于2016年11月21日向甲公司送达《税务行

① 参见福建省漳州市中级人民法院行政判决书，（2016）闽06行初91号。

政处罚事项告知书》。《行政处罚法》(2009年修正)第三十二条规定,“当事人有权进行陈述和申辩”“行政机关不得因当事人申辩而加重处罚”。陈述权和申辩权,是法律赋予当事人的权利。甲公司于2016年11月23日向A稽查局提交《陈述与申辩意见》。甲公司在《陈述与申辩意见》中,全面阐述其主张,主要有:与销售方的交易有付款、来货、入库和销售的记录,有实际交易,不存在取得无货虚开增值税专用发票的违法事实;A稽查局认定资金回流明显与事实不符,认定银行承兑汇票回流168,014,850元也与事实不符;6,986,600元不是承兑汇票贴现费用,不是A稽查局所怀疑的“买税钱”;A稽查局将甲公司2010—2015年6月在供货商处所采购的党参、板蓝根、黄芪等中药材的共计金额26,923.5万元,全部认定为虚开不符合事实;甲公司向供货商采购中药材,通过银行承兑汇票和银行存款支付货款共计54,031.87万元,有中药材的入库、存库和出库销售,并缴纳相应税款的资料,A稽查局依法不应对甲公司处罚;因该案涉及的增值税专用发票的供货方对虚开事实有重大争议,该案尚在走法律程序,移交公安立案后,公安又没有调查结论性意见,目前不能完全确认是无货虚开,甲公司请求A稽查局不要急于对甲公司作出罚款处理;等等。甲公司于2016年11月21日收到《税务行政处罚事项告知书》,在2日内(2016年11月23日)提交《陈述与申辩意见》,而且《陈述与申辩意见》内容完整,表述详尽,针对性强。甲公司及时、全面地行使了法律赋予的陈述权和申辩权。

2. 税务机关对甲公司提交的《陈述与申辩意见》处理不当。《行政处罚法》[①] 第三十二条规定,“当事人有权进行陈述和申辩。行政机关必须充分听取当事人的意见,对当事人提出的事实、理由和证据,应当进行复核;当事人提出的事实、理由和证据成立的,行政机关应当采纳”。《税务稽查工作规程》[②] 第五十二条第一款规定:“对被查对象或者其他涉税当事人的陈述、申辩意见,审理人员应当认真对待,提出判断意见。”A稽查局收到甲公司提交的《陈述与申辩意见》后,没有对《陈述与申辩意见》提出的事实、理由

① 该案发生时适用《行政处罚法》(2009年修正)。

② 该案发生时适用《税务稽查工作规程》(2009年修订)。《税务稽查工作规程》(2009年修订)被2021年8月11日起实施的《税务稽查案件办理程序规定》废止。

和证据进行复核，也没有提出判断意见。主要表现在以下四个方面。第一，从时间上看，该案属于重大疑难的税务行政处罚案件，案情复杂，证据繁多，且涉案及处罚金额巨大。按常理，对《陈述与申辩意见》提出的事实、理由和证据进行复核，需要较长时间。而A稽查局在甲公司向其提交《陈述与申辩意见》后2日内（2016年11月25日）对甲公司作出行政处罚决定，短短2日即完成复核工作，不合常理。第二，从相关文件记载上看，A稽查局两次向法院提交的《税务稽查审理报告》中，就“税务稽查对象或者其他涉税当事人的陈述、申辩情况，企业核对意见”问题，分别仅载明“对以上事实拒绝确认”“该公司尚未在税务稽查工作底稿（二）签章陈述意见”。第三，从《税务处罚决定书》的内容看，《税务处罚决定书》中，没有任何内容体现A稽查局是否对甲公司的陈述申辩意见进行了复核、提出判断意见、采纳等。第四，从A稽查局提交的证据看，在行政诉讼中，行政机关对其作出行政行为的合法性承担举证责任。甲公司的《陈述与申辩意见》是该案重要证据之一，A稽查局应当主动收集该证据并在诉讼程序中提交法院，以证明其行政处罚程序的合法性。但是，在该案行政诉讼中，A稽查局的证据清单中没有甲公司于2016年11月23日向其提交的《陈述与申辩意见》。综合以上因素，法院认定A稽查局未提供证据证明其充分听取了甲公司陈述申辩意见、依法对甲公司陈述申辩意见进行了复核、对甲公司的陈述申辩意见提出判断意见等，明显与《行政处罚法》（2019年修正）第三十二条规定相背，属于严重违反法定程序。

3. 税务机关对甲公司提交的《陈述与申辩意见》处理不当，致使其在诉讼中提出的有关程序性主张不被法院采纳。在诉讼过程中，A稽查局向法院提出中止审理的申请。其理由是：该案属于重大案件，已被列为国家税务总局、福建省国家税务局督办案件；该案受理前，涉案的开票方涉嫌虚开增值税专用发票一案，已由开票方所在地公安局立案侦查，该案与开票方刑事案件审理结果有密切关联；且开票方不服所在地国家税务局稽查局税务行政处罚一案的受理法院已作出中止审理的裁定。对A稽查局提出的中止审理申请，法院不予准许，其中一个理由是：甲公司在行政程序中提交的《陈述与申辩意见》已向A稽查局提出“鉴于供货方是否构成无货虚开增值税专用发票问题，尚在走法律程序，公安机关立案后也尚无调查结论性意见，要求A稽查局不要急于对其作罚款处理”等陈述申辩意见，但A稽查局未予采纳，而是于2016年11月25日作出该案被诉的行政处罚决定，很显然，A稽查局作出该案被诉的行政处罚决定时，并未以开票方涉嫌虚开增值税专用发票罪一案的刑事审理、定性作为定案依据，现A稽查局以此为由主张该案应中止审理不能成立。

税务机关作出行政处罚前，应当向当事人送达《税务行政处罚事项告知书》。收到《税务行政处罚事项告知书》之后，当事人如果能够及时提交书面的陈述申辩，对税务机关告知的行政处罚所参照的事实、依据和理由，提出全面、准确的意见，可以帮助税务机关对案情有更为客观的了解，从而作出公正的处理，甚至可以把争议解决在行政程序中，避免案件进入司法程序。税务机关在收到当事人的书面陈述申辩之后，如果没有按照法律规定对当事人陈述申辩的事实、理由和证据进行复核，并且将复核的结果体现在税务处理决定书或者其他文件上，那么案件进入行政诉讼阶段后，可能会被法院认定严重违反法定程序，导致税务行政处罚决定被撤销。本部分案例就是一起纳税人及时提交完整的书面陈述申辩意见，使其最终在行政诉讼中胜诉，避免被处罚款90,539,270.34元的典型案例。另外，如果在行政程序中及时提交了完整准确的书面陈述申辩意见，当案件进入行政诉讼程序，该书面陈述与申辩意见就成为案件的重要证据，可以使法官全面了解案情以及当事人行使权利的情况，使原告（被处罚人）在诉讼中处于较为主动的地位。可见，能否及时提交完整准确的书面陈述申辩意见，对税务机关公正处理案件以及维护当事人合法权益，有着至关重要的意义。

49. 不服税务机关对违法举报处理的告知而提起行政诉讼的问题

依照《税收征收管理法》规定，税务机关对税收违法行为有权查处，任何单位和个人对税收违法行为都有权检举。① 税务机关收到实名举报人对税

① 参见《税收征收管理法》（2015年修正）第十三条，“任何单位和个人都有权检举违反税收法律、行政法规的行为。收到检举的机关和负责查处的机关应当为检举人保密。税务机关应当按照规定对检举人给予奖励”。

收违法行为的举报并查处后，会按相关规定将查处情况告知（或者答复）举报人。[①] 举报人收到税务机关的告知后，如果对告知的内容不服，可否向人民法院提起行政诉讼？

【案情简述】2015 年 5 月 15 日，自然人甲向某税务机关寄交《关于查处××网络科技股份有限公司及××、×××等人涉嫌逃漏税的申请》。2015 年 9 月 1 日，税务机关作出《税收违法检举案件检查情况书面告知书》（以下简称《检查情况告知书》）并送达给甲。甲不服，申请行政复议但被驳回，遂向法院提起行政诉讼，以税务机关没有依法调查等为由，请求法院撤销复议机关的复议决定，确认税务机关处理原告提交的申请的行为违法，判令税务机关依法处理原告的申请，并赔偿原告精神损失费 5000 元。法院受理后，认为税务机关作出的《检查情况告知书》系对甲的举报事项进行的回复，对甲的权利义务不产生实际影响，甲与税务机关作出的行政行为之间没有法律上的利害关系，故甲不具有作为原告的诉讼主体资格，裁定驳回起诉。[②]

《行政诉讼法》第二十五条第一款规定，“行政行为的相对人以及其他与行政行为有利害关系的公民、法人或者其他组织，有权提起诉讼”。据此规定，举报人是否具有作为原告的诉讼主体资格，要看行政行为是否与其具有利害关系。税务机关对税收违法行为举报处理情况的告知，是否与举报人存在利害关系，我们从以下方面予以分析。

1. 举报人实施举报行为客观上是对公共利益的维护。举报制度设立的主要目的是维护公共利益。偷税，逃避追缴欠税，骗税，虚开、伪造、非法提供、非法取得发票等税收违法行为，属于危害国家税收征收管理秩序、侵害公共利益的行为。设立税收违法行为举报制度，其目的在于弥补税务机关监

① 国家税务总局 2011 年 2 月 12 日发布的《税收违法行为检举管理办法》第二十条第一款规定，“对实名检举案件，举报中心收到承办部门回复的查办结果以后，可以应检举人的要求将与检举线索有关的查办结果简要告知检举人；检举案件查结以前，不得向检举人透露案件查处情况”。2019 年 11 月 26 日发布的《税收违法行为检举管理办法》第五章整章规定“检举人的答复和奖励”，其中第三十条第一款规定，“实名检举人可以要求答复检举事项的处理情况与查处结果”。按照 2011 年《税收违法行为检举管理办法》的表述，对于实名举报人，税务机关可以应举报人的要求予以“告知”；按照 2019 年《税收违法行为检举管理办法》的表述，对于实名举报人，税务机关可以应举报人的要求予以“答复”。因案件发生时间在 2015 年，所以该部分中使用“告知”。

② 参见北京市第一中级人民法院行政裁定书，（2016）京 01 行终 839 号。

管能力的不足、节约行政资源、维护公共利益。举报人对税收违法行为的举报，无论其主观目的何在，最终指向的是对公共利益的维护。有学者将维护公共利益的举报称为“公益举报”。税务机关对税收违法行为举报的查处情况的告知，同样是在维护公共利益。一般情况下，这种告知对“公益举报”的举报人的权利义务不产生实际影响。前述案例中，甲举报××网络科技股份有限公司及××、×××等人涉嫌逃漏税，属于“公益举报”，税务机关的查处行为以及对举报查处情况的告知，所指向的也是对公共利益的维护，而对甲本人的权利义务不产生实质影响。

2. 举报人实施的举报行为尽管客观上是对公共利益的维护，但也可能是为了维护自身合法权益。有学者将举报人为维护自身权益而实施的举报称为“私益举报”，比较典型的是最高人民法院公布的指导案例 77 号（以下简称指导案例 77 号）。其基本案情是，2012 年 5 月 20 日，罗某在某电信营业厅办理手机号码时，电信公司收取了其 20 元的卡费并开具发票。罗某认为电信公司违反了《集成电路卡应用和收费管理办法》中不得向用户单独收费的禁止性规定，故向被告某市物价局申诉举报，并要求被告履行法定职责进行查处和作出书面答复等。被告虽然出具了答复，但答复函中只写明被告调查时发现一个文件及该文件的部分内容。答复函中并没有对原告申诉举报信中的请求事项作出处理。罗某向法院提起行政诉讼，以被告的行为违反了《价格法》《价格违法行为举报规定》为由，请求法院确认被告在处理原告申诉举报事项时的行为违法，依法撤销被告的答复，判令被告依法查处原告申诉举报信所涉及的违法行为。该案是原告自身权益受到侵害，为维护自身合法权益实施的举报。

3. 区分“私益举报”和“公益举报”判断是否存在“利害关系”的尺度。在指导案例 77 号中，法院认为，行政机关对与举报人有利害关系的举报仅作出告知性答复，未按法律规定对举报进行处理，不属于对公民、法人或者其他组织权利义务不产生实际影响的行为，具有可诉性，属于人民法院行政诉讼受案范围；举报人就其自身合法权益受到侵害向行政机关进行举报的，其与行政机关的举报处理行为具有法律上的利害关系，具备行政诉讼主体资格。这一裁判思路在 2018 年 2 月 8 日施行的最高人民法院《关于适用〈中华人民共和国行政诉讼法〉的解释》得到进一步确定。该解释第十二条第五项规定，“为维护自身合法权益向行政机关投诉，具有处理投诉职责的行政机关作出或者未作出处理的”，属于《行政诉讼法》第二十五条第一款规定的“与行政行为有利害关系”。此处讨论的“举报”与该条中“投诉”虽有语义上的差别，但在内涵上有重合之处，对此不作深究。由该条规定可知，在“私益举报”情形下，无论有权处理的行政机关是否作出处理，只要起诉的案件属于人民法院行政诉讼受案范围，举报人因与行政机关的处理行为有法律上的利害关系就具有作为原告的诉讼主体资格。相反，在“公益举报”情形下，如上述案例甲不服税务机关对其告知的税收违法行为举报处理情况，因其与税务机关对税收违法行为举报的处理以及对处理的回复不存在法律上的利害关系，其不具有作为原告的诉讼主体资格。

笔者曾解答的一个涉税咨询可以作为“私益举报”的例证。河北省某市M公司销售货物给山东省某市N公司。双方在买卖合同中约定，M公司不向N公司开具增值税专用发票，如果N公司需要M公司开具发票，则应当在合同约定的货款基础上加付8.5%的税款。合同履行过程中，双方发生争议，N公司因拖欠货款被M公司起诉到法院，法院判决生效后，M公司通过申请法院强制执行收回了N公司拖欠的货款并收取相应的违约金。之后，N公司向法院提起民事诉讼，请求法院判决M公司向其开具增值税专用发票。法院认为，原告起诉的案件不属于人民法院民事诉讼案件的受案范围，裁定驳回原告起诉。N公司再向M公司主管税务机关举报M公司的税收违法行为，要求税务机关依法处理。该案N公司的举报行为，可以认为属于“私益举报”。M公司不向N公司开具增值税专用发票，既违反了税法规定，涉嫌偷逃税，又侵害了N公司作为购买方的取得发票、抵扣进项税额、税前成本扣除等合法权益。N公司为维护自身合法权益实施举报，税务机关对其举报的查处与N公司具有法律上的利害关系。N公司如果对税务机关查处的告知不服，具有作为行政诉讼原告的诉讼主体资格，可以以受理查处的税务机关为被告提起行政诉讼。

举报税收违法行为，是公众参与税收行政管理的重要途径。实施举报行为之后，对税务机关就举报的情况的查处以及查处情况的告知，如果不服，举报人是否具有提起行政诉讼的原告的资格，这是一个比较复杂的问题。笔者参考有关专家的观点，依据最高人民法院司法解释并结合相关案例，将举报简单区分为“私益举报”和“公益举报”。如果属于“私益举报”，举报人具有作为原告的诉讼主体资格，在人民法院行政诉讼受案范围之内，可以提起行政诉讼，维护自身合法权益（也不排除在维护自身合法权益的同时维护公共利益）。反之，如为纯粹的“公益举报”，举报人不具有作为原告的诉讼主体资格，不能提起行政诉讼。

50. 对纳税人“花钱买诉权”规定的特殊处理

《税收征收管理法》第八十八条第一款规定，“纳税人、扣缴义务人、纳税担保人同税务机关在纳税上发生争议时，必须先依照税务机关的纳税决定缴纳或者解缴税款及滞纳金或者提供相应的担保，然后可以依法申请行政复议；对行政复议决定不服的，可以依法向人民法院起诉”。这一规定，被称为“花钱买诉权”，因极大限制纳税人的司法救济权而饱受争议。近年来，随着纳税人权利意识的增强，要求废除或者修改这一规定的呼声越来越高。司法实践中，也有法院对这一规定进行了突破性尝试。

【案情简述】 2015年5月海南省H县地方税务局第一税务分局（以下简称第一分局）以未按期申报缴纳城镇土地使用税为由，向某农村信用合作联社（以下简称信用社）发出《责令限期改正通知书》《限期缴纳税款通知书》，限信用社于2015年6月12日前到办税服务大厅缴纳2015年上半年的土地使用税及滞纳金。2015年6月发出《强制执行催告书》，限信用社自收到催告书之日起5日内缴纳税款1,129,225.65元，并对欠缴税款从滞纳之日起按日加收0.05%滞纳金，逾期则强制执行。信用社向H县地方税务局（以下简称地税局）提出《关于不缴昌江土地城镇土地使用税的报告》，地税局未予采纳，并于2015年6月24日作出《税收强制执行决定书》，强制扣划信用社税款1,129,225.65元、滞纳金31,053.71元。信用社不服，未申请行政复议，直接向昌江黎族自治县人民法院（以下简称昌江县法院）提起行政诉讼。昌江县法院经审理认为，信用社既不是涉案土地的使用权人，也不是涉案土地的实际使用人，不属于《城镇土地使用税暂行条例》规定的纳税义务人，因此第一分局和地税局征税行为违法，侵犯了信用社的合法权益，判决第一分局和地税局败诉。地税局和第一分局不服一审判决，向海南省第二中级人民法院提起上诉，其中一个上诉理由是原审程序违法。根据《税收征收管理法》第八十八条的规定，上诉人第一分局作出被诉的《限期缴纳税款通知书》《强制执行催告书》后，被上诉人信用社应先申请行政复议，若对行政复议决定不服，才可以依法向人民法院起诉。因此，原审法院在该案件未经复议前置程序的情形下直接受理此争议，属于程序违法，其判决应予撤销。海南省第二中级人民法院认为，根据《税收征收管理法》第八十八条的规定，纳税人、扣缴义务人、纳税担保人同税务机关在纳税金额、税种、税率、期限、时间等方面发生争议时，纳税人、扣缴义务人、纳税担保人向法院提起诉讼前应当先行申请行政复议，但适用该条法律规定申请行政复议的主体应是涉案标的物的纳税人、扣缴义务人、纳税担保人且其对涉案标的物应依法纳税。本案中，被上诉人信用社并未取得涉案土地的合法使用权，且被上诉人信用社不是涉案土地的实际使用人或代管人，其不是法律意义上涉案土地的纳税人、扣缴义务人、纳税担保人，故上诉人地税局、第一分局不应要求被上诉人提起本案诉讼前应适用《税收征收管理法》第八十八条关于行政复议前置程序的规定。在上诉人地税局、第一分局作出的被诉税收征缴行为明显侵害被上诉人合法权益的情况下，被上诉人信用社可以选择申请行政复议或提起行政诉讼。上诉人地税局、第一分局上诉称被上诉人提起本案诉讼未经行政复议前置程序即原审法院不应直接受理本案争议的诉讼主张没有事实根据和法律依据，海南省第二中级人民法院对该诉讼主张不予支持。二审法院判决依法驳回地税局、第一分局上诉请求，维持一审判决。①

该案引起了一定的社会反响，笔者谈谈自己的看法。

1. 判决有突破法律规定之嫌。《行政诉讼法》（2014 年修正）第六十三条第一款规定，“人民法院审理行政案件，以法律和行政法规、地方性法规为依据”。《税收征收管理法实施细则》是国务院根据《税收征收管理法》授权制定的行政法规，是法院审理行政案件的法律依据。《税收征收管理法实施细则》第一百条规定，“税收征管法第八十八条规定的纳税争议，是指纳

① 参见海南省第二中级人民法院行政判决书，（2016）琼 97 行终 5 号。

税人、扣缴义务人、纳税担保人对税务机关确定纳税主体、征税对象、征税范围、减税、免税及退税、适用税率、计税依据、纳税环节、纳税期限、纳税地点以及税款征收方式等具体行政行为有异议而发生的争议”。该案中，原告认为其并非涉诉土地的城镇土地使用税的纳税人，地税局、第一分局的行政强制行为侵害其合法权益，因此其向法院提起行政诉讼。这种情形属于纳税人对于税务机关确定的纳税主体有异议而发生的争议，依据《税收征收管理法》第八十八条以及《税收征收管理法实施细则》第一百条的规定，应当先对税务机关作出《限期缴纳税款通知书》《强制执行催告书》等征税行为申请行政复议之后提起行政诉讼。海南省第二中级人民法院认为如果行政相对人不是“法律意义上的纳税人”，即使征纳双方因纳税人的确定产生争议，也不适用复议前置的程序。法院的这种解释并不完全符合法律及行政法规的规定。

2. 判决对法律的突破是在一定条件下进行的。《税收征收管理法》第八十八条第一款规定，“纳税人、扣缴义务人、纳税担保人同税务机关在纳税上发生争议时，必须先依照税务机关的纳税决定缴纳或者解缴税款及滞纳金或者提供相应的担保，然后可以依法申请行政复议”。很明显，该条规定的一个主要目的，是保障国家税款及时入库，使国家税款不因诉讼等拖延。该案中，税款以及滞纳金已全部被税务机关强制执行，即使不适用复议前置程序，也不会造成国家税款流失。在此情形下，法院没有采地税局、第一分局关于先复议后诉讼的意见，从某种程度上看，是对个案的一种特殊处理。另外，在税务机关作出《限期缴纳税款通知书》等征税行为后，信用社并没有按照先复议后诉讼的路径救济其权利，而是在税务机关实施强制执行措施后，按“复议或诉讼”的规定提起行政诉讼。一审期间，税务机关没有提出应当适用“复议前置”的规定，直到一审判决后提起上诉时，税务机关才提出该观点。此时，申请行政复议的法定期限很可能已经截止，如果二审法院一味按照“先复议后诉讼”的思路而裁定驳回起诉，将会使信用社处于无法救济其权利的境地。因此，判决虽有突破了法律之嫌，但确实是在一定条件下审慎处理的。

3. 判决对“纳税人”的突破性解释有着积极意义。有专家提出，开放税务司法，采取负面清单模式，扩大法院受案范围。取消清税前置，改复议强制前置为复议诱导前置，以产生两个“倒逼”效果：一是打破对税收争议处理的垄断，形成行政救济和司法救济良性竞争局面，倒逼税务机关规范执法和税务复议制度的完善；二是税务案件增加将倒逼法院加快税务审判队伍专业化建设。[①] 该案中，法院对“纳税人”的解释以及对程序的处理，立足于纳税人权利保护，平衡征纳双方关系，契合学者观点，顺应时代潮流，对推动我国税收征管改革具有积极意义。

税收法治是保障国家长治久安的重要基石。税收法治是税收立法、税收司法、税收执法以及税收守法的有机统一。税收法治应当是良法善治。良法，主要体现于立法；善治，主要体现于司法、执法和守法。良法是前提，善治是保障。《税收征收管理法》第八十八条所规定的税务争议解决程序，严重扭曲了征纳双方的地位，极大地弱化了纳税人法律救济权利。笔者期望，《税收征收管理法》修订时，能够从立法层面改变税收争议解决程序中征纳双方极不对等的局面。

本章结语

征纳双方发生分歧或者产生争议，纳税人应当积极与税务机关进行沟通。沟通可以分为两个阶段，第一阶段是进入司法程序之前阶段，第二阶段是进入司法程序阶段。第一阶段发生在司法权力介入前，第二阶段发生在司法权力介入后。这两个阶段以第一阶段最为常见，也最为重要。第一阶段的沟通，也可以分两个阶段，一是复议程序之前的沟通，二是复议程序中的沟通。对纳税人而言，无论沟通发生在哪个阶段，其追求的目标是“有效”。

首先，有效沟通要行使好法律赋予的程序性权利。法律赋予纳税人的程序性权利有很多，本章从实务角度出发，以案例形式阐述了纳税人的陈述权、申辩权、申请复议权、提起行政诉讼权等。正确行使这些程序性权利，必须对有关期限、送达、利害关系等法律概念有精准的理解。其次，有效沟通要注重行使权利的方式。以陈述、申辩为例，陈述与申辩贯穿于整个沟通的各

---

① 参见刘剑文：《如何推进我国税收司法的发展》，载搜狐网 2018 年 1 月 4 日，https://www.sohu.com/a/214840815_765457。

个环节。陈述与申辩的方式无非两种，一种是口头方式，另一种是书面方式。两种方式固然都很重要，但两者相较而言，书面形式更为重要。再次，有效沟通要强调沟通的实质。沟通的实质是纳税人依据事实和法律，向税务机关表达自己的观点，并说服税务机关采纳自己的观点。依据的事实需要证据来支撑，纳税人要善于组织、利用证据证明所主张的事实。依据的法律，包括法律法规以及税收规范性文件，纳税人要善于将各种渊源的法律融会贯通，形成令人信服的适用法律的意见。最后，有效沟通可以考虑寻求从事税收法律工作的专业人士协助，使其在程序权利和实体权利保护两个方面发挥重要作用。

附录1

《危害税收征管解释》重点条文研读与释评

2024年3月15日，最高人民法院、最高人民检察院发布《危害税收征管解释》。笔者对该司法解释认真研读，结合多年来办理税收案件的实务经验，对其中涉及重点罪名（逃税罪、骗取出口退税罪、虚开增值税专用发票罪、虚开发票罪）的条文予以简要阐释。

综述：该司法解释是在以往司法解释的基础上，吸取审判经验，结合近年税收征管实际，对原税收刑事司法政策调整后形成的新的税收刑事司法政策。总体而言，该司法解释条文细密，政策趋严，可操作性更强，必将引起税收司法环境、执法环境较大变化。需要关注的是，《税收征收管理法》第八十八条规定的税务行政诉讼的前置程序没有取消，纳税人“花钱买诉权”的局面没有变化，税收行政司法没有完全开放，税收征管执法的行政权力很难受到司法权力的有效监督。在此情形下，税收刑事司法政策趋紧，可能会造成国家税收权益与纳税人合法权益保护失衡。为此，笔者也希望有关方面能够推动《税收征收管理法》第八十八条的修订，以实现国家税权与纳税人合法权益的均衡保护。

第一条　纳税人进行虚假纳税申报，具有下列情形之一的，应当认定为刑法第二百零一条第一款规定的“欺骗、隐瞒手段”：

（一）伪造、变造、转移、隐匿、擅自销毁账簿、记账凭证或者其他涉税资料的；

（二）以签订“阴阳合同”等形式隐匿或者以他人名义分解收入、财产的；

（三）虚列支出、虚抵进项税额或者虚报专项附加扣除的；

（四）提供虚假材料，骗取税收优惠的；

（五）编造虚假计税依据的；

（六）为不缴、少缴税款而采取的其他欺骗、隐瞒手段。

释评：和《税收征收管理法》列举的偷税情形以及之前司法解释列举的逃税情形相比，该条第一款列举的“欺骗、隐瞒手段”更为详细。其存在的问题是列举的六种情形在逻辑关系上并不严密。最为明显的是，第五项“编造虚假计税依据”与其他五项不是并列关系，而是第五项包含或者部分包含第一、二、三、六项。计税依据，又称税基、征税基数，是指计算应纳税税额的依据。[①] 税基乘以所适用的税率的结果就是应纳税额。该条第一款第一、二、三、六项列举的4种情形，都会指向“编造虚假计税依据”。

具有下列情形之一的，应当认定为刑法第二百零一条第一款规定的“不申报”：

（一）依法在登记机关办理设立登记的纳税人，发生应税行为而不申报纳税的；

（二）依法不需要在登记机关办理设立登记或者未依法办理设立登记的纳税人，发生应税行为，经税务机关依法通知其申报而不申报纳税的；

（三）其他明知应当依法申报纳税而不申报纳税的。

释评：该条第二款第一项最为重要。纳税人注册为商事主体后，以不知道应当申报纳税或者不知道应当申报某个税种逃脱责任的空间变小。另外，第三项也值得重视。“其他明知”，说明逃税罪成立的要件之一是主观上“明知”，若被追诉，“明知”的举证责任在控方。

扣缴义务人采取第一、二款所列手段，不缴或者少缴已扣、已收税款，数额较大的，依照刑法第二百零一条第一款的规定定罪处罚。扣缴义务人承诺为纳税人代付税款，在其向纳税人支付税后所得时，应当认定扣缴义务人“已扣、已收税款”。

释评：按该条第三款规定，认定“扣缴义务人承诺为纳税人代付税款”，

---

① 参见刘剑文主编：《税法学》（第5版），北京大学出版社2017年版，第264页。

需注意：

1. 此处主体一定是税法上的“扣缴义务人”，税法上的扣缴义务人是法定的，如果非“扣缴义务人”，则与此条无涉。

2. 一项交易可能涉及数个税种，某些税种（如个人所得税）价款支付方可能是扣缴义务人，而某些税种（如土地增值税）价款支付方不是扣缴义务人，如果出现“承诺为纳税人代付税款”，要区分税种以确定是否涉及该条。

3. 房地产买卖涉及多项税种，包税条款很可能无效，控方适用该条时，辩方可考虑以“包税条款无效”“不能合法确定计税依据”为由予以抗辩。

4. 存在包税条款的交易中，扣缴义务人的刑事违法风险显著提升。

第三条 纳税人有刑法第二百零一条第一款规定的逃避缴纳税款行为，在公安机关立案前，经税务机关依法下达追缴通知后，在规定的期限或者批准延缓、分期缴纳的期限内足额补缴应纳税款，缴纳滞纳金，并全部履行税务机关作出的行政处罚决定的，不予追究刑事责任。但是，五年内因逃避缴纳税款受过刑事处罚或者被税务机关给予二次以上行政处罚的除外。

纳税人有逃避缴纳税款行为，税务机关没有依法下达追缴通知的，依法不予追究刑事责任。

释评：

1. 不予追究刑事责任的前提之一是应当缴纳“全部”税款、“全部”滞纳金和“全部”罚款，而不是其中的“部分”。此处弥补了一些纳税人以缴纳“部分”税款、滞纳金及（或）罚款而争取免刑的漏洞。

2. 免刑的前提之二是在“规定的期限或者批准延缓、分期缴纳的期限内”缴齐全部税款、全部滞纳金和全部罚款。其明确了税款、滞纳金和罚款入库时间，凸显税法之刚性原则。

3. 该条所表述的“税务机关依法下达追缴通知”虽然与立法表述保持一致，但似不符合税收征管实务。税务机关是税务行政执法机关，其征管权限主要来自《税收征收管理法》及其实施细则的授权。税务机关对纳税人的追缴通知文书一般有《税务事项通知书》《税务处理决定书》等。这些文书交付给纳税人，《税收征收管理法实施细则》第八章专章规定“文书送达”。因此，依照《税收征收管理法》及其实施细则规定，税务机关的追缴通知是以文书方式“送达”纳税人，而不是“下达”纳税人。该条所表述的“下达”，既与《税收征收管理法》及其实施细则相脱节，也与税务机关征管实务不合。

第六条 纳税人欠缴应纳税款，为逃避税务机关追缴，具有下列情形之一的，应当认定为刑法第二百零三条规定的“采取转移或者隐匿财产的手段”：

（一）放弃到期债权的；

（二）无偿转让财产的；

（三）以明显不合理的价格进行交易的；

（四）隐匿财产的；

（五）不履行税收义务并脱离税务机关监管的；

（六）以其他手段转移或者隐匿财产的。

释评：

1. 该条列举的第一项的情形，在适用时应当考虑是“积极”放弃到期债权还是“消极”放弃到期债权。放弃到期债权一般指不以诉讼或者仲裁方式主张到期债权。所谓“积极”，是指有能力以诉讼或者仲裁方式主张到期债权；所谓“消极”，是指没有能力以诉讼或者仲裁方式主张到期债权。有能力，主要是指有经济能力，比如为主张债权而支付诉讼费、保全费以及律师费的能力。无能力，主要是指缺乏为主张债权而支付诉讼费、保全费以及律师费的能力。下面举一个例子。网络司法拍卖中设置了包税条款，由于种种原因在拍卖成交确认书签订后，税务机关没有将与交易相关的全部税费入库，即办理了拍卖标的的物权变更登记。在拍卖标的的物权变更登记到买受人名下后，税务机关向出卖人追征税款，此时纳税人已经没有缴纳税款、滞纳金（以及罚款）的能力，但是在理论上，出卖人享有对买受人的到期债权（税务机关追征的税款和滞纳金），出卖人可以以诉讼方式向买受人主张该债权。但是，出卖人没有支付诉讼费（或者仲裁费，下同）、保全费和律师费的能力。出卖人因没有能力支付诉讼费、保全费和律师费的经济能力而没有以诉讼（或者仲裁）方式主张债权，此为“消极”放弃到期债权，应不宜认定为逃避追缴欠税罪。

2. 构成该罪的前提是，税务机关已作出欠缴税款的认定，且欠缴税款认定在先，“逃避追缴”在后。

第七条 具有下列情形之一的，应当认定为刑法第二百零四条第一款规定的“假报出口或者其他欺骗手段”：

（一）使用虚开、非法购买或者以其他非法手段取得的增值税专用发票或者其他可以用于出口退税的发票申报出口退税的；

（二）将未负税或者免税的出口业务申报为已税的出口业务的；

（三）冒用他人出口业务申报出口退税的；

（四）虽有出口，但虚构应退税出口业务的品名、数量、单价等要素，以虚增出口退税额申报出口退税的；

（五）伪造、签订虚假的销售合同，或者以伪造、变造等非法手段取得出口报关单、运输单据等出口业务相关单据、凭证，虚构出口事实申报出口退税的；

（六）在货物出口后，又转入境内或者将境外同种货物转入境内循环进出口并申报出口退税的；

（七）虚报出口产品的功能、用途等，将不享受退税政策的产品申报为退税产品的；

（八）以其他欺骗手段骗取出口退税款的。

释评：

1. 首先应当关注的是第四项。第四项列举的情形在《出口退税解释》第二条第三项的表述是“虽有货物出口，但虚构该出口货物的品名、数量、单价等要素，骗取未实际纳税部分出口退税款的”。在《危害税收征管解释》中的表述是，“虽有出口，但虚构应退税出口业务的品名、数量、单价等要素，以虚增出口退税额申报出口退税的”。比对二者后可以发现，前者表述的“骗取未实际纳税部分出口退税款”比后者表述的“以虚增出口退税额申报出口退税”包含的范围要窄很多，以前很多因虚构品名、数量、单价而取得额外出口退税款的情形很难入罪。后者的表述比前者的表述包含的情形要宽泛得多，使得因虚构品名、数量、单价而取得额外出口退税，变得很容易入罪。

2. 行为人假报出口或者以其他欺骗手段骗取出口退税款的，无非在“单”和“票”上“做手脚”。“单”，包括报关单、外汇核销单、装货单、海运提单、陆运单、航空运输单以及销售合同。“单”是符合退税条件的货物已出口、已装运的证据。“票”，是指增值税专用发票。该增值税专用发票是为购进符合出口退税条件货物或者购进加工、制造符合出口退税条件货物的原料、知识产权等而缴纳增值税的证据。

第八条 骗取国家出口退税款数额十万元以上、五十万元以上、五百万元以上的，应当分别认定为刑法第二百零四条第一款规定的“数额较大”、“数额巨大”、“数额特别巨大”。

释评：该条第一款和《出口退税解释》规定相比，“数额较大”（入刑点）由5万元提升至10万元，“数额特别巨大”由250万元提升至500万元；该条第二款和第三款对“其他严重情节”和“其他特别严重情节”有所调整。

第九条 实施骗取国家出口退税行为，没有实际取得出口退税款的，可以比照既遂犯从轻或者减轻处罚。

从事货物运输代理、报关、会计、税务、外贸综合服务等中介组织及其人员违反国家有关进出口经营规定，为他人提供虚假证明文件，致使他人骗取国家出口退税款，情节严重的，依照刑法第二百二十九条的规定追究刑事责任。

释评：该条第二款把骗取出口退税帮助犯明确列举出来。骗取出口退税，常用的手段是“买单配票”，而“买单配票”需要很多业务领域的行为人协助。该条第二款列举了五种中介组织，如果这五种中介组织协助他人完成骗取退税且“情节严重”，则会作为共犯被追究刑事责任。

第十条 具有下列情形之一的，应当认定为刑法第二百零五条第一款规定的“虚开增值税专用发票或者虚开用于骗取出口退税、抵扣税款的其他发票”：

（一）没有实际业务，开具增值税专用发票、用于骗取出口退税、抵扣税款的其他发票的；

（二）有实际应抵扣业务，但开具超过实际应抵扣业务对应税款的增值税专用发票、用于骗取出口退税、抵扣税款的其他发票的；

（三）对依法不能抵扣税款的业务，通过虚构交易主体开具增值税专用发票、用于骗取出口退税、抵扣税款的其他发票的；

（四）非法篡改增值税专用发票或者用于骗取出口退税、抵扣税款的其他发票相关电子信息的；

（五）违反规定以其他手段虚开的。

为虚增业绩、融资、贷款等不以骗抵税款为目的，没有因抵扣造成税款被骗损失的，不以本罪论处，构成其他犯罪的，依法以其他犯罪追究刑事责任。

释评：

1. 该条第二款把“为虚增业绩、融资、贷款等不以骗抵税款为目的，没有因抵扣造成税款被骗损失的”排除在本罪之外，汲取了审判实务经验，采纳了部分专家学者的建议。[①] 但是，将“虚增业绩、融资、贷款等”行为排除在本罪之外，可能会对增值税专用发票管理秩序造成冲击，加大税收征管工作难度。

2. 第二款使用的“骗抵税款”“因抵扣造成税款被骗损失”等表述沿用了1996年最高人民法院《关于适用〈全国人民代表大会常务委员会关于惩治虚开、伪造和非法出售增值税专用发票犯罪的决定〉的若干问题的解释》（法发〔1996〕30号）的表述，此等表述会造成“骗取出口退税”“逃税”“偷税”概念界定不清。此其一。其二，此等表述与《危害税收征管解释》第一条第三项“虚抵进项税额”不统一。“虚抵”更符合税法规定，符合“偷（逃）税”特征；“骗抵”“因抵扣造成税款被骗损失”，拟与骗取出口退税相关联。

3. 司法实务中，虚开增值税专用发票的表现形态五花八门，远非司法解释一两个条文所能涵盖。同案不同判的现象异常严重，处理具体案件时应悉心甄别。

第十一条 虚开增值税专用发票、用于骗取出口退税、抵扣税款的其他发票，税款数额在十万元以上的，应当依照刑法第二百零五条的规定定罪处罚；虚开税款数额在五十万元以上、五百万元以上的，应当分别认定为刑法第二百零五条第一款规定的“数额较大”、“数额巨大”。

具有下列情形之一的，应当认定为刑法第二百零五条第一款规定的“其他严重情节”：

---

① 参见陈兴良：《虚开增值税专用发票罪：性质与界定》，载《政法论坛》2021年第4期。

（一）在提起公诉前，无法追回的税款数额达到三十万元以上的；

（二）五年内因虚开发票受过刑事处罚或者二次以上行政处罚，又虚开增值税专用发票或者虚开用于骗取出口退税、抵扣税款的其他发票，虚开税款数额在三十万元以上的；

（三）其他情节严重的情形。

具有下列情形之一的，应当认定为刑法第二百零五条第一款规定的“其他特别严重情节”：

（一）在提起公诉前，无法追回的税款数额达到三百万元以上的；

（二）五年内因虚开发票受过刑事处罚或者二次以上行政处罚，又虚开增值税专用发票或者虚开用于骗取出口退税、抵扣税款的其他发票，虚开税款数额在三百万元以上的；

（三）其他情节特别严重的情形。

以同一购销业务名义，既虚开进项增值税专用发票、用于骗取出口退税、抵扣税款的其他发票，又虚开销项的，以其中较大的数额计算。

以伪造的增值税专用发票进行虚开，达到本条规定标准的，应当以虚开增值税专用发票罪追究刑事责任。

释评：《危害税收征管解释》生效后，最高人民法院2018年8月发布的《定罪量刑通知》废止。该条将《定罪量刑通知》的入刑点调高到税额10万元，适度放宽了入刑点；将“数额巨大”由250万元调整到500万元。同时，对《定罪量刑通知》没有涉及的“其他严重情节”和“其他特别严重情节”予以规定。量刑时，不仅看虚开的税额，还要看虚开行为的后果。

第十三条 具有下列情形之一的，应当认定为刑法第二百零五条之一第一款规定的“情节严重”：

（一）虚开发票票面金额五十万元以上的；

（二）虚开发票一百份以上且票面金额三十万元以上的；

（三）五年内因虚开发票受过刑事处罚或者二次以上行政处罚，又虚开发票，票面金额达到第一、二项规定的标准60%以上的。

具有下列情形之一的，应当认定为刑法第二百零五条之一第一款规定的“情节特别严重”：

（一）虚开发票票面金额二百五十万元以上的；

（二）虚开发票五百份以上且票面金额一百五十万元以上的；

（三）五年内因虚开发票受过刑事处罚或者二次以上行政处罚，又虚开发票，票面金额达到第一、二项规定的标准60%以上的。

以伪造的发票进行虚开，达到本条第一款规定的标准的，应当以虚开发票罪追究刑事责任。

释评：《危害税收征管解释》用两个条文对“虚开发票罪”的认定与量刑作出规定，以后可能会有更多的行为人因虚开发票而被追诉。例如，二十二冶案以虚开的发票作企业所得税税前扣除，虽然法院判决二十二冶公司在行政法上不构成偷税，但从刑事立法来看，其虚开数量和金额已远超刑事追诉的标准。

附录 2

与“异常凭证”认定有关的三个概念

在接待当事人咨询时，笔者常常遇到一些因发票被税务机关认定为“异常凭证”所引发的问题。这些问题当中，令当事人异常头痛的是买方（受票方）取得的发票对应的业务是真实的，仅由于卖方（开票方）出现某些非常状况，买方取得的发票被认定为“异常凭证”，受票方从而被要求承担“进项税额转出”“不得用于出口退税”等责任。卖方常出现的某些状况是“走逃（失联）”“直接走逃失踪”“非正常户”。

这种“城门失火，殃及池鱼”的情形，是税务执法的一个副产品。这种副产品的产生，常与三个基础概念不明确相关。这三个基础概念是“走逃（失联）”“直接走逃失踪”“非正常户”。

概念一：“走逃（失联）”

“走逃（失联）”的主体是企业。对于“走逃（失联）”企业，国家税务总局《关于走逃（失联）企业开具增值税专用发票认定处理有关问题的公告》（国家税务总局公告 2016 年第 76 号，以下简称 76 号公告）第一条第一款规定的定义是，“走逃（失联）企业，是指不履行税收义务并脱离税务机关监管的企业”。

同时，76 号公告第一条第二款规定了“走逃（失联）企业”的判定方法：“根据税务登记管理有关规定，税务机关通过实地调查、电话查询、涉税事项办理核查以及其他征管手段，仍对企业和企业相关人员查无下落的，或虽然可以联系到企业代理记账、报税人员等，但其并不知情也不能联系到企业实际控制人的，可以判定该企业为走逃（失联）企业。”

从以上表述看，“走逃（失联）”的概念是比较明确的。但是，同样在

76号公告中，出现了另一个不明确的概念“直接走逃失踪”，使得“走逃（失联）”也成为一个不明确的概念。

概念二：“直接走逃失踪”

“直接走逃失踪”这一概念，出现在76号公告的第二条第一项第二目，即“直接走逃失踪不纳税申报，或虽然申报但通过填列增值税纳税申报表相关栏次，规避税务机关审核比对，进行虚假申报的”。“直接走逃失踪”，在现代汉语的语境下，其语义含混不清。76号公告使用了“直接走逃失踪”这一概念，却没有给出定义，也没有给出判定方法。因此，76号公告中的“直接走逃失踪”是一个不明确的概念。①

从76号公告第二条第一项的文义表述来看，“直接走逃失踪”是“走逃（失联）”中的一种情形。也就是说，“直接走逃失踪”是“走逃（失联）”的下属概念。如果用概念外延二分法划分，“走逃（失联）”的下属概念有“直接走逃失踪”和“非直接走逃失踪”。“非直接走逃失踪”即“间接走逃失踪”。在现代汉语语境下，“间接走逃失踪”的语义也含混不清，也属于不明确的概念。

从外延上看，“直接走逃失踪”+“间接走逃失踪”=“走逃（失联）”。既然“直接走逃失踪”和“间接走逃失踪”两个概念都不明确，则二者的上属概念“走逃（失联）”也不明确。

概念三：“非正常户”

“非正常户”这一概念本应是明确的。《税务登记管理办法》第三十八条给出了明确的判定方法：“已办理税务登记的纳税人未按照规定的期限申报纳税，在税务机关责令其限期改正后，逾期不改正的，税务机关应当派员实地检查，查无下落并且无法强制其履行纳税义务的，由检查人员制作非正常户认定书。”根据这一判定方法，可以给出的定义是：所谓“非正常户”，是指被税务检查人员按照《税务登记管理办法》第三十八条规定的程序制作了

---

① 76号公告第二条第一项规定：“走逃（失联）企业存续经营期间发生下列情形之一的，所对应属期开具的增值税专用发票列入异常增值税扣税凭证（以下简称‘异常凭证’）范围。1. 商贸企业购进、销售货物名称严重背离的；生产企业无实际生产加工能力且无委托加工，或生产能耗与销售情况严重不符，或购进货物并不能直接生产其销售的货物且无委托加工的。2. 直接走逃失踪不纳税申报，或虽然申报但通过填列增值税纳税申报表相关栏次，规避税务机关审核比对，进行虚假申报的。”

"非正常户"认定书的已办理税务登记的纳税人。

不过，一份规范性文件对"非正常户"的判定方法有所改变。国家税务总局《关于税收征管若干事项的公告》（国家税务总局公告 2019 年第 48 号，以下简称 48 号公告）第三条第一项规定，"连续三个月所有税种均未进行纳税申报的，税收征管系统自动将其认定为非正常户"。判定方法的改变，必然引起"非正常户"这一概念的内涵和外延的改变。很明显，这份规范性文件所称的"非正常户"，其外延增加了"连续三个月所有税种均未进行纳税申报的被税收征管系统自动认定"。

《税务登记管理办法》是部门规章，48 号公告是部门规范性文件。当部门规范性文件改变了部门规章的概念时，本来可以适用法律效力位阶来处理，即规范性文件增加的"连续三个月所有税种均未进行纳税申报的被税收征管系统自动认定"为"非正常户"，减损了纳税人的权利，应属无效。但现实情况并非如此。税务机关往往以规范性文件为执法依据。由此，"非正常户"也成为一个极具争议的不明确的概念。

概念明确，是正确思维的首要条件。没有明确的概念，就不会有恰当的判断，也就不会有合乎逻辑的推理与论证。所谓概念明确，就是这个概念的内涵和外延都明确。①

认定"异常凭证"的税收规范性文件主要有两个，一是 76 号公告，二是国家税务总局《关于异常增值税扣税凭证管理等有关事项的公告》（国家税务总局公告 2019 年第 38 号）。这两份税收规范性文件认定和处理"异常凭证"所使用的基础概念主要有"走逃（失联）""直接走逃失踪""非正常户"。②

基础概念不明确，则"异常凭证"认定规则不明确。笔者在接待当事人

---

① 参见金岳霖主编：《形式逻辑》，人民出版社 1979 年版，第 24 页。

② 参见国家税务总局《关于异常增值税扣税凭证管理等有关事项的公告》（国家税务总局公告 2019 年第 38 号）第一条规定："符合下列情形之一的增值税专用发票，列入异常凭证范围：（一）纳税人丢失、被盗税控专用设备中未开具或已开具未上传的增值税专用发票；（二）非正常户纳税人未向税务机关申报或未按规定缴纳税款的增值税专用发票；（三）增值税发票管理系统稽核比对发现'比对不符''缺联''作废'的增值税专用发票；（四）经税务总局、省税务局大数据分析发现，纳税人开具的增值税专用发票存在涉嫌虚开、未按规定缴纳消费税等情形的；（五）属于《国家税务总局关于走逃（失联）企业开具增值税专用发票认定处理有关问题的公告》（国家税务总局公告 2016 年第 76 号）第二条第（一）项规定情形的增值税专用发票。"

咨询的过程中，遇到的一些情形是虽然当事人与上游企业发生的业务是真实的，但因上游企业“走逃（失联）”或者被认定为“非正常户”，不仅当事人接受的发票被认定为“异常凭证”，而且由此导致当事人在一定期间开出的发票也被认定为“异常凭证”。[①] 接受当事人开出的发票且该发票被认定为“异常凭证”的企业，与主管税务机关沟通未果，转而向当事人主张民事权利，由此引发大量的民事纠纷。

“走逃（失联）”、“直接走逃失踪”和“非正常户”是三个既相互关联又有区别的概念。无论税收立法还是制定规范性文件，都应当明确定义其内涵、准确划分其外延，降低概念的模糊性，以维护正常的经营秩序和税收秩序，创建良好的营商环境。

① 参见国家税务总局《关于异常增值税扣税凭证管理等有关事项的公告》（国家税务总局公告2019年第38号）第二条第一款规定：“增值税一般纳税人申报抵扣异常凭证，同时符合下列情形的，其对应开具的增值税专用发票列入异常凭证范围：（一）异常凭证进项税额累计占同期全部增值税专用发票进项税额70%（含）以上的；（二）异常凭证进项税额累计超过5万元的。”

附录 3

税法遵从与税务合规

2021 年 3 月，中共中央办公厅、国务院办公厅发布《关于进一步深化税收征管改革的意见》。这是我国税收征管制度改革的一个纲领性文件，其核心词是建设“智慧税务”。建设“智慧税务”的一个重要目标是“大幅提高税法遵从度和社会满意度”。可见，“税法遵从”是国家层面对纳税人乃至税务机关的明确要求。笔者查阅到的国家税务总局发布的部门规章和规范性文件中，对纳税人的要求的提法是“税法遵从”，而鲜有“税务合规”的语词。近些年来，“合规”一词流传甚广。但笔者认为，应当多提“税法遵从”，慎提“税务合规”。

“合规”之“合”，意为“符合”。“合规”之“规”，意为“规则、规矩、规定”。“合规”，从字面意思看，应当是“符合规则或者符合规矩抑或符合规定”。然而，“合规”应当是一个具有法律意义的概念。作为具有法律思维能力的法律工作者，不应当仅从字面意思理解一个具有法律意义的概念。

“合规”在法律层面上如何理解？我国法律、行政法规没有对“合规”的概念作出明确规定。笔者留意到，很多专业人士在解释“合规”概念时，会引用国务院国有资产监督管理委员会《中央企业合规管理办法》第三条的规定，即“本办法所称合规，是指企业经营管理行为和员工履职行为符合国家法律法规、监管规定、行业准则和国际条约、规则，以及公司章程、相关规章制度等要求”。这种对“合规”概念的引用不甚严谨。其一，《中央企业合规管理办法》仅是一个部门规章，“适用于国务院国有资产监督管理委员会（以下简称国资委）根据国务院授权履行出资人职责的中央企业”，并不适用于中国境内的所有企业；其二，《中央企业合规管理办法》第三条规定的“合规”之“规”，包括公司章程、相关规章制度，在现实中，不要说民营企业，即便是中央企业，其所有规章制度并不都符合国家法律法规；其三，对于不符合国家法律法规的企业规章制度，若仍然要求企业和员工遵守，则会涉及是否合法的问题，而这在所谓“合规”语境内是无法解决的。

“税务合规”又是什么呢？毫无疑问，按照一些专业人士所引用的国资委《中央企业合规管理办法》第三条对“合规”的解释，税务机关向社会公开发布的规范性文件无疑都是“规”。这些“规”都能合吗？恐怕不能一概而论。国家税务总局以及各地税务机关发布的规范性文件，绝大部分无疑是合法有效的，在税收征管工作中发挥了不可替代的重要作用。但是，由于种种原因，这些规范性文件中有部分在合法性与合理性方面多多少少存在一些问题。北京华税律师事务所刘天永主任曾于2018年12月发文《全国7000余件税收规范性文件或面临集中性清理》。该文认为，我国7000余件税收规范性文件的合法性问题突出，表现在：（1）内容超越法定职权；（2）内容不符合税收法律的规定；（3）两个文件内容自相矛盾和冲突；（4）不当增设纳税人税收遵从成本、不当减损纳税人合法权益。本书中笔者也对部分规范性文件的合法性与合理性作过评析。比如，前述186号文，各地税务机关对红线外配建费用在土地增值税清算中扣除的规定，等等。

笔者认为，在税收领域要讲“税法遵从”。对纳税人而言，在具体税收实务中，应当建立税法思维，在税法思维的三个支撑点上反复考量；应当以税收法律、行政法规、地方性法规、规章为准绳，以经济业务事实为依据，厘清税收法律关系，履行纳税义务，同时行使税法及其他相关法律赋予的权利。

后　记

从2012年转型做税务律师至今已逾12年。12年来，我沿着税务律师的路子一直往前走。学税法，学会计，学财管，参加全国统一资格考试。组建专业税法团队，参加各种税法论坛，担任税务机关常年法律顾问，办理林林总总的税务案件，推动佛山市律师协会成立税务法律专业委员会，在一些税法学术机构任职，为社会提供税法服务，也为律师同行提供税法服务。

学习、办案、研讨、总结，和大自然运行规律一样，税务律师执业也是一个循环往复的过程。在循环往复之中磨砺，在循环往复之中累积，在循环往复之中发现。在所有单调重复行为的间隙，潜藏着一个缓慢改进的过程。①也就是在这循环往复之中，一个特别偶然的时机，我提炼出用以解决税法实务问题的思维模式，即依照税法的三个特性所展开的动态思维模式。我把它称为税法思维的三个支撑点。这本书的全部内容都是围绕这一思维模式而展开的。解析50个实务问题所使用的工具就是这一思维模式。希望本书所展现的这一思维模式，对从事税法实务以及在实务中需要解决涉税问题的专业人士具有一定的借鉴作用。

转型之路曲折而坎坷。幸亏有各方朋友施予援手，还有几个律师结伴而行，使我在这条路上一直走到现在。这本书出版发行，更是得益于诸多朋友的帮助。感谢黄嘉莹律师的鼓励、沟通与协调，感谢巫嘉欣律师的知无不言、言无不尽，感谢梁佩瑜助理的耐心与毅力。感谢出版社的各位编辑老师们，

---

① 参见［美］丹尼尔·丹尼特：《直觉泵和其他思考工具》，冯文婧、傅金岳、徐韬译，浙江教育出版社2018年版，第263－266页。

悉心审校，精心设计，使这本书严谨而精美。最后，我要特别感谢出版社的李军老师所给予的宝贵意见，按照李军老师的意见，我对原书稿作了较大修改，使表述方式更加规范，更重要的是，使整本书的内容呈现一个完整的体系！